KB210845

추천사

저자 이수환 박사와 내가 학문의 동지가 된 것이 늘 자랑스럽다. 저자는 18년 동안 신학생들에게 선교학을 가르친 경험을 바탕으로 선교의 본질을 기독교의 존재론적 사명과 선교역사로 연결시켰으며, 선교의 본질을 성경과 역사로 확장하여 균형 잡힌 세계선교사로 견고하게 풀어내고 있다. 성경에서부터 20세기까지 기독교 선교의 역사를 주요 인물과 선교 현장, 그리고 선교 이슈들을 중심으로 오늘의 선교와 미래 선교를 위한 교훈과 방향을 제시하였다. 이 책이 신학생들은 물론 목회자들과 성경적 선교를 갈망하는 그리스도인에게 내비게이션 역할 할 것을 확신하며 기쁨으로 추천한다.

민장배 박사 (성결대학교 실천신학 교수, 제27대 한국실천신학회 회장)

✳ ✳ ✳

영미를 중심으로 우리에게 익숙한 선교사들이 활약한 기독교 선교 이야기만 아니라 유럽 비주류국가, 아프리카 및 중동, 가까운 일본을 포함한 아시아는 물론 신대륙까지 비기독교 세계선교에 집중한 로마 가톨릭 선교 이야기는 기독교 선교에 대한 내 선민사상을 바꿨다. 심지어 최근 많은 한국인에게 알려진 모라비안 선교회의 '수리남' 선교 이야기까지 본서는 세계사만 아니라 내 인식을 바꾼 이야기다. 에딘버러 선교사대회 같은 세계선교사의 주요한 흐름이 어떻게 한국 교회의 선교와 연결되는지 비화가 소개된다는 점에서 본서는 우리가 놓친 나머지 공부다. 감염병과 관련해 초대교회와 종교개혁교회를 통해 '위기관리공동체'로서 한국 교회를 제안한 것과 2021년 19억 명에 달한 이슬람교가 2100년 세계 제일의 종교가 될 수 있다는 불온한(?) 전망은 나만 아니라 한국 교회에 중요한 과제를 던진다. 아직 시간이 남았으니 저자가 낸 숙제는 선행학습이다. 저자 주변에는 학자, 제자, 성도, 이웃이 늘 '모여든다.' 동시에 특권이 아닌 섬김으로 사람들을 '찾아가고' 고인물이 아닌 올해 새로운 공부를 시작하는 23학번 학생으로 여전히 배고픈 저자의 삶이 구심적, 원심적 선교다. 저자는 Stephen Neill이 강조했듯 기독교인의 99%를 차지하는 평신도를 세계선교로 초대하고 '평신도 신학'의 중요성과 미래를 제시한다. 우리에게만 나머지 공부나 선행학습을 강요하지 말고 연구에 성실한 저자의 이 분야 다음 책도 기대한다. 요한계시록이 박해기에 선교의 소망이 되었던 것처럼 본서가 탈 기독교 시대 꺼지지 않는 선교의 불씨가 되길 기도한다.

오현철 박사 (성결대학교 실천신학 교수, 전 한국복음주의실천신학회 회장)

✳ ✳ ✳

수 천 년을 이어온 세계선교의 역사는 방대하다. 그 방대한 만큼 세계선교의 역사를 한눈에 꿰뚫어 본다는 것은 어려운 일이며, 좋은 길잡이가 필요하다. 이수환 박사의 『세계사를 바꾼 선교 이야기』는 구약성경에서 시작해 초기 한국기독교의 형성과 발전에 영향을 끼친 내한 선교사들의 이야기에 이르기까지 방대한 선교 역사를 주요 인물과 지역, 이슈들을 중심으로 간결하고 일목요연하게 정리해서 보여준다. 그동안 세계선교의 역사에 대해 이해하고 싶었지만 어느 한 시대, 어느 한 부분에 빠져 전체 숲을 보기 힘들었던 독자라면 이 책을 통해 전체를 조망하는 안목을 갖게 될 것이다. 제목처럼 이 책을 읽어가노라면 인류의 역사를 형성하고 변화의 계기를 마련하는데 세계선교가 어떻게 주도적인 역할을 해왔는지 이해하게 된다. 중간중간 주요 인물의 초상화와 자료사진들이 이해와 몰입을 돕는다. 세계선교의 역사를 한눈에 조망하기 원하는 모두에게 이 책을 추천한다.

구병옥 박사 (개신대학원대학교 실천신학 교수, 한국실천신학회 부회장)

❀ ❀ ❀

이수환 박사의 저서를 읽는 기독교인은 자신이 세계를 향한 선교사라는 정체성을 품게 된다. 선교는 기독교인의 실천의 중심에 있는 주제라는 것을 깊이 깨닫게 된다. 또한 이 책은 선교에 대한 시선을 확장 시켜준다. 기독교인의 선교는 신약성경에서 출발하는 것이 아니라 구약성경 첫 페이지부터 시작되는 것이다. 천지를 창조하신 하나님의 마음에 이미 선교에의 의지가 있었다. 아울러 이 책을 읽으면 선교가 기독교 영성과 떼려야 뗄 수 없는 영역이라는 사실을 깊이 인식하게 된다. 하나님과 영적으로 연합된 존재라면, 성령의 역사를 경험한 사람이라면 그 삶이 선교적일 수밖에 없는 것이다. 이 사실은 세계선교사에서 그 많은 선교사들이 수도사들이었다는 사실을 통해서도 확인할 수 있다. 그리고 선교가 상대적으로 강조되고 있지 않은 신약성경 공동서신과 요한계시록에서 선교의 의미를 발견한 저자의 시선도 무척 새롭다. 핍박과 위협의 시기에는 교회를 지키고 정의를 실천하며 하나님의 통치가 완성될 날의 소망을 품는 것도 선교이다. 또한 저자는 코로나19를 경험한 독자들을 특별히 배려하고 있다. 로마제국 시대의 기독교인들과 종교개혁 시기의 기독교인들이 감염병이 크게 일어났을 때 어떻게 실천했는지를 자세히 기술함으로써 우리에게 지혜와 영감, 용기를 준다. 이 책은 기독교 선교의 위대한 인물들과 단체들을 빠짐없이 언급하고 있는 좋은 참고서이다. 아울러 한국기독교 선교 및 현대 기독교 선교에 대한 자세한 설명도 이 책의 장점이다. 저서는 어려운 신학 개념도 쉽게 설명할 수 있는 탁월한 서술 능력을 지니고 있다. 《세계사가 바꾼 선교 이야기》가 '세계선교사'를 양성하는 데 도움이 될 것을 확신한다.

이강학 박사 (햇불트리니티신학대학원대학교 실천신학 교수)

❀ ❀ ❀

이수환 박사의 책은 한국 교회의 선교적 비전을 세우는 데 유의미한 기여를 하리라 기대된다. 이 책은 성경 시대로부터 시작해서 초기 한국기독교 형성에 이르기까지 어떻게 성령께서 예수 그리스도의 복음을 다른 장소와 시기마다 새롭게 전파하셨는지 친절하게 설명하고 있다. 그럼으로써 역사의 중요한 시점마다 기독교의 진리가 함께 했음을, 또한 교회의 존재는 항상 선교와 함께 했음을 친절하게 설명한다. 특히 이 책은 선교의 역사를 온전히 이해하기 위해서 보완되어야 했던 서구 일변도의 선교 역사가 아닌 아프리카, 중동, 아시아에서의 선교 활동과 기독교 발전을 균형 있게 서술하고 있다. 책의 전개는 간결하고 신속해서 방대한 세계선교사를 일견 할 수 있도록 도움을 준다. 저명한 선교학자 앤드류 윌스는 세계 기독교와 선교 운동이라는 책에서 기독교가 새로운 시대와 문화 속에서 회심과 번역이라는 성육신적 과정을 거치게 되었다고 주장했는데, 이 책을 읽으면서 그러한 과정이 각 대륙과 나라에서 역사적으로 어떠한 양상을 갖게 되었는지를 더욱 구체적으로 접할 수 있을 것 같다. 기독교 세계의 무게 중심이 비서구권으로 이동하고 있고, 2024

년에는 서울에서 4차 로잔세계복음화 대회가 열린다. 이처럼 세계선교 역량의 거대한 전환에서 한국 교회의 역할과 책임은 더욱 중요해지고 있다. 그러한 책임을 감당하기 위해서 한국 교회 내에 세계선교에 대한 이해의 저변이 넓어져야 하기에 『세계사를 바꾼 선교 이야기』의 출간이 고맙고 반갑다.

김선일 박사 (웨스트민스터신학대학원대학교 실천신학 교수)

❀ ❀ ❀

이수환 박사의 책을 한국 선교계와 그리스도인들에게 추천한다. 지난 40년 동안, 한국 선교의 타문화권 선교가 폭발적 성장을 하였지만, 우리가 아직 선교에 대해 모르는 것이 많다. 세계 선교 역사를 통해 우리는 선교를 쉽고 재미있게 배울 수 있다. 하지만, 세계선교역사에 대해 쉽고 재미있게 읽을 수 있는 책이 거의 없었다. 대부분 오래전에 출판되었을 뿐 아니라 흔히 번역된 책들이기 때문이다. 저자는 강단에서 수년 동안 세계선교 역사를 가르치시며 오랜기간 동안 이 책을 저술하였다. 아는 만큼 보이고, 아는 만큼 성장하고, 아는 만큼 섬길 수 있다. 이 책을 읽는 그리스도인들과 신학도들은 선교에 대해 더 많이 볼 수 있고, 성장할 수 있기에 더 많이 섬길 수 있게 될 것이다. 본서를 목회자들과 선교사들 뿐 아니라 그리스도인들에게 강추한다.

김한성 박사 (아신대학교 선교신학 교수, ACTS 신학저널 편집위원장)

❀ ❀ ❀

금번에 이수환 박사께서 『세계사를 바꾼 선교 이야기』라는 귀한 저서를 출판하셨다. 본서는 세계사를 선교의 역사적 관점에서 기술한 연구로서 "어떻게 하나님의 주권적 구원역사가 구약과 신약성경뿐 아니라 세계의 역사 속에서 나타났는가?"에 주목한다. 특별히 저자는 세계 선교 역사 속에서의 논의해야 할 선교사들과 지역, 그리고 중요한 사건과 이슈들을 다룸으로써, 교회의 확장과 더불어 하나님의 구속적 선교의 면모를 여실히 드러낸다. 이를 통한 선교적 교훈은 곧 "교회의 복음전도가 매우 중요하고, 전략적으로 어떻게 선교를 해야 할 것인가?"라는 선교전략과 방향성을 제공하는 데 있다. 사실 오늘날 세계의 정치-문화적 패러다임의 급변은 종교적 차원에서 기독교 선교에도 상당한 영향을 끼치게 되었다. 심지어 포스트모더니즘과 다양한 상황성은 선교신학에도 영향을 끼쳐 상대적 인식론에 근거한 선교의 방법론과 전략의 중요성을 일깨웠다. 그럼에도 불구하고, 선교적 관점에서 변치 않는 선교의 동기와 목적은 자명하다. 그것은 예수 그리스도께서 명령하신 지상명령(the Great Commission)을 주님의 재림 때까지 교회가 실천해야 하는 것이다. 즉 모든 그리스도인의 복음전도는 선교 역사에 있어서 하나님께서 계획하시고 주도하시는 실천적 과제임을 저자는 본서를 통해 밝힌다. 따라서 역사를 관념적으로 여겼던 그리스도인들은 본서를 통해 세계 역사를 통해 일하시는 살아계신 하나님의 구원역사를 경험할 것을 권유한다. 왜냐하면 본서는 역사적으로 택한 백성을 구원하시고자 세계사에 개입하시고 주도적으로 선교를 이끄시는 하나님의 구원 사역으로 인도하기 때문이다.

배춘섭 박사 (총신대학교 신학대학원 선교신학 교수, 한국개혁신학선교학회 회장)

세계사를 바꾼
선교 이야기

세계사를 바꾼 선교이야기

·**초판 1쇄 발행** 2023년 3월 7일

·**지은이** 이수환
·**펴낸이** 민상기
·**편집장** 이숙희
·**펴낸곳** 도서출판 드림북
·**인쇄소** 예림인쇄 **제책** 예림바운딩
·**총판** 하늘유통

·**등록번호** 제 65 호 **등록일자** 2002. 11. 25.
·경기도 양주시 광적면 부흥로 847 경기벤처센터 220호
·Tel (031)829-7722, Fax(031)829-7723

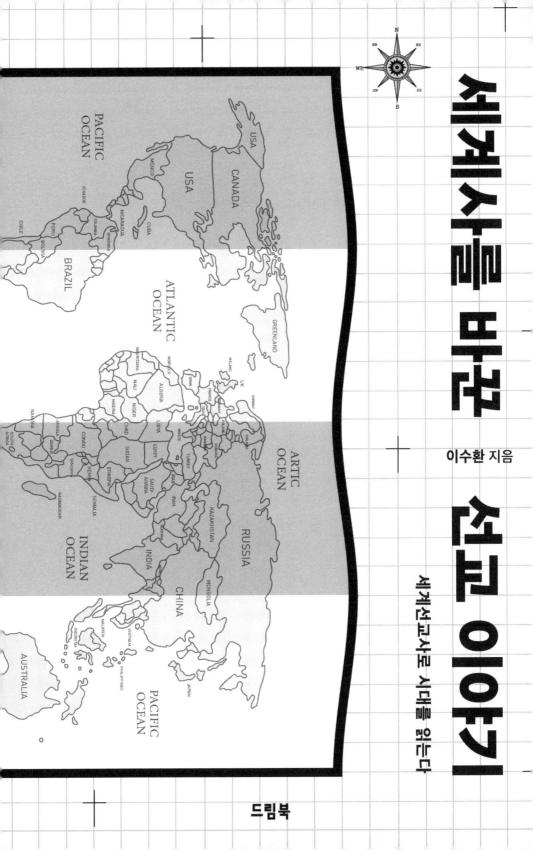

세계사를 바꾼 선교 이야기

이수환 지음

세계선교사를 시대를 읽는다

드림북

CONTENTS
차례

서문

　영국의 역사학자 폴 존슨(Paul Johnson)은 자신의 책 『기독교의 역사』(A History of Christianty)에서 기독교에 대하여 말하기를, "2천 년 전, 예수 그리스도의 탄생과 함께 기독교가 전 세계적으로 시작되었다. 그동안 인간의 운명을 결정짓는 데 기독교보다 더 많은 영향력을 행사한 철학사상은 없었다. 2천 년이 지났으나 서양 사회에서 기독교는 지배적인 위치를 차지하고 있었다. 하지만 현대에 들어서 그 영향력은 서서히 줄어들고 있는 것처럼 보인다"라고 하였다.[1] 이처럼 기독교의 진리는 인류의 역사와 늘 함께하였다.[2] 이러한 관점에서 저자는 세계선교사를 객관적으로 검토하려고 한다.

　기독교의 핵심이자 진리인 성경은 무엇보다 교회 본질을 선교에 두고 있다. 예수님을 이 땅에 보내신 이유를 하나님은 예수님을 통해 교회를 세우신 이유로서 분명히 예수님의 지상명령, 즉 선교 명령에서 찾는다(마 28:18-20). 교회사는 선교사다(Church History is the History of Mission). 이것을 동전에 비유하면, 양면과도 같은 것으로, 선교사(宣敎史)란 기독교를 배경으로 놓고 그 위에서 일어나는 모든 세속사와 교회와 관련된 일들을 모

---

1) Paul Johnson, 『기독교의 역사』, 김주한 역 (서울: 포이에마, 2013), 10.
2) 김상근, 『기독교의 역사』 (서울: 평단문화사, 2007), 5.

두 포함한다. [3]

　선교사는 교회사(敎會史)의 한 부분이 될 수도 있고, 모든 교회사의 근간이 될 수도 있다. 유럽에서는 교회사의 한 부분으로서 선교사를 다루지만 모든 교회사는 결국 선교사라는 장르에서 다루게 된다. 더 나아가, 세계사(世界史)까지도 모두를 포함하여 해석하는 것이 세계선교사다. 여기서 중요한 역사의 모든 배경에 빼놓을 수 없는 것은 기독교를 염두에 두어야 할 것이다. [4] 이 책은 세계선교사에 관한 이야기다. 세계선교사(世界宣敎史)를 구약성경과 신약성경에서부터 시작하여 초기 한국 기독교의 선교사에 이르기까지 이를 통해 주요 인물과 지역, 그리고 이슈들을 중심으로 하여 과거와 오늘의 선교사와 미래 기독교 선교사를 위한 교훈과 방향을 이야기하고자 한다.

　3년 동안에 이 주제와 내용으로 강의를 준비하며 또한 시간을 내어 글을 수정하고 자료를 보완하여 이제 세상에 나온 나의 글을 기다려 주신 독자들께 깊은 감사를 드린다. 그리고 서문을 빌어 책의 내용에 맞게 사진까지 넣어 가며 이 책을 출간해 주신 드림북 민상기 대표님과 언제나 출간할 때마다 기도와 응원, 그리고 이번에 이 책의 후원을 아끼지 않으신 종합건축사무소 제이앤지 대표 박형도 장로님(울산수암교회)과 같은 교회 제갈일기 안수집사님께도 감사의 마음을 전한다.

이수환

성결대학교에서

2023년 3월

---

3) Kenneth S. Latourette, 『기독교사 1권』, 윤두혁 역 (서울: 생명의말씀사, 1994), 29-35.

4) 구성모, "한국 기독교 선교 사료 목록화와 디지털 아카이브 구축", 「ACTS 신학저널」 43 (2020): 211.

1장
구약성경의 세계선교사

성경사(聖經史)를 통해 자신의 정체성을 분명히 계시하신 분은 창조주 하나님이시다. 하나님은 성경사를 중심으로 하여 선교하시는 하나님 (Missio Dei)이시다. 성경사의 전체 줄거리는 하나님께서 온 인류를 구원하시고자 하시는, 그것은 예수 그리스도가 온 인류를 위해 십자가를 지심과 성령이 세우신 교회가 온 인류를 구원하기 위한 통로라는 점이다.[1] 많은 선교학자는 "성경 전체가 선교 책이다"(The Whole Bible is a Missionary Book)라고 부른다. 그만큼 선교사의 개념을 잘 이해할 수 있는 지침서가 성경이기 때문이며, 그러기에 성경은 하나님의 열방에 대한 선교(Mission)의 관심과 모든 사람에 대한 보편주의(Universalism)의 관계를 다루고 있다. 성경사는 그 어떤 인간적인 전략이 아니라 세계 선교를 위해 역사하시는 하나님의 뜻임을 알 수 있다.

단순히 성경은 신학에 관한 하나의 책이 아니라, 온 인류를 구원하시는

---

1) 이강천, 『마지막 세기, 마지막 주자』 (서울: 도서출판 두란노, 1990), 13.

하나님의 선교사에 대한 기록이다.[2] 현대 기독교 지성을 대표하는 복음주의자였던 저술가 존 스토트(John R. W. Stott, 1921~2011)는 성경사에 대하여 말하기를, "역사는 무작위로 펼쳐지는 사건의 흐름이 아니다. 하나님은 영원한 과거로부터 생각하셨고, 영원한 미래에 완성될 하나의 계획을 정확한 시간에 이루어가고 계신다. 이 역사의 과정에서 우리는 4천 년 전에 아브라함에게 주신 약속의 축복을 오늘날 받는 자들이다"라고 하였다.[3] 성경에 나타난 세계선교사는 창세기로부터 구약성경 전체를 흘러 신약성경에 이르기까지 흘렀다. 그래서 구약성경과 신약성경의 공통점은 선교사에 있다.[4] 성경은 선교사의 책으로서 인간 역사 가운데 펼쳐지는 하나님의 선교활동과 그 목적을 계시하는 책이다.[5] 성경은 온통 세계선교사의 내용이라 해도 과언이 아니다. 기독교의 선교사는 선교의 성경적 기초에 대해서, 더 나아가 성경의 선교적 기초에 대해서도 의미 있게 말할 수 있을 것이다.[6]

그러면 구약성경에서 세계선교사의 목적은 무엇인가? 구약성경은 유대인과 이방인 모두가 다 오실 메시아를 아는 구원에 대한 지식을 갖게 한다. 이러한 목적을 알지 못하는 것은 하나님을 뜻을 오해하는 것이며, 하나님의 세계선교사에 대한 계획을 축소화하는 것이다. 모든 민족에게 구원을 베푸시는 것이 영원하신 하나님의 세계선교사다. 구원하시는 하나님의 세계선교사 메시지는 결코 이스라엘에 제한될 수 없다. 이 구원사의 소식이 구약시대의 역사 가운데 어떻게 전파되었는지 두루두루 살펴

---

2) George W. Peters, *A Biblical Theology of Missions* (Chicago: Moody Press, 1972), 9.

3) Ralph D. Winter, & Steven C. Hawthorne, *Perspectives on the World Christian Movement* (Pasadena: William Carey Library, 1992), 3-9.

4) Walter C. Kaiser, 『구약성경과 선교』, 임윤택 역 (서울: CLC, 2005), 15.

5) Arthur F. Glasser, 『성경에 나타난 하나님의 선교』, 임윤택 역 (서울: 생명의말씀사, 2006), 22.

6) Christopher J. H. Wright, *The Mission of God: Unlocking the Bible's Grand Narrative* (Downers Grove: IVP Academic, 2006), 29.

는 것은 매우 중요하다.[7] 이러한 관점에서 선교신학자들은 구약성경에서 분명한 하나님의 세계선교사에 대한 메시지가 나타나 있음을 강조한다. 이와 관련하여 외견상 구약성경에는 세계선교사의 메시지가 없는 것처럼 보이나 자세히 연구하여 살피면 이방 나라의 장래가 하나님의 중요한 관심사임을 분명해지는 구약성경의 세계선교사에 대하여 구체적으로 살펴보고자 한다.

1. 창세기에 나타난 세계선교사

1) 구약성경의 하나님은 세계선교사의 하나님이시다

많은 선교신학자는 구약성경에서 세계선교사의 기초를 하나님 자신의 성격에 기초함을 말한다. 특히 존 스토트는 구약성경의 하나님을 세계선교의 하나님이라고 말했다.[8] 이처럼 구약성경의 하나님은 모든 세계 인류사의 하나님이 되신다.

2) 창조의 하나님은 세계선교사의 하나님이시다

유대인들은 창세기 1:1[9]에서 창조의 하나님을 오해하였다. 물론 하나님은 유대인의 하나님이시지만 동시에 모든 족속의 하나님이시다. 다시말해, 하나님은 한국을 사랑하시며, 동시에 세계 모든 민족을 사랑하신다는 의미와 같은 것이다. 사랑의 하나님은 창조의 하나님이시며, 역사의 하나님이시다. 그분은 온 세계를 만드셨을 뿐만 아니라 모든 사람을 지

---

7) Walter C. Kaiser, 『구약성경과 선교』, 14.
8) John R. W. Stott, 『현대를 사는 그리스도인』, 한화룡 · 정옥배 역 (서울: IVP, 1998), 414.
9) 태초에 하나님이 천지를 창조하시니라(창 1:1).

으셨다(시 24:1). 10)

그러므로 하나님은 모든 세계와 만물, 그리고 인간사를 다스리고 계신다. 11) 하나님은 한 지역이나 한 민족의 신이 아니며, 온 세계의 하나님이시며, 모든 민족의 하나님이 되신다. 이러한 세계선교사의 개념은 구약성경에 나타난 충분한 근거로서, 특히 보편주의의 맥락에서 암시적으로 제시되고 있다. 12) 하나님은 모든 민족의 하나님, 즉 우주의 하나님이시다. 그래서 모든 민족은 온 세계를 만드시고 온 세계를 품으신 하나님을 바라보아야 할 것이다.

3) 아브라함의 하나님은 세계선교사의 하나님이시다

세계선교사를 향한 구원의 중요한 이정표는 아브라함의 부르심에서 시작한다. 창세기 12:1-4[13)에 의하면, 인간들이 하나님 없이 영적 흑암의 세계에서 살고 있을 때 하나님은 구원을 위한 세계선교사를 일으키기 위하여 아브라함을 부르셨고, 그를 복의 근원으로 삼으셨다. 그래서 땅의 모든 족속은 복을 받게 된다. 14) 이렇게 세계선교사의 하나님에 대하여 창세기 12:3[15)과 창세기 28:14[16)에서는 "모든 족속", 창세기 18:18[17)과

---

10) 땅과 거기에 충만한 것과 세계와 그 가운데에 사는 자들은 다 여호와의 것이로다(시 24:1).

11) 이강천, 『마지막 세기, 마지막 주자』, 14.

12) Herbert Kane, 『선교신학의 성서적 기초』, 이재범 역 (서울: 나단출판사, 1995), 18.

13) 여호와께서 아브람에게 이르시되 너는 너의 고향과 친척과 아버지의 집을 떠나 내가 네게 보여 줄 땅으로 가라 내가 너로 큰 민족을 이루고 네게 복을 주어 네 이름을 창대하게 하리니 너는 복이 될지라 너를 축복하는 자에게는 내가 복을 내리고 너를 저주하는 자에게는 내가 저주하리니 땅의 모든 족속이 너로 말미암아 복을 얻을 것이라 하신지라 이에 아브람이 여호와의 말씀을 따라갔고 롯도 그와 함께 갔으며 아브람이 하란을 떠날 때에 칠십오 세였더라(창 12:1-4).

14) 이강천, 『마지막 세기, 마지막 주자』, 14.

15) 너를 축복하는 자에게는 내가 복을 내리고 너를 저주하는 자에게는 내가 저주하리니 땅의 모든 족속이 너로 말미암아 복을 얻을 것이라 하신지라(창 12:3).

16) 네 자손이 땅의 티끌 같이 되어 네가 서쪽과 동쪽과 북쪽과 남쪽으로 퍼져나갈지며 땅의 모든 족속이 너와 네 자손으로 말미암아 복을 받으리라(창 28:14).

17) 아브라함은 강대한 나라가 되고 천하 만민은 그로 말미암아 복을 받게 될 것이 아니냐(창

창세기 22:18,[18] 그리고 창세기 26:4[19]에서는 "천하 만민" 등으로 언급되어 있는데, 즉 아브라함의 후손으로 인해 복을 받게 됨을 반복해서 강조하였다.[20] 세계선교사의 하나님께서 아브라함을 부르신 사건은 천하 만민과 모든 족속을 구원하시고 복을 주시는 세계선교사의 대사건이다. 따라서 하나님은 세계선교사를 위해 한국교회가 쓰임 받기를 소원하신다.

2. 출애굽기에 나타난 세계선교사

1) 이스라엘 백성의 하나님은 세계선교사 백성들의 하나님이시다

세계선교사를 위해 아브라함을 불러 언약의 아들로 삼으신 하나님은 아브라함의 후손인 이스라엘 백성과 언약을 맺으셨다. 출애굽기 19:1-18에 의하면, 하나님은 애굽에서 노예 생활로 고생하던 이스라엘을 구출하여 이끄시면서 시내 산에서 모세를 통해 이스라엘 백성과 언약을 세우셨다. 이것이 이스라엘의 선민사상(Elitism)을 만들어 낸 근거가 되었다.[21] 사실 이스라엘 백성은 하나님의 선민으로 다른 민족을 제쳐 놓고 이스라엘 백성만 하나님의 복을 받도록 주어진 민족이 아니다. 하나님께서 이스라엘 백성을 택하신 특별한 이유는 하나님께 받은 복으로 하나님을 섬기고 하나님의 백성이 얼마나 행복한 삶을 사는지 세계의 모든 민족에게 보

18:18).
18) 또 네 씨로 말미암아 천하 만민이 복을 받으리니 이는 네가 나의 말을 준행하였음이니라 하셨다 하니라(창 28:18).
19) 네 자손을 하늘의 별과 같이 번성하게 하며 이 모든 땅을 네 자손에게 주리니 네 자손으로 말미암아 천하 만민이 복을 받으리라(창 26:4).
20) 이강천, 『마지막 세기, 마지막 주자』, 14.
21) 이강천, 『마지막 세기, 마지막 주자』, 16-17.

여주라는 것이다. [22]

이러한 세계선교사의 목적으로 이스라엘은 여러 열방과 여러 민족을 위해 부름을 받아 세워진 제사장 나라다. 그러나 이스라엘 백성들은 세계선교사를 위한 하나님의 뜻을 제대로 이해하지 못했다. 그들은 이방인을 축복하기보다 오히려 배타적 우월주의(Chauvinism)에 빠져 이방인과 상종도 하지 않았고, 이방인을 저주하는 폐쇄주의적인 집단으로 전락하고 말았다. [23] 하지만 하나님은 이방인을 세계 선교사의 도구로 쓰셨다. 하나님은 아브라함의 언약 안에서 이방인도 포함했기 때문에 구약성경에 나타난 세계선교사는 유대인들의 전유물이 아니라는 사실이 명백한 것이다. [24]

3. 시편에 나타난 세계선교사

1) 예언자의 하나님은 세계선교사의 하나님이시다

하나님의 섭리와 계획은 아브라함을 불러 그와 그의 자손을 통해 땅의 모든 족속을 구원하여 복을 주는 것이다. 하나님은 이스라엘 민족을 제사장의 나라로 세워 열방의 모든 백성을 축복하려고 하셨다. 그러나 이스라엘 민족은 하나님의 뜻과는 전혀 상관없이 배타주의(Exclusivism)와 우월주의(Chauvinism)에 빠져 이방 세계를 버리고 문을 닫고 저주하는 민족으로 전락하였다. [25] 그래서 하나님은 예언자를 통해 이스라엘 민족을 뛰어넘는 새로운 세계선교사를 계획하셨다. 그것은 이방 민족에게 구원을 베

---

22) 이강천, 『마지막 세기, 마지막 주자』, 17.
23) 이강천, 『마지막 세기, 마지막 주자』, 17.
24) Walter C. Kaiser, 『구약성경과 선교』, 16.
25) 이강천, 『마지막 세기, 마지막 주자』, 17-18.

푸시는 하나님 자신의 계획적인 선포다. 이스라엘 백성들이 그토록 멸시하던 이방 민족에게 하나님은 구원의 복음이 전해지는 새 시대를 예언하신 것이다. 26)

시편 2:7-8²⁷⁾에 의하면, 예언은 예수 그리스도로 말미암아 이방 모든 백성에게도 구원이 이르도록 하나님의 부르심을 받게 된다는 사실이다. 28) 예언자들 가운데 특히 이사야는 개인들만이 아니라 모든 나라가 하나님을 알게 되고, 하나님의 말씀을 듣기 위해 예루살렘에 모여들게 될 것을 예언하였다(사 2:2-3). 29) 더 나아가 이사야 49:6³⁰⁾에 의하면, 이사야의 예언은 분명히 예수님에게서 성취된 것으로 해석하였다.

4. 예언서에 나타난 세계선교사

1) 요엘서

요엘서는 요아스왕 시대인 B.C. 835년경에 기록된 예언서 가운데 가장

---

26) 이강천, 『마지막 세기, 마지막 주자』, 18.

27) 내가 여호와의 명령을 전하노라 여호와께서 내게 이르시되 너는 내 아들이라 오늘 내가 너를 낳았도다 내게 구하라 내가 이방 나라를 네 유업으로 주리니 네 소유가 땅 끝까지 이르리로다(시 2:7~8).

28) 시편은 탁월한 선교적 선포로 이루어진 선교 찬양이다. 특히 월터 카이저는 시편에 대한 전통적 해석을 선교적으로 바로 잡았다. 그래서 시편은 선교적이며, 세상에 존재하는 선교서 중에 하나다. Walter C. Kaiser, 『구약성경과 선교』, 16.

29) Herbert Kane, 『선교신학의 성서적 기초』, 35. 말일에 여호와의 전의 산이 모든 산 꼭대기에 굳게 설 것이요 모든 작은 산 위에 뛰어나리니 만방이 그리로 모여들 것이라 많은 백성이 가며 이르기를 오라 우리가 여호와의 산에 오르며 야곱의 하나님의 전에 이르자 그가 그의 길을 우리에게 가르치실 것이라 우리가 그 길로 행하리라 하리니 이는 율법이 시온에서부터 나올 것이요 여호와의 말씀이 예루살렘에서부터 나올 것임이니라(사 2:2-3).

30) 그가 이르시되 네가 나의 종이 되어 야곱의 지파들을 일으키며 이스라엘 중에 보전된 자를 돌아오게 할 것은 매우 쉬운 일이라 내가 또 너를 이방의 빛으로 삼아 나의 구원을 베풀어서 땅 끝까지 이르게 하리라(사 49:6).

오래된 문서 중에 하나다. 요엘이 민족들에 대해 예언한 내용은 분명하고 확실하였다.[31] 요엘 2:28[32]에 의하면, 요엘은 이방 나라에 대하여 예언하였다. 예언자는 성령을 부어주시는 범위가 포괄적이라는 것을 보여주기 위해 다양한 언어를 사용한다. 성령의 부으심에는 나이와 성별, 그리고 인종의 제한이 없다.[33] 따라서 복음과 선교의 범위는 모든 인종사와 전 인류사를 포함하여 확대되는 것이다.

2) 아모스

아모스 9:11-12[34]는 가장 중요한 선교적인 핵심의 본문이다. 이것은 하나님의 약속으로 만국인 이방인들과 나라들이 어떤 경우라도 하나님의 이름으로 부르게 될 것이다.[35] 하나님은 사람을 편애하지 않으신다. 아모스가 지적한 대로 이스라엘 백성은 하나님의 선택을 받은 유일한 백성이라고 해서 어떤 식으로든지 하나님의 심판을 면할 수 있기는커녕 그 지위에 걸맞은 윤리적 삶을 살시 못했을 때는 더 엄중한 벌을 받게 된다 (암 3:2).[36] 하지만 만국이 주의 이름을 갖도록 타락한 다윗의 가문은 종말에 하나님의 역사로 고쳐지고 회복될 것이다(행 15:13-18).[37]

---

31) Walter C. Kaiser, 『구약성경과 선교』, 112.
32) 그 후에 내가 내 영을 만민에게 부어 주리니 너희 자녀들이 장래 일을 말할 것이며 너희 늙은이는 꿈을 꾸며 너희 젊은이는 이상을 볼 것이며(욜 2:28).
33) Walter C. Kaiser, 『구약성경과 선교』, 112.
34) 그 날에 내가 다윗의 무너진 장막을 일으키고 그것들의 틈을 막으며 그 허물어진 것을 일으켜서 옛적과 같이 세우고 그들이 에돔의 남은 자와 내 이름으로 일컫는 만국을 기업으로 얻게 하리라 이 일을 행하시는 여호와의 말씀이니라(암 9:11-12).
35) Walter C. Kaiser, 『구약성경과 선교』, 113.
36) Christopher J. H. Wright, 『하나님의 선교』, 120.
37) William J. Larkin & Joel F. William, 『성경의 선교신학』, 홍용표 역 (서울: 도서출판 이레서원, 2001), 89.

3) 미가

미가 4:1-5[38])에 의하면, 모든 나라가 여호와의 산으로 몰려간다고 묘사한다. 이것은 선교의 효과적인 결과들에 대해서는 특권과 책임에 실패한 이스라엘을 직접 묘사하고 있다. [39]) 하지만 하나님께서 이루실 선교는 복음에 대한 세계선교사의 결과로 효과적이었음을 보여준다. 이러한 놀라운 세계선교사의 결과는 모든 나라가 하나님의 진리에 따라 행하게 되며, 영원히 그렇게 살게 될 것이다. [40])

4) 이사야

이사야 42:6[41])과 49:6[42])에 의하면, '이방의 빛'이 두 번 언급한다. 이것은 구약성경에 나타난 세계선교사를 이해하는데 중요한 단서를 제공한다. '이방의 빛'은 종에게 주어진 구체적인 선교 사명이다. 종이 집합적인 용어라는 사실을 바르게 이해하면 그 내용이 더욱 분명해진다. 하나님의 종은 바로 이스라엘이다. 하나님은 이스라엘에게 이방인들의 증인이 되라

---

38) 끝날에 이르러는 여호와의 전의 산이 산들의 꼭대기에 굳게 서며 작은 산들 위에 뛰어나고 민족들이 그리로 몰려갈 것이라 곧 많은 이방 사람들이 가며 이르기를 오라 우리가 여호와의 산에 올라가서 야곱의 하나님의 전에 이르자 그가 그의 도를 가지고 우리에게 가르치실 것이니라 우리가 그의 길로 행하리라 하리니 이는 율법이 시온에서부터 나올 것이요 여호와의 말씀이 예루살렘에서부터 나올 것임이라 그가 많은 민족들 사이의 일을 심판하시며 먼 곳 강한 이방 사람을 판결하시리니 무리가 그 칼을 쳐서 보습을 만들고 창을 쳐서 낫을 만들 것이며 이 나라와 저 나라가 다시는 칼을 들고 서로 치지 아니하며 다시는 전쟁을 연습하지 아니하고 각 사람이 자기 포도나무 아래와 자기 무화과나무 아래에 앉을 것이라 그들을 두렵게 할 자가 없으리니 이는 만군의 여호와의 입이 이같이 말씀하셨음이라 만민이 각각 자기의 신의 이름을 의지하여 행하되 오직 우리는 우리 하나님 여호와의 이름을 의지하여 영원히 행하리로다(미 4:1-5).

39) William J. Larkin & Joel F. William, 『성경의 선교신학』, 89.

40) Walter C. Kaiser, 『구약성경과 선교』, 114.

41) 나 여호와가 의로 너를 불렀은즉 내가 네 손을 잡아 너를 보호하며 너를 세워 백성의 언약과 이방의 빛이 되게 하리니(사 42:6).

42) 그가 이르시되 네가 나의 종이 되어 야곱의 지파들을 일으키며 이스라엘 중에 보전된 자를 돌아오게 할 것은 매우 쉬운 일이라 내가 또 너를 이방의 빛으로 삼아 나의 구원을 베풀어서 땅 끝까지 이르게 하리라(사 49:6).

는 선교 사명을 주셨다. 그래서 하나님은 이스라엘의 남은 자들을 붙드실 것이며, 그가 의의 가운데로 그들을 부르신 것처럼 그들을 인도하여 증거 하는 사역을 감당하게 하실 것이다.[43] 이스라엘은 이방인들을 위한 세계선교사의 사명을 가졌다. 그리고 이사야 선지자는 이 사명을 잘 감당해야 한다고 호소하였다. 이런 적극적인 선교 사명에 대한 이사야의 강렬한 촉구는 42장과 49장에 나오는 두 종의 노래가 잘 표현해 주고 있다.[44]

사도행전 13:47[45]에 의하면, 바울은 자신이 이방인의 사도가 된 것을 설명하면서 이사야 42:6과 49:6의 말씀을 인용하고 있다. 그래서 바울 자신도 종의 역할을 감당하기 위해 이방인에게 갔다고 선언하였다. 이러한 이방의 빛이 되는 종의 사명은 메시아에게만 국한된 것이 아니라 이스라엘의 남은 자도 포용하고 있었다.[46] 또한 이스라엘이 복을 받는 것과 저주를 받는 것을 통해 이방 나라들에게 선교적 교훈을 제공하였다.[47] 그러므로 이 땅의 모든 이방 나라들도 이스라엘과 함께 하나님의 언약 백성에 포함되는 것이다.

5) 예레미야

예레미야 1:5[48]에 의하면, 예레미야는 자신이 열방의 선지자로 부름을 받았다고 증언하였다. 이것은 하나님의 선교적 목적을 보여준다.[49] 그

---

43) Walter C. Kaiser, 『구약성경과 선교』, 95-96.
44) Walter C. Kaiser, 『구약성경과 선교』, 99.
45) 주께서 이같이 우리에게 명하시되 내가 너를 이방의 빛으로 삼아 너로 땅 끝까지 구원하게 하리라 하셨느니라 하니(행 13:47).
46) Walter C. Kaiser, 『구약성경과 선교』, 100.
47) Walter C. Kaiser, 『구약성경과 선교』, 115.
48) 내가 너를 모태에 짓기 전에 너를 알았고 네가 배에서 나오기 전에 너를 성별하였고 너를 여러 나라의 선지자로 세웠노라 하시기로(렘 1:5).
49) 이현모, 『현대선교의 이해』 (대전: 침례신학대학교출판부, 2000), 61.

외에도 예레미야 3:17[50])에 의하면, 열방이 예루살렘에 모여 여호와를 경배한다는 내용이 나온다. 예레미야 33:9[51])에 의하면, 예루살렘이 세계 열방 앞에서 하나님께 기쁜 이름이 될 것이며, 찬송과 영광이 될 것이라고 말한다. 하지만 이스라엘은 이 세계선교사의 사명을 너무나 자주 망각하고 소홀히 여겼다.[52]) 예레미야 3:17과 33:9[53])에 의하면, 구심적 선교 (centripetal mission)와 원심적 선교(centrifugal mission)가 포함되어 있다.[54])

전자는 이스라엘을 중심으로 오라는 선교를 말한다. 후자는 예루살렘으로부터 세계로 가라는 선교를 말한다. 구심적 선교란 이스라엘 중심으로 모이는 선교 방법으로 하나님이 한 사람, 혹은 한 민족을 선택해서 하나님을 나타내는 특별한 성격을 갖고 있다. 이러한 특권의식은 말로 선포하지 않아도 삶 자체가 선교적 메시지가 되기 때문이다. 이러한 구심적 선교는 구약성경에서 특히 많이 나타난다.[55]) 원심적 선교란 이스라엘에서 열방으로 나아가는 선교 방법이다. 이것은 하나님의 관심이 모든 사람에게 있다는 보편주의적 특징을 가지고 있다. 이러한 특징은 특권이 아닌 섬김의 자세가 강하며, 사명과 보내심이 강조되는 것이다.

---

50) 그 때에 예루살렘이 그들에게 여호와의 보좌라 일컬음이 되며 모든 백성이 그리로 모이리니 곧 여호와의 이름으로 말미암아 예루살렘에 모이고 다시는 그들의 악한 마음의 완악한 대로 그들이 행하지 아니할 것이며(렘 3:17).
51) 이 성읍이 세계 열방 앞에서 나의 기쁜 이름이 될 것이며 찬송과 영광이 될 것이요 그들은 내가 이 백성에게 베푼 모든 복을 들을 것이요 내가 이 성읍에 베푼 모든 복과 모든 평안으로 말미암아 두려워하며 떨리라(렘 33:9).
52) Walter C. Kaiser, 『구약성경과 선교』, 115-116.
53) 이 성읍이 세계 열방 앞에서 나의 기쁜 이름이 될 것이며 찬송과 영광이 될 것이요 그들은 내가 이 백성에게 베푼 모든 복을 들을 것이요 내가 이 성읍에 베푼 모든 복과 모든 평안으로 말미암아 두려워하며 떨리라(렘 33:9).
54) William J. Larkin & Joel F. William, 『성경의 선교신학』, 89-90.
55) 이현모, 『현대선교의 이해』, 62.

6) 스가랴

스가랴 4:6[56]에 의하면, 하나님은 열방을 위한 하나님의 목적을 이루실 것을 확언하셨다. 스가랴 8:23[57]에 의하면, 다윗의 보좌는 열방을 축복한 이스라엘의 초점이 된다.[58] 스가랴 14:16-19[59]에 의하면, 예루살렘을 치러 왔던 열국 중에 남은 자들이 있는데, 그들은 해마다 올라와서 만군의 여호와께 숭배하며, 만국 중에서도 여호와께 숭배하러 예루살렘으로 올라올 것이다.[60]

***

결론적으로, 구약성경의 세계선교사에 대해 살펴보았다. 구약성경에서 어디를 보아도 이스라엘의 하나님은 온 땅의 유일하신 보편적인 하나님이라 단언하는 본문들을 손쉽게 찾아볼 수 있다(시 47:7). 하나님은 모든 것을 만드셨고, 모든 것을 소유하시고, 모든 것을 다스리신다.[61] 이렇게

---

56) 그가 내게 대답하여 이르되 여호와께서 스룹바벨에게 하신 말씀이 이러하니라 만군의 여호와께서 말씀하시되 이는 힘으로 되지 아니하며 능력으로 되지 아니하고 오직 나의 영으로 되느니라 (슥 4:6).

57) 만군의 여호와가 이와 같이 말하노라 그 날에는 말이 다른 이방 백성 열 명이 유다 사람 하나의 옷자락을 잡을 것이라 곧 잡고 말하기를 하나님이 너희와 함께 하심을 들었나니 우리가 너희와 함께 가려 하노라 하리라 하시니라(슥 8:23).

58) Walter C. Kaiser, 『구약성경과 선교』, 116.

59) 예루살렘을 치러 왔던 이방 나라들 중에 남은 자가 해마다 올라와서 그 왕 만군의 여호와께 경배하며 초막절을 지킬 것이라 땅에 있는 족속들 중에 그 왕 만군의 여호와께 경배하러 예루살렘에 올라오지 아니하는 자들에게는 비를 내리지 아니하실 것인즉 만일 애굽 족속이 올라오지 아니할 때에는 비 내림이 있지 아니하리니 여호와께서 초막절을 지키러 올라오지 아니하는 이방 나라들의 사람을 치시는 재앙을 그에게 내리실 것이라 애굽 사람이나 이방 나라 사람이나 초막절을 지키러 올라오지 아니하는 자가 받을 벌이 그러하니라(슥 14:16-19).

60) Walter C. Kaiser, 『구약성경과 선교』, 116.

61) Christopher J. H. Wright, 『하나님의 선교』, 87.

구약성경의 하나님은 우주적인 하나님이시요 구원의 하나님이시다. 하나님은 모든 열방의 관심 가운데 우리의 선교적 지평을 전 세계에 펼칠 것을 요청하신다.[62] 왜냐하면 하나님은 세계 선교적인 하나님이시기 때문이다. 이러한 구약성경의 세계선교사는 하나님의 임재가 열방 중에 존재하는 것이 가장 객관적이고 균형 있는 선교적 전망이다. 이러한 세계선교사의 발견은 구약성경에서 부르심을 받은 믿음의 조상인 아브라함과 이삭, 그리고 야곱, 요셉이 가나안이라고 하는 타문화에서 하나님을 보여주는 선교적 삶과 하나님의 사람이었던 구약성경의 모든 예언자가 장차 오실 메시아인 예수 그리스도에 대한 증거의 사역을 통해 살펴볼 수 있다.

특히 이스라엘은 이방 나라들에게 하나님의 증인이라는 소명을 받았다. 이스라엘은 삶과 실천을 통해 선교의 사명을 감당하였다. 하나님의 영광은 그가 택하신 이방의 빛인 이스라엘을 통해 세상에 드러났으며, 진리의 말씀을 선포하였다. 그리고 땅의 모든 나라는 이스라엘 백성을 통해 회개함으로써 복음을 들어야 했다. 그래서 메시아에 대한 좋은 소식은 모든 민족과 나라들이 하나님의 축복을 듣게 될 것이다.[63] 하나님만이 이스라엘에게 자신을 알리시고 또 모든 민족에게 알려지기를 원하는 참되시고 살아 계신 하나님이시라면 그 사실 자체로 선교를 해야 할 당위성은 충분하다.[64] 이처럼 구약성경에서 하나님의 세계선교사는 처음부터 끝까지 과거와 현재, 그리고 미래에도 변함없이 천하 만민과 땅의 모든 족속을 염두하고서 구원의 역사를 진행 시키시는 세계를 선교하시는 하나님이시다.

---

62) 한국선교신학회, 『선교학 개론』 (서울: 대한기독교서회, 2013), 45.
63) Walter C. Kaiser, 『구약성경과 선교』, 116-117.
64) Christopher J. H. Wright, 『하나님의 선교』, 87.

2장
신약성경의 세계선교사

　　신약성경은 예수님의 생애와 십자가, 그리고 부활의 복음을 온 세상에 전하는 세계선교사의 책이다. 구약성경에서 예언한 메시아는 그 예언대로 아브라함과 다윗의 후손으로 세상에 오셨다. 세계선교사의 주인이신 하나님은 예수님을 이 세상에 보내셨다(요 3:6).[1] 그리고 예수님은 그의 제자들을 세상에 보내는 세계선교사의 명령을 수행하신 후 승천하셨다. 승천 후, 제자들은 요엘 2:28-32[2]에서 예언한 대로 성령의 역사로 충만하였다. 이 성령의 역사는 선교의 영으로서 제자들을 통해 구원의 메시지를 온 세상에 전할 수 있는 능력을 주셨다.[3] 이렇게 초기 기독교 세계선교사

---

1) 하나님이 세상을 이처럼 사랑하사 독생자를 주셨으니 이는 그를 믿는 자마다 멸망하지 않고 영생을 얻게 하려 하심이라(요 3:16).

2) 그 후에 내가 내 영을 만민에게 부어 주리니 너희 자녀들이 장래 일을 말할 것이며 너희 늙은이는 꿈을 꾸며 너희 젊은이는 이상을 볼 것이며 그 때에 내가 또 내 영을 남종과 여종에게 부어 줄 것이며 내가 이적을 하늘과 땅에 베풀리니 곧 피와 불과 연기 기둥이라 여호와의 크고 두려운 날이 이르기 전에 해가 어두워지고 달이 핏빛 같이 변하려니와 누구든지 여호와의 이름을 부르는 자는 구원을 얻으리니 이는 나 여호와의 말대로 시온 산과 예루살렘에서 피할 자가 있을 것임이요 남은 자 중에 나 여호와의 부름을 받을 자가 있을 것임이니라(욜 2:28-32).

3) 전호진, 『선교학』(서울: 개혁주의신행협회, 1985), 59-60.

를 살펴보면, 신약성경이 전하는 예수님의 세계 선교 명령은 생생하게 살아있다. 특히 예수 그리스도의 죽음과 부활의 사건은 세상에서 고통당하는 사람들을 인내하도록 만들었을 뿐만 아니라 미래에 다가올 의로운 승리를 확신할 수 있도록 하였다. 이러한 세계선교사의 사실을 전하는 교회 공동체의 존재 목적은 바로 예수 그리스도의 세계 선교 명령을 이해한 것이다.[4] 무엇보다도 세계선교사이신 예수님은 사람의 몸을 입으시고 타문화인 이 땅에 찾아오신 모든 인류의 구세주가 되신다. 그래서 신약성경에 나타난 세계선교사는 예수님의 선교적인 삶을 이해하는 것이 무엇보다 중요하다.

신약성경의 사복음서는 세계선교사가 살아 있는 기록이며, 사도행전은 세계선교사의 모델이며, 바울의 서신서는 복음을 철학적으로 변호하는 변증서가 아니라 세계선교사의 기록이다. 바울은 그의 서신서 마다 하나님에게서 이방인의 세계선교사로 세움을 받았다는 세계선교사의 사명으로 시작한다.[5] 따라서 신약성경을 통해 예수님의 생애와 십자가, 그리고 부활을 통하여 세계선교사를 이해하고, 하나님께서 세계선교사에 대하여 어떻게 말씀하고 계시는지를 구체적으로 살펴보고자 한다.

1. 사복음서에 나타난 세계선교사

1) 마태복음 28:18-20은 구체적인 세계선교사 명령이다

마태복음은 이스라엘 왕의 족보로 시작한다. 그리고 우주의 주와 구세

---

4) 한국선교신학회, 『선교학 개론』, 47-48.
5) 전호진, 『선교학』, 60.

주께서 세계적인 범위를 가진 세계 선교 명령으로 끝이 난다.[6] 특히 마태복음 28:18-20[7]은 예수님께서 마지막으로 제자들에게 분부하신 세계선교사의 명령인 예수님의 최후 유언장이다. 이러한 예수님의 세계선교사 명령은 타문화에서 사역하는 선교사들에게만 국한된 말씀이 아니라 예수 그리스도를 영접한 하나님의 백성으로 부르심을 받은 모든 성도와 모든 교회에 주신 말씀이다. 이것이 세계를 품고 살아가는 기독교인의 삶과 교회의 목표가 되어야 한다. 마태복음 28:19에서 예수님께서 부활하시고 승천하시기 전에 마지막으로 주신 세계 선교 명령의 핵심은 "그러므로 너희는 가서 모든 민족을 제자로 삼아 아버지와 아들과 성령의 이름으로 세례를 베풀고"라는 것이다. 여기서 모든 족속을 제자로 삼으라는 것은 모든 사람을 예수님의 제자로 만들라는 것이다.

제자 삼는 일은 개인적이면서도 상호관계를 수반한다. 예수님은 제자 삼는 것이 복음 전도뿐만 아니라 세례를 통해 교회 생활 안으로 편입시키는 것과 하나님 나라에 적극적으로 참여하도록 교육하는 것을 포함하셨다.[8] 그것은 내 주변으로부터 시작해서 모든 민족에게 이르기

---

6) Arthur F. Glasser, 『성경에 나타난 하나님의 선교』, 380.

7) 예수께서 나아와 말씀하여 이르시되 하늘과 땅의 모든 권세를 내게 주셨으니 그러므로 너희는 가서 모든 민족을 제자로 삼아 아버지와 아들과 성령의 이름으로 세례를 베풀고 내가 너희에게 분부한 모든 것을 가르쳐 지키게 하라 볼지어다 내가 세상 끝날까지 너희와 항상 함께 있으리라 하시니라(마 28:18-20).

8) Arthur F. Glasser, 『성경에 나타난 하나님의 선교』, 382. 제자 삼는 일은 세례가 의미하는 것이 반드시 포함되어야 한다. 그것은 사도 시대 교회에는 세례받지 않는 사람이 없었기 때문이다. 사도행전에 의하면, 다섯 번의 개종 사건이 나오는데, 에디오피아 내시(행 8:36, 38), 다소 출신 사울(행 9:18; 22:16), 백부장 고넬료(행 10:47-48), 두아디라의 루디아(행 16:15), 그리고 로마 간수(행 16:33)에게 세례가 반드시 포함되었다. 세례는 한 개인의 회개와 믿음의 공적인 고백을 의미한다. 세례를 예수님의 이름이나 삼위일체 하나님의 이름으로 베푸는 것은 세례 받은 사람에 대한 하나님의 소유권을 나타내었다. 세례는 신앙을 고백한 기독교인이 지역 공동체 안으로 들어가는 권리를 얻는 최초의 통과의례이기 때문에 세례는 세례를 베푸는 자를 통해 공동체의 일부가 되는 것을 수락함을 나타내었다. 세례는 종말론적인 의미가 있기 때문에 필연적으로 하나님 나라의 의미가 내포되어 있다. 한 사람이 세례를 받을 때는 그 사람이 그리스도의 죽음에 그리스도와 함께 연합하였다는 것을 고백한다. 세례는 그리스도의 부활 승리에 그분과 함께 연합하였다는 것을

까지 예수님의 제자로 삼기 위해서는 먼저 가야 하며, 세례를 주며, 분부한 모든 것을 가르쳐 지키게 하는 것이 세계선교사다.[9] 제자를 만드는 가르침은 매우 중요하다. 이런 점에서 세계 선교 명령의 초점은 대대적인 종교적 지식을 나누는 데 있지 않고 제자를 훈련하는 가르침에 있다. 한 개인에게 하나님의 진리를 지키도록 가르치는 것은 새로운 기독교인에게 단계적인 훈련을 시키는 것을 의미한다.[10]

그래서 인도 선교사요, 풀러신학교 선교학 교수였던 도날드 맥가브란 (Donald A. McGavran, 1897~1990)은 세계선교사의 명령에 대하여 말하기를, "세상의 모든 사람을 제자로 삼는 것을 근본 목적으로 하는 모든 활동이다"라고 하였다.[11] 따라서 예수 그리스도를 믿는 모든 사람은 누구나 이러한 세계 선교 명령을 진지하게 받아드려야 하며 복음 전파의 세계선교사에 동참해야 한다. 또한 세상 끝날까지 함께 하리라는 예수님의 약속은 임박한 종말에 대한 경고이며, 함께 택함을 받은 복음 사역자들에 대한 축복으로 이해하여 보내심을 받은 자로 어려움이 있더라도 목숨까지 바쳐 세계선교하며 살아야 할 것이다.

2) 마가복음 16:15은 탁월한 세계선교사 명령이다

많은 신학자는 마가복음 16:15[12]를 가장 탁월한 세계선교사 명령으로 본다. 여기서 세계선교사의 내용은 복음으로 요약되고, 세계선교사의 현장은 온 천하로, 세계선교사의 초점은 선교 수단으로서의 전파에

표시한다. 기독교인이라고 고백하면서도 세례를 받으려 하지 않는 사람은 교회에 대해 가장 무관심하게 될 것이며, 교회의 가르침과 봉사에 부정적인 반응을 보일 가능성이 높다.

9) 임영효, 『그리스도인과 교회를 위한 선교학』 (서울: 도서출판 영문, 2012), 91.

10) Arthur F. Glasser, 『성경에 나타난 하나님의 선교』, 385.

11) Donald A. McGavra & Arthur F. Glasser, *Contemporary Theologies of Mission* (Grand Rapids: Baker Book House, 1983), 29.

12) 너희는 온 천하에 다니며 만민에게 복음을 전파하라(막 16:15).

있다. [13] 이러한 예수님의 세계선교사는 경제적, 정치적, 문화적, 법적, 윤리적 경계를 파괴했다.

3) 누가복음 24:44-49는 결정적인 세계선교사 명령이다

누가복음의 선교를 이해하는 데 있어 특별히 24:44-49[14]은 세계선교사의 명령이다. 이 내용에는 여섯 가지의 중요한 선교적 차원들이 드러나 있다. [15] 첫째, 세계선교사의 기초는 예수님의 죽음과 부활이다. 둘째, 세계선교사의 성취로 제자들은 예수님의 생애와 죽음이 성경에 비추어서 해석되어야 한다는 점을 상기시켰다. 예수님은 세계선교사역의 중요성을 자신의 죽음과 철저히 연결하여 강조하셨다. 저자 누가는 "해야만 한다"(must)는 동사를 예수님의 생애를 지배했던 신적 중요성에 연관하여 자주 사용하였다(눅 2:49, 4:43, 9:22, 13:33). 이렇게 동사를 세계선교사 명령에 사용한 것이 가장 주목할 만하다. [16] 셋째, 세계선교사의 내용은 회개와 용서로 요약된다. 회개와 용서를 선포하는 우선 수위의 중요성을 간과한 개인이나 교회는 예수님의 분명한 세계선교사의 명령을 따르는 데 실패했다는 것을 보여준다고 결론짓는다. [17] 넷째, 세계선교사의 목적은 예루살렘으로부터 시작되어 모든 족속에게 복음을 전하도록 의도하고 있다. 다

---

13) 이수환, 『성경을 보면 선교가 보인다』 (파주: 한국학술정보, 2008), 224-225.

14) 또 이르시되 내가 너희와 함께 있을 때에 너희에게 말한 바 곧 모세의 율법과 선지자의 글과 시편에 나를 가리켜 기록된 모든 것이 이루어져야 하리라 한 말이 이것이라 하시고 이에 그들의 마음을 열어 성경을 깨닫게 하시고 또 이르시되 이같이 그리스도가 고난을 받고 제삼일에 죽은 자 가운데서 살아날 것과 또 그의 이름으로 죄 사함을 받게 하는 회개가 예루살렘에서 시작하여 모든 족속에게 전파될 것이 기록되었으니 너희는 이 모든 일의 증인이라 볼지어다 내가 내 아버지께서 약속하신 것을 너희에게 보내리니 너희는 위로부터 능력으로 입혀질 때까지 이 성에 머물라 하시니라(눅 24:44-49).

15) Johannes Nissen, 『신약성경과 선교』, 최동규 역 (서울: CLC, 2005), 81.

16) Arthur F. Glasser, 『성경에 나타난 하나님의 선교』, 376.

17) Arthur F. Glasser, 『성경에 나타난 하나님의 선교』, 378.

섯째, 세계선교사의 증인은 부르심을 받은 제자들이다. 지금도 계속되는 세계선교사의 열매들에 대해서 우리는 증인이 된다. 마지막으로 여섯째, 세계선교사는 성령의 능력으로 성취된다. 특히 제자들은 예수님을 통해 성령의 인도를 받는 삶의 모델을 보았다. 성령의 세계선교사가 없다면 하나님이 행하신 다른 모든 일도 결코 알려질 수 없을 것이다.[18]

4) 요한복음 20:19-23은 세계적인 선교사 명령이다

요한복음 20:19-23[19]에서 제자들은 예수님이 죽음을 이기셨다는 사실을 알아차렸다. 물론 제자들이 예수님의 방문을 기뻐했지만 한편 의심하였다. 그래서 그들은 예수님의 옆구리에 있는 못 박힌 흔적을 살펴보고 평안해졌다. 예수님은 제자들의 태도가 바뀐 것을 아시고 "평강이 있을지어다"라고 말씀하시며, "아버지께서 나를 보내신 것같이 나도 너희를 보내노라"라고 말씀하셨다.[20] 예수님은 십자가를 지는 제자도에 대한 새로운 부르심을 신포하셨다. 이런 제자도는 성령의 도우심이 없이는 불가능하다고 말씀하셨다. 이러한 보내심의 세계선교사의 명령은 세계 선교를 위한 세상으로 보내심이었다. 이것은 예수님이 아버지로부터 보내심을 받았다는 것과 유사하다. 예수님은 아버지로부터 보내심을 받았다는 언급이 요한복음에만 44번 나온다.[21] 따라서 교회는 세계선교사에서 보편적으로 그분이 동행하신다는 사실을 분명히 알아야 할 것이다.

---

18) Arthur F. Glasser, 『성경에 나타난 하나님의 선교』, 378.
19) 이 날 곧 안식 후 첫날 저녁 때에 제자들이 유대인들을 두려워하여 모인 곳의 문들을 닫았더니 예수께서 오사 가운데 서서 이르시되 너희에게 평강이 있을지어다 이 말씀을 하시고 손과 옆구리를 보이시니 제자들이 주를 보고 기뻐하더라 예수께서 또 이르시되 너희에게 평강이 있을지어다 아버지께서 나를 보내신 것 같이 나도 너희를 보내노라 이 말씀을 하시고 그들을 향하사 숨을 내쉬며 이르시되 성령을 받으라 너희가 누구의 죄든지 사하면 사하여질 것이요 누구의 죄든지 그대로 두면 그대로 있으리라 하시니라(요 20:19-23).
20) Arthur F. Glasser, 『성경에 나타난 하나님의 선교』, 374-375.
21) Arthur F. Glasser, 『성경에 나타난 하나님의 선교』, 375.

2. 사도행전에 나타난 세계선교사

1) 성령의 역사와 세계선교사

사도행전 1:8[22])에서 성령의 역사와 세계선교사는 밀접한 관계로서 누가가 초대교회 세계선교사의 패러다임에 공헌했던 뚜렷한 공적이 있었다.[23)] 세계선교사의 패러다임은 세계선교사를 변화시킬 뿐만 아니라 교회사를 변화시킨다. 왜냐하면 세계선교사는 본질상 교회가 그것을 둘러싸고 있는 세계를 정복하기 위해 자신의 힘과 지혜를 발휘하는 행위가 아니다. 오히려 그것은 성령의 역사를 통해 종말의 성취에 더 가까이 세계의 구원을 위해 예수 그리스도의 우주적 사역을 실현하시는 하나님의 선교적 행동이기 때문이다.[24)] 이러한 신약성경에서의 교회사는 오순절 성령강림으로부터 시작한다. 세계선교사는 오순절 성령의 역사로 시작된다. 그래서 교회는 세계 선교 명령 때문에 세계 선교를 했으며, 초대교회도 이 명령에 크게 작용 되었다. 이것은 성령의 역사가 선교를 가능하게 했으며, 베드로가 고넬료에게 복음을 전한 것도 하나님의 특별한 역사하심의 세계선교사였다.[25)] 오순절 성령강림은 세계를 선교하는 교회가 되게 하였다. 오순절에 나타난 성령은 세계 선교의 영이셨다. 사도행전에서 성령은 세계선교사를 친히 주관하셨다. 초대교회의 세계선교사는 성령의 능력에 있었다. 그래서 고린도전서 4:20에 의하면, 바울은 이런 근거에서 하나님 나라는 말에 있지 않고 능력에 있다고 하였다.

---

22) 오직 성령이 너희에게 임하시면 너희가 권능을 받고 예루살렘과 온 유대와 사마리아와 땅 끝까지 이르러 내 증인이 되리라 하시니라(행 1:8).

23) David J. Bosch, *Transforming Mission* (New York: Orbis Books, 1991), 114.

24) Lesslie Newbigin, *The Open Secret: Sketches for a Missionary Theology* (London: Spck, 1978), 66.

25) 전호진, 『선교학』, 69.

세계적인 선교학자며 독일 하이델베르크대학교(Heidelberg University) 교수였던 데오 순더마이어(Theo Sundermeier)는 성경에 나타난 성령의 능력에 대하여 말하기를, "어떻게 복음이 성령의 능력을 받은 이들에 의하여 갈릴리에서 예루살렘으로, 또 예루살렘으로부터 로마로 그리고 전 세계적인 복음으로 성장했는가에 대한 선교사를 잘 보여주는 선교의 기록서이며, 동시에 선교의 지침서다"라고 하였다.[26] 이런 관점에서 성령은 구약 성경에서 예언하였으며, 예수님께서 명령하신 이방 선교를 교회가 실천에 옮기도록 한 세계선교사의 집행자이시다.

2) 유대인 동방 사도들

예루살렘은 오순절을 맞아 거룩한 의무를 다하기 위해 천하 각국에서부터 순례 온 유대인과 경건한 이방인들로 북새통을 이루었다(행 2:5). 사도행전 2:9-11[27])에 의하면, 순례자들이 놀라 믿을 수 없다고 반응하는 가운데 팔레스티나 바깥에 흩어져 사는 디아스포라 유대인들이 분포 지역을 가늠하게 하는 정황이 드러난다. 유대교 기준에서 성인으로 인정하는 남자가 최소한 열 명이 모이면 회당을 구성하던 관례에 비추어 보면, 오순절에 공개된 1세기 유대인 디아스포라 지역 목록은 곧 회당 분포 목록이었다.[28] 사도행전의 저자는 동방에서 서방으로 회당 지도를 펼치면서 북방에서 남방으로 훑어 내려가며 지도를 읽는다. 이 지도 속 사방위

---

26) Theo Sundermeier, *Konvivenz und Differenz* (Erlangen: Verlag der Ev.-Luth. Missionr, 1995), 32.

27) 우리는 바대(파르티아)인과 메대(메디아)인과 엘람(페르시아)인과 또 메소보다미아(메소포타미아), 유대와 갑바도기아(갑바도기아), 본도(폰투스)와 아시아, 브루기아(프리기아)와 밤빌리아(팜빌리아), 애굽(이집트)과 및 구레네(키레네)에 가까운 리비야 여러 지방에 사는 사람들과 로마로부터 온 나그네 곧 유대인과 유대교에 들어온 사람들과 그레데(크레타)인과 아라비아인들이라 우리가 다 우리의 각 언어로 하나님의 큰 일을 말함을 듣는도다 하고(행 2:9-11).

28) 곽계일, 『동방수도사 사유기 + 그리스도교 동유기』 (서울: 감은사, 2021), 144.

세계의 중심은 다름 아닌 예루살렘이었다. 동방 세계는 유대 민족의 조상인 아브라함의 본토였으며, 남유다 왕국의 멸망과 함께 시작된 바빌로니아 포로 시대(B.C. 586~538)를 거치면서 아브라함의 자손들에게 제2의 본토가 되었다. 사도행전은 유대인 회당을 징검다리 삼아 예루살렘에서 서방 세계인 로마까지 예수 그리스도의 복음을 전한 유대인 사도들의 행적을 기록한다.[29] 그렇다면 예루살렘을 떠나 더 많은 유대인과 회당이 존재하는 동방 세계로, 곧 바대인과 메대인과 엘람인과 또 메소보다미아에 사는 사람들에게로 간 유대인 사도들이었다. 이들이 1287년 예루살렘에서 동방으로 떠난 사도들로서 로마 라케라노 세례 요한 교회에 모인 추기경 단이었다.[30]

3) 평신도

신약성경에서 초대교회는 교회의 사명을 선교로 이루어졌다. 즉 예수 그리스도의 대위임령을 실천하는데 두었으며, 모든 기독교인이 세계선교사의 삶을 실천하였다.[31] 초대교회의 교회설립과 세계 선교는 평신도들이 중요한 역할을 하였다. 사도행전 8:4-8[32]과 11:19-21[33]에 의하면, 초대교회는 전문인 선교사나 전도자에 의해 교회가 복음을 전한 것이 아

---

29) 곽계일, 『동방수도사 사유기 + 그리스도교 동유기』, 145-146.

30) 곽계일, 『동방수도사 사유기 + 그리스도교 동유기』, 146-147.

31) 유승관, 『교회여, 세상 속으로 흩어지라』 (서울: 생명의말씀사, 2012), 533.

32) 그 흩어진 사람들이 두루 다니며 복음의 말씀을 전할새 빌립이 사마리아 성에 내려가 그리스도를 백성에게 전파하니 무리가 빌립의 말도 듣고 행하는 표적도 보고 한마음으로 그가 하는 말을 따르더라 많은 사람에게 붙었던 더러운 귀신들이 크게 소리를 지르며 나가고 또 많은 중풍병자와 못 걷는 사람이 나으니 그 성에 큰 기쁨이 있더라(행 8:4-8).

33) 그 때에 스데반의 일로 일어난 환난으로 말미암아 흩어진 자들이 베니게와 구브로와 안디옥까지 이르러 유대인에게만 말씀을 전하는데 그 중에 구브로와 구레네 몇 사람이 안디옥에 이르러 헬라인에게도 말하여 주 예수를 전파하니 주의 손이 그들과 함께 하시매 수많은 사람들이 믿고 주께 돌아오더라(행 11:19-21).

니라 핍박으로 흩어진 사람들, 즉 평신도들에 의해 가는 곳마다 담대하게 복음을 전하였으며, 이 세계 선교를 통하여 그들은 성령의 강력한 임재를 체험하였다.

인도 선교사 출신으로 독일 함부르크대학교(Hamburg University)의 선교 역사 교수였던 스티븐 니일(Stephen C. Neill, 1900~1984)은 평신도 선교사에 대하여 말하기를, "초대교회는 모든 신자가 전도자였으며, 이러한 무명의 선교사보다 더 고생한 것은 없었다"라고 하였다.[34] 이러한 기독교인의 99%를 차지하고 있는 평신도들은 세계선교사의 자원이다. 오늘날 교회 안에 잠자고 있는 거인인 평신도들을 깨워 세계선교사의 동력화로 일하여 주님의 지상명령을 가장 효과적으로 수행할 수 있는 길이다. 한국교회는 주님의 몸된 교회를 이루는 지체들의 다양한 은사와 전문성에 대한 중요성을 재해석하고 적용해야 한다.[35] 그래서 한국교회는 세계선교사를 통해 평신도의 가치를 재인식하고 평신도 신학을 발전시켜야 성경적으로 정낭한 것이다.

4) 집단개종

모든 역사학자는 사도행전이 입증하고 있는 세계선교사를 대규모의 집단개종(Mass Conversion)[36]으로 보고 있다. 아직도 이 세상이 기독교화하지 않은 것을 보면 하나님은 세상을 자연스럽게 기독교화하도록 만들지 않으신 것이 자명하다. 사도행전 1:14-15[37]에서 십자가 사건이 있었고, 수

---

34) Stephen C. Neill, *Concise Dictionary of the Christian World Mission* (New York: Abingdon Press, 1971), 24.

35) 유승관, 『교회여, 세상 속으로 흩어지라』, 22.

36) 집단개종이란 한 지역이나 조직의 지도자가 개종할 때 그곳에 속한 사람들이 지도자를 따라서 자신들의 종교를 한꺼번에 바꾸는 형태를 말한다.

37) 여자들과 예수의 어머니 마리아와 예수의 아우들과 더불어 마음을 같이하여 오로지 기도에 힘쓰더라 모인 무리의 수가 약 백이십 명이나 되더라 그 때에 베드로가 그 형제들 가운데 일어서

개월 후에 120명의 기독교인이 있었다. 이후 사도행전 4:4[38]에서는 총 5천 명의 성도가 있었다고 주장한다. 그리고 사도행전 21:20[39]에서 1세기에서 60년대 이르기까지 성도가 된 수천 명의 유대인이 예루살렘에 있었다고 한다. [40]

3. 서신서에 나타난 세계선교사

신약성경에서 서신서는 세계선교사에 대한 중요한 원리와 선교적 교훈을 제시한다. 물론 사도행전은 세계선교사로 선교의 제1차 자료가 될 수 있는 교과서다. 그러나 그것만으로 충분치 않다. 그것은 서신서를 완전히 이해해야 성경의 세계선교사를 논할 수 있기 때문이다. 이러한 서신서는 신학 체계를 수립하기 위한 것이 아닌 교회가 처한 상황에서 우선 대처하기 위한, 그리고 현실에게 기록된 것이기 때문에 가장 실천적이요 선교적이다. [41] 따라서 서신서는 시간과 공간을 초월하여 일반적인 구원의 진리를 가르치는 점에서 세계 선교의 보편성을 띠고 있다.

1) 바울의 13개 서신은 세계선교사 서신이다

바울(Παῦλος, 5~67)은 기독교로 회심한 매우 중요한 인물이다. 과거 사울로 불린 바울은 기독교인들을 박해했던 바리새인으로 1세기의 기독교 순

서 이르되(행 1:14-15).

38) 말씀을 들은 사람 중에 믿는 자가 많으니 남자의 수가 약 오천이나 되었더라(행 4:4).

39) 그들이 듣고 하나님께 영광을 돌리고 바울더러 이르되 형제여 그대도 보는 바에 유대인 중에 믿는 자 수만 명이 있으니 다 율법에 열성을 가진 자라(행 21:20).

40) Rodney Stark, 『기독교의 발흥』, 손현선 역 (서울: 좋은씨앗, 2020), 18-21.

41) 전호진, 『선교학』, 75.

교자 스데반을 돌로 치는 일에 동참하였다. 그런 바울은 다메섹으로 가는 길에 부활하신 예수 그리스도를 만나 극적인 회심을 경험하였다. 회심한 순간 바울은 기독교의 대적자에서 가장 철두철미한 기독교의 대변자로 변하였다. 바울은 기독교의 위대한 첫 번째 신학자일 뿐만 아니라 그리스와 유대 그룹 모두에서 중요한 변증가가 되었다. 그는 예수가 죄 없으시며 온전하신 창조주이시고 구세주이시며 하나님의 임재이심을 가르쳤고 임박한 재림을 예고했으며 구원이 이방인에게 열렸다고 세계선교사에 앞장섰다.[42]

적어도 바울은 신약성경의 저자로서 세계선교사의 맥락에서 기록하였다. 그는 13개의 서신서를 기록한 가장 잘 알려진 세계 선교 역사학자이기도 하다.[43] 이방인들을 위한 첫 선교사로서 그는 대부분의 서신서를 선교지에서 기록하였다.[44] 그래서 바울의 세계선교사는 선교 신학의 관점에서 바르게 이해할 수 있다. 그의 서신서나 선교활동은 이방 선교를 처음 시작한 사람이 아니라 이방 선교를 본 궤도로 올려놓고 복음을 전 세계로 선파하는 사역에 비울을 통해 본격적으로 시작되어 열매를 맺게 된 것이다.

2) 바울은 세계선교사다

모든 사람에게 복음을 전하도록 서둘렀던 바울은 단지 세계선교사의 모습만 있는 것이 아니라 그의 세계선교사를 통한 전략은 많은 실천적인 측면을 포함하고 있고 해도 과언이 아니다. 아울러 바울은 다음과 같은 다양한 형태의 세계선교사 전략을 사용함으로써 사도행전과 서신들에서

---

42) Joseph Early Jr, 『기독교의 역사』, 우상현 · 권경철 역 (서울: CLC, 2020), 40.

43) D. A Carson, Douglas J. Moo, Leon Morris, *An Introduction to The New Testament* (Grand Rapids: Zondervan Publishing House, 1992), 215.

44) 김성욱, 『선교신학개론』 (서울: 총신대학교 선교대학원, 2010), 75.

세계선교사와 세계 선교 전략적 의미를 담아내고 있다.

① 교회설립

교회는 언제부터 설립되었는가? 엄밀히 말하면, 교회설립은 아담과 하와 때부터 시작된다. 그 이유는 교회란 하나님이 부르시는 사람들의 모임이기 때문이다. 하나님은 아브라함을 부르셨고, 이때부터 이스라엘은 교회가 되었다. 그러므로 오순절 성령강림 사건으로부터 교회는 온 인류사를 향해 문이 활짝 열린 것이다. 그러므로 교회 설립자는 예수님이시다. 마태복음 16:18에서 예수님은 시몬에게 베드로라는 이름을 주셨는데, "내가 이 반석 위에 내 교회를 세우리니 음부의 권세가 이기지 못하리라"라고 말씀하셨다. 교회설립은 하나님의 아들이신 예수님이 세우셨기 때문에 그 어떤 사단의 권세도 넘어뜨리지 못할 것이다.[45]

바울은 선교지에 세계선교사로서 교회를 설립하였다. 바울이 그리스도 안에 있는 개념을 개인적 차원에서 사용하였다. 하지만 그 개념은 집합적인 의미도 포함되고 있다. "그리스도 안"이라는 말이 집합적 의미로 쓰일 때는 공동체 안에 들어가 그 공동체의 일원이 되는 것이다. 따라서 예수 그리스도와 밀접한 관계를 맺음으로써 서로 뗄 수 없는 관계가 되는 것이다. 이러한 것을 두고 "그리스도의 몸"이라 묘사한다. 교회를 나타내는 "몸"의 표현은 골로새서와 에베소서에서 나타나고 있다.[46] 그의 가르침에 나타난 교회설립의 세계선교사는 예수 그리스도와 긴밀하게 연결된 개인들로서 구성되어 있으며, 그로 인해 각 개인을 예수 그리스도에 대한 동일한 충성을 고백하는 가운데 서로에 대해서도 뗄 수 없는 관계로 연결

---

45) 임경근, 『세계 교회사 걷기』 (서울: 도서출판 두란노, 2019), 21.
46) Richard N. Longenecker, 『바울의 사역과 메시지』, 김진영 역 (서울: 크리스챤다이제스트, 1997), 107.

되어 있다.[47] 이렇게 바울은 세계 선교사역에서 청중의 도움으로 교회들을 설립하였다.[48]

따라서 교회설립의 세계선교사는 복음을 확장 시키는 열쇠로 신약성경의 세계적인 선교전략이다.[49] 교회가 예루살렘과 유다, 그리고 사마리아와 땅끝까지 확장되는 것을 보면, 바울이 교회설립의 길로 이끌고 나갔다는 것을 알게 된다. 이것이 바로 역동적인 하나님 나라를 위한 것이며, 왕 되신 하나님을 인정하는 것이다. 하나님 나라의 공동체로서 교회는 의도적으로 개척하지 않는다면 이것은 하나님의 명령에 불순종하는 것이다. 이처럼 바울은 교회를 세움을 강조한 밑바탕에는 깊은 세계 선교의 전제들이 깔려 있는 것이다.

② 도시선교

바울은 도시를 중심으로 하여 세계를 선교하였다. 신약성경에서의 세계선교는 주로 도시지역에서 시작되었다. 오순절에서 시작하여 복음은 도시에서 도시로 전해졌으며, 도시에서 주변 마을로 퍼져나갔다. 기독교가 3세기의 콘스탄티누스 시대 훨씬 이후까지 부흥할 수 있었던 곳은 로마제국의 도시였다. 그 당시 로마제국의 상황은 초기 기독교인들의 사상과 행동, 그리고 복음 전파의 방법을 형성하는 데 인프라를 제공하였다. 따라서 로마제국에 있는 기독교 교회의 존재는 전략적으로 매우 중요하였다. 특히 로마제국의 중심도시는 세계의 중심으로 통하는 길이다. 그래서 바울은 로마제국의 새로운 서방 선교 중심도시로 전략을 세웠다. 과거도 그

---

47) Richard N. Longenecker, 『바울의 사역과 메시지』, 108.
48) Roland Allen, *Missionary Methods* (Grand Rapids: Eerdmans, 1962), 83.
49) 신약성경의 선교전략은 복음을 전파하고, 회심자를 얻어서 교회를 배가 하는 것을 강조한다. 바울도 그의 세 차례 전도여행을 통해서 가는 곳마다 설교하고, 회심자들을 모으고 믿는 자들로 하여 그 지역에 자치(self-governing)의 교회를 형성하게 하였다.

렇지만 현재, 그리고 앞으로도 복음은 모든 민족에게 선포되어야 한다.

네덜란드의 선교학자 요하네스 블라우(Johannes Blauw)는 바울의 도시 선교에 대하여 말하기를, "바울이 로마의 모든 도시에 땅끝까지 복음을 전하는 예수 그리스도의 이름이 각 지역마다 불려지기를 원했다"라고 하였다.[50] 바울의 세계 선교는 한 가지 본질적인 양상에서 그가 도시선교(Urban Mission)를 전략적으로 삼았다는 것이다. 그는 세계 선교 중심지들을 선택할 때 특정한 한 가지 방법을 사용하였다. 그는 빌립보와 데살로니가, 그리고 고린도와 에베소와 같은 일정한 지역을 대표하는 행정구역, 지방의 중심들을 선호한 것이다. 그 도시들은 교통과 문화, 그리고 상업과 정치, 종교에 관한 일정한 지역 내에서 주요 중심적 역할을 하고 있었기 때문이다.[51] 그는 도시를 세계선교사의 전진기지로 기독교 공동체를 세웠다. 그래서 복음이 중심지로부터 주변과 작은 도시로 전파될 것이라는 분명한 비전을 가지고 있었다. 따라서 바울의 세계선교사는 오늘날 선교사역에 효과적인 전략들을 세우는 데 중요한 역할을 했으며, 선교사역을 위해 그는 주위 환경에 순응하고 상황과 필요에 따라 적용했던 것이다.

③ 선교 동원

바울은 선교에 일꾼을 동원하기도 하였다. 도시에 대한 그의 전형적인 접근 방법을 관찰하는 것은 매우 중요하다. 그는 복음을 받아들이는 사람뿐만 아니라 더 나아가 함께 일할 파트너를 얻는 데 관심을 쏟았던 것으로 보인다. 혼자 세계선교사역을 감당하지 않았던 그는 가는 곳마다 파트너를 발굴하여 사람들과 더불어 세계선교사역에 참여하도록 만들었

---

50) Johannes Blauw, *The Missionary Nature of The Church* (New York: McGraw-Hill, 1962), 103.

51) David J. Bosch, Transforming Mission, 130.

다.[52] 그는 외로운 세계선교사가 아니라 많은 세계선교사를 지휘한 행복한 세계선교전략가였다. 특히 로마제국에 있는 교회와 바울의 관계로 보아 흥미로운 사실은 그가 죄수로서 그 도시에 도착하기 오래전에 이미 교회는 로마제국에 세워져 있었다(롬 16장). 로마제국의 기독교 교회는 사도 바울이나 그의 파트너들과 어떤 특별한 협조 없이 설립되었다.[53] 물론 로마제국의 교회와는 직접적인 선교의 관계를 갖지 않았지만 그는 스페인 선교에 로마제국의 교회를 동참시킬 것을 작정하였다. 그것뿐만 아니라 그는 그들과 신령한 은사를 나누고자 고대하였다(롬 1:11-12).[54]

많은 도시 중심지가 선교사들에게만 제한하고 있는 오늘의 세계에 선교전략의 대안을 세우기 위해 방법을 모색하는 것은 매우 중요하다. 현대 도시 사역자들은 사도들이 어떻게 그들의 개인적인 열정을 다른 이들에게 전해 주었는지 로마서 16장에서 그 해답을 찾았다. 그것은 예수 그리스도 안에서 동역자들의 이름을 열거하고 있다. 바울이 그들의 이름을 기록만 한 것이 아니라 그들과 함께 사역하는 동역자들이요 선교 동원의 자격으로 기록한 것이다.

④ 연보 활동

바울은 세계 선교를 위해 연보 활동을 하였다. 바울의 세계선교사전략에서 한 가지 특징은 예루살렘에서 가난한 자들을 위한 그의 연보 활동이었다(고전 16:1-2; 롬 15:24-32; 갈 2:9-10; 고후 8-9장). 그의 헌금 활동은 세계 선교와 세계 선교 실천이 얼마나 밀접한 관계가 있는지 보여주었다.

---

52) 바울의 동역자들을 보면 다음과 같다. 레위인, 바나바, 유대인 디모데, 헬라인 디도, 유대인이 아닌 의사 누가, 회당장이었던 소스데네, 알렉산드리아의 유대인 아볼로, 마가와 실라 등 그의 동역자들을 모두 열거하기가 어렵지만 그 출신들을 보면 각 계 각 층에 퍼져 있음을 알 수 있다.
53) Roger E. Hedlund, 『성경적 선교신학』 348-349.
54) Roger E. Hedlund, 『성경적 선교신학』 349.

이것은 일종의 종말론적인 상황에서 이해가 필요하다. 사역의 마지막 시기에 그는 이 일을 위해 전심전력하였다.[55] 바울에게 연보[56]는 유대인 교회와 이방인 교회의 일치를 상징하는 것이며, 서로 주고받음으로써 수반되는 파트너십을 상징하기 때문이다.[57] 바울은 연보와 관련하여 불신과 의심을 낳을 수 있었다. 그래서 그는 오해할 수 있는 소지를 피해 매우 조심했으며, 회중들이 자발적으로 헌금하도록 하였다. 이처럼 물질은 권력이 아니라 사랑의 수단이 되어야 할 것이다.

⑤ 성령의 인도하심

바울은 세계선교사역을 위해 성령의 인도하심을 받았다. 이슬람권 선교의 베테랑 선교사였던 필 파샬(Phil Parshall)은 세계선교사에 대하여 말하기를, "성령 충만한 실용주의자여야 하며, 선교사역을 위해 자신을 소모품으로 생각하는 하나의 모델이다"라고 하였다.[58] 바울은 성령이 열어 놓으신 문들을 통해 나아갔을 뿐만 아니라 복음을 뜻하지 않게 널리 전할 수 있었던 것은 그가 성령의 인도하심에 대한 복종에서 찾아볼 수 있다. 그의 마게도니아 선교의 이야기에서 이런 면을 볼 수 있다. 그것은 성령의 인도하심에 복종하기 위해서 세계선교사의 기도 생활은 필수적이다.[59]

기도 생활을 통해 세계선교사는 하나님께서 보여주시는 비전을 통해 새

---

55) Johannes Nissen, 『신약성경과 선교』, 186-187.
56) 연보는 예배와 환대(Hospitality)의 두 요소를 함축하고 있었다. 하나님께 자신들을 제물로 드리는 동시에 형제와 자매인 유대계 기독교인들에게는 물질적인 선물을 제공했던 것이다. 예를 들면, 로마서 15:26-27에 의하면, 이 문제에 관해 다음과 같이 말하고 있다. "이는 마게도냐와 아가야 사람들이 예루살렘 성도 중 가난한 자들을 위하여 기쁘게 얼마를 연보하였음이라 저희가 기뻐서 하였거니와 또한 저희는 그들에게 빚진 자니 만일 이방인들이 그들의 영적인 것을 나눠 가졌으면 육적인 것으로 그들을 섬기는 것이 마땅하니라"(롬 15:26-27).
57) B. F. Meyer, *The Early Christians* (Wilmington: Micheal Glazier, 1986), 183-184.
58) 도문갑, "한국 선교와 위기관리(1)", 『추수꾼』 54 (2007): 9.
59) 이용원, "바울과 선교", 「선교와 신학」 1 (1998).

로운 선교활동의 장을 찾기도 하고 준비하기도 한다(행 16:6-10, 18:9, 22:18, 23:11). 따라서 효과적인 세계선교사를 위해 선교사들은 성령의 내주하심과 성령의 역사보다 더 중요한 것은 없다. 그것은 성령께서는 선교사들의 사역을 지도하셔서 선교적 결과를 산출하게 하신다. 성령은 세계선교사를 위해 희생정신과 용기, 그리고 사랑과 열심의 확신을 주신다. 이러한 성령의 인도하심이 없이는 선교는 불가능한 것이다.

4. 공동서신에 나타난 세계선교사

공동서신은 파송의 선교는 없지만 이미 설립된 교회가 핍박과 위협의 상황 속에서 복음을 변호하고 있다. 그것은 신앙의 원리를 실천하고 교회 성장을 이룩하며 이단 종교를 경계하는 선교활동을 취하고 있다.[60] 하지만 선교사를 파송하고 교회를 설립하는 것만이 선교가 아니라 기존 교회의 성장과 사회정의로도 선교이기 때문에 공동서신을 선교적 차원에서 과소평가할 수 없는 것이다.

1) 베드로전후서

베드로전후서는 유대적 배경을 가진 이들에게 선교한 베드로의 선교활동에 대해서 기록하고 있다. 베드로서 1:1-2[61]과 1:11[62], 그리고

---

60) 김성욱, 『선교신학개론』, 77.

61) 예수 그리스도의 사도 베드로는 본도, 갈라디아, 갑바도기아, 아시아와 비두니아에 흩어진 나그네 곧 하나님 아버지의 미리 아심을 따라 성령이 거룩하게 하심으로 순종함과 예수 그리스도의 피 뿌림을 얻기 위하여 택하심을 받은 자들에게 편지하노니 은혜와 평강이 너희에게 더욱 많을지어다(벧전 1:1-2).

62) 자기 속에 계신 그리스도의 영이 그 받으실 고난과 후에 받으실 영광을 미리 증언하여 누구를 또는 어떠한 때를 지시하시는지 상고하니라(벧전 1:11).

2:11[63])과 4:3[64])에 의하면, 베드로는 핍박받는 디아스포라(Diaspora)인들을 격려하였다.[65] 다시 말하면, 로마의 핍박이 절정에 달할 때 흩어진 성도들에게 보내는 서신으로서 특히 신약성경 중에서도 내용이 풍성한 책으로 세례의 신학과 소망에 찬 전도의 호소는 선교에 크게 기여하고 있다.[66] 따라서 사도 베드로는 사도요 교회의 지도자이며, 동시에 가장 영향력 있는 세계선교사였다.

2) 야고보서

야고보서 1:27[67])에 의하면, 세계선교사에 있어 봉사의 중요성을 강조하였다. 이러한 사랑의 실천인 구제와 가난한 자를 돌아보는 봉사의 삶은 오늘날 NGO[68])를 통한 선교를 통해서 찾아볼 수 있다. 또한 야고보서 2:1[69])에 의하면, 경제적 계층 간의 갈등에 해결책도 강조하였다.

---

63) 사랑하는 자들아 거류민과 나그네 같은 너희를 권하노니 영혼을 거슬러 싸우는 육체의 정욕을 제어하라(벧전 2:11).

64) 너희가 음란과 정욕과 술취함과 방탕과 향락과 무법한 우상 숭배를 하여 이방인의 뜻을 따라 행한 것은 지나간 때로 족하도다(벧전 4:3).

65) 김성욱, 『선교신학개론』, 77.

66) Donald Senior & Carrall Stuhlmuellen, *The Biblical Foundation for Mission* (Mary Knoll: Orbis Books, 1984), 297.

67) 하나님 아버지 앞에서 정결하고 더러움이 없는 경건은 곧 고아와 과부를 그 환난중에 돌보고 또 자기를 지켜 세속에 물들지 아니하는 그것이니라(약 1:27).

68) NGO는 'Non-Governmental Organization'(비정부기구)의 약칭으로, NPO(Non-Profit Organization)와 같은 의미로 사용한다. 국제연합(UN) 헌장 제17조에서는 'UN 경제사회이사회는 그 권한의 범주에 속하는 사항과 관계가 있는 민간단체와 협의하기 위해 적당한 협약을 체결할 수 있다.'라고 규정하고 있다. 구체적으로는 경제사회이사회가 NGO로부터 전문적인 정보나 조언을 구하는 방법이나 NGO에 의사 표명의 기회를 주는 지위(협의적 지위)를 부여하는 방법이 있다. 이러한 지위는 기대하는 공헌의 정도에 따라 3등급으로 분류되며 지위를 부여받은 단체는 모두 합쳐 약 830개가 있다. 그러나 근래에는 각국의 국내 NGO도 재해원조나 개발 등 많은 분야에서 UN의 기관과 제휴하거나 독자적으로 활동하고 있다.

69) 내 형제들아 영광의 주 곧 우리 주 예수 그리스도에 대한 믿음을 너희가 가졌으니 사람을 차별하여 대하지 말라(약 2:1).

3) 요한서신

요한서신은 전통적 교리와 이단에 대한 변증에 대해 강조하였다. 또한 요한3서에 의하면, 사랑의 실천에 대하여 강조하였다. 그러나 한 가지 유의할 사항은 사회봉사를 전도 위에 두는 봉사의 선교는 공동서신을 소외된 자를 위한 복음이라고 주장하나 내용을 자세히 연구하면 단지 나그네 된 성도들에게 대한 교회의 사랑, 즉 교회의 연대성이 더 중요하다는 것을 알 수 있다.[70]

4) 유다서

유다서 1:21-23[71]에 의하면, 유다서에 나타난 세계선교사는 이단에 대한 선교적 변증에 대해 기록하였다. 또한 선교적 공동체 안에 있는 자들의 각성과 양육의 중요성에 대하여 기록하였다. 따라서 유다서는 이단에 대한 경고와 교훈들로 되어있다. 하지만 선교적인 관점에서도 정통 교리가 하나님의 나라에 제일 중요하다는 것을 교회에 가르친다.[72]

5. 요한계시록에 나타난 세계선교사

요한계시록은 종말에 관한 예언서다. 예언의 내용은 땅의 흔들림과 하늘의 말아짐, 그리고 천제의 종말이 예견되어 있다. 그러나 이 책은 결코

---

70) 전호진, 『선교학』, 87.
71) 하나님의 사랑 안에서 자신을 지키며 영생에 이르도록 우리 주 예수 그리스도의 긍휼을 기 다리라 어떤 의심하는 자들을 긍휼히 여기라 또 어떤 자를 불에서 끌어내어 구원하라 또 어 떤 자를 그 육체로 더럽힌 옷까지도 미워하되 두려움으로 긍휼히 여기라(유 1:21-23).
72) 전호진, 『선교학』, 88.

하나님의 선교 백성들에게 두려움을 주기 위한 것이 아니다.[73] 그것은 종말론적 소망을 가진 하나님의 선교 백성들에게 그들의 눈에서 눈물을 제하고 그 이마에서 근심을 걷어내어 선교의 기쁨을 주는 하나님의 말씀이다. 그래서 요한계시록 1:3에 의하면, "이 예언의 말씀을 읽는 자와 듣는 자와 그 가운데에 기록한 것을 지키는 자는 복이 있나니 때가 가까움이라"고 하였다. 하나님께 복을 받을 백성들은 하나님이 세계선교사로 부르신 하나님의 선교 백성들이다.

1) 심판의 책, 세계선교사의 책

요한계시록 5:9[74]에 의하면, 어린 양이 되시는 그리스도에 대한 선교적 노래로, 즉 교회와 모든 세계의 통치자이심을 강조하였다.[75] 요한계시록의 핵심은 심판과 보복이며, 선교 주제를 담고 있지 않다는 주장이 종종 제기되어 왔다. 하지만 그것은 사실이 아니다. 요한계시록은 심판의 책일 뿐만 아니라 잃어버린 세상을 향한 하나님의 긍휼과 하나님의 선교를 기술하고 있는 세계선교사의 책이다.[76]

2) 세계선교사의 절정

성경의 마지막 책인 요한계시록은 선교적인 소망의 책이다. 이 책은 세상 끝 날까지의 선교를 내용으로 이루어졌다. 특히 요한계시록은 선교사역의 결실이요 그 사역의 참여자들이었던 소아시아에 있는 일곱 교

---

73) Millard J. Erickson, 『종말론』, 이은수 역 (서울: CLC, 1994), 17-24.
74) 그들이 새 노래를 불러 이르되 두루마리를 가지시고 그 인봉을 떼기에 합당하시도다 일찍이 죽임을 당하사 각 족속과 방언과 백성과 나라 가운데에서 사람들을 피로 사서 하나님께 드리시고 (계 5:9).
75) 김성욱, 『선교신학개론』, 79.
76) Grant Osborne, "요한계시록의 신학", 「목회와 신학」 2월호 (2005), 86-88.

회에게 보낸 편지로 쓰였다. 77) 이것은 오늘날 아시아에 있는 선교 신학 측면에서 혹은 교회 성장의 상황에서 특별한 의미를 지닌다. 요한계시록은 로마제국의 아시아에 있는 교회들에 대한 혹독한 박해가 절정에 달했던 95년경에 기록되었다. 78) 따라서 요한계시록의 절정은 곧 세계 선교사의 절정이라고 말할 수 있을 것이다.

6. 신약성경에서의 세계선교사의 주제들

1) 성육신

성육신은 요한복음에서 강조되고 있다(요 1:14). 사복음서에서 지상의 예수님은 고난을 겪는 자들에 편에 서 있는 분으로 설명한다. 이런 예수님의 선택은 사실 오늘날 세계선교사의 본질과 내용에 많은 점을 시사한다. 79) 이슬람교 중심에는 예언의 말씀이 있는 것처럼, 유대교의 중심에도 예언의 말씀, 즉 하나님이 인간에게 하신 말씀이 있다. 반면 기독교의 중심에는 성육신하신 말씀으로서 사람이 되신 하나님이 있다. 하나님이신 그 말씀은 특정한 인간 사회라는 상황에 나타나셨다. 하나님의 말씀은 온 인류를 위해 오셨고, 그분을 받아들이는 사람들의 모든 문화에 맞게 다시금 번역되신다. 그래서 단일한 기독교 문명이란 존재할 수 없다. 기독교의 성경은 이슬람교의 경전인 꾸란처럼 원래의 언어로 전달할 때만 하나님의 말씀이 되는 것이 아니다. 성육신하신 하나님의 아들은 일반적

---

77) William J. Larkin Jr. & Joel F. Williams, 『성경의 선교신학』, 471.

78) Robert E. Coleman, 『천상의 노래: 요한계시록 강해』, 석창훈 역 (서울: 도서출판 두란노, 2000), 18-19.

79) Johannes Nissen, 『신약성경과 선교』, 262.

인 인간이 되신 것이 아니라 특정 장소와 문화 안에서 구체적인 인간인 되셨다. 다시 말해, 믿음으로 그분을 받아들이기만 하면 다른 장소와 문화에서 그분은 다시금 육신이 되신다. [80]

2) 십자가

특히 바울은 십자가의 중요성을 강조하였다. 에베소서 2:14-16[81]에 의하면, 십자가는 화해를 의미한다. 사복음서는 십자가의 세계 선교적 의미를 보여주는 중요한 문서이다. 그것은 예수님의 정체성인 부활하신 예수님의 상처를 입증할 뿐만 아니라 그분으로부터 사명을 위임받은 자들이 본받아야 할 모델이 된다(요 20:21). 이러한 십자가 아래에서의 선교는 자기 비움의 선교와 겸손한 섬김의 선교를 말한다(고전 9:19-23).[82]

3) 부활

사복음서의 세계 선교 명령은 예수님께서 부활하신 결과로 주어진다. 그래서 교회는 지금 삶의 현장에서 부활의 삶을 살도록 죽음과 파괴의 세력들에 맞서는 표징이 되도록 부름을 받았다. 즉 교회가 현대의 우상들과 거짓 절대자들의 정체를 폭로하도록 부르심을 받았다는 것을 의미한다.[83]

---

80) Andrew F. Walls, 『세계 기독교와 선교 운동』, 방연상 역 (서울: IVP, 2018), 113-114.
81) 그는 우리의 화평이신지라 둘로 하나를 만드사 원수 된 것 곧 중간에 막힌 담을 자기 육체로 허시고 법조문으로 된 계명의 율법을 폐하셨으니 이는 이 둘로 자기 안에서 한 새 사람을 지어 화평하게 하시고 또 십자가로 이 둘을 한 몸으로 하나님과 화목하게 하려 하심이라 원수 된 것을 십자가로 소멸하시고(엡 2:14-16).
82) Johannes Nissen, 『신약성경과 선교』, 262-263.
83) Johannes Nissen, 『신약성경과 선교』, 263. 이 내용은 골로새서와 에베소서를 참고하라.

4) 승천

승천은 십자가에 달리시고 부활하신 예수 그리스도의 상징이다. 빌립보서 2:9-11[84])에 의하면, 예수 그리스도는 이제 왕으로서 이 세상을 다스리신다.

5) 성령강림

성령의 중요성은 특히 사도행전과 요한복음에서 강조한다. 성령의 능력 안에 있는 교회는 매일의 삶 속에서 하나님의 사랑을 실현하는 공동체이며, 또한 그 안에 정의와 의의 원리가 작용하는 공동체이다. 성령은 마치 그분의 유일한 직무가 교회를 유지하고 바깥세상으로부터 그것을 보호하는 것인 양 교회에 볼모로 잡혀서는 안 된다(행 10:1-11:18). 요한복음 3:8[85])에 의하면, 성령은 바람과 같이 원하는 곳으로 다니시는 분이시다. [86])

6) 재림

재림은 세계 선교와 매우 밀접하게 관련되어 있다. 세계 선교의 목적은 주의 재림을 촉진 시켜 하나님 나라의 임하심을 이루게 하기 위한 것이다. 이것을 위해 복음을 받아들인 자들을 예수 그리스도의 제자로 삼는 것이다. 교회는 주님의 재림 시기를 빠르게 앞당길 수 있도록 선교함으로써 주의 재림 시 신부로서 맞이할 사람들을 불러 모아 제자로 삼는 세계

---

84) 이러므로 하나님이 그를 지극히 높여 모든 이름 위에 뛰어난 이름을 주사 하늘에 있는 자들과 땅에 있는 자들과 땅 아래에 있는 자들로 모든 무릎을 예수의 이름에 꿇게 하시고 모든 입으로 예수 그리스도를 주라 시인하여 하나님 아버지께 영광을 돌리게 하셨느니라(빌 2:9-11).

85) 바람이 임의로 불매 네가 그 소리는 들어도 어디서 와서 어디로 가는지 알지 못하나니 성령으로 난 사람도 다 그러하니라(요 3:8).

86) Johannes Nissen, 『신약성경과 선교』, 263.

선교의 사명이 있다.[87] 이렇게 재림은 세계 선교가 시급히 이루어져야 함을 강조한다. 마가복음 13:10[88]에 의하면, 마지막 때의 도래는 세계 선교의 동기가 된다. 이런 종말론적인 차원이 바울의 선교여행과 그의 연보에도 작용하였다.[89] 이러한 구원 사건들은 선교의 현장에서 예수 그리스도께서 성육신하시고, 십자가에 달리시고, 부활하시고, 승천하신 후 성령 안에서 우리 가운데 계시고 장차 우리를 그분의 미래로 인도하실 것을 선포한다. 만일 우리가 이것을 확실하게 붙들지 않으면 도리어 세상에 불완전한 복음을 전하게 될 것이다.[90]

***

결론적으로, 신약성경의 세계선교사에 대해 살펴보았다. 신약성경에 나타난 분명한 원칙은 예수 그리스도 밖에는 구원이 없다는 데 있다. 예수 그리스도로 말미암지 않고는 아버지께로 갈 수 없다. 그리고 예수 그리스도를 통하지 않고서는 하나님을 알 수 없고, 사랑할 수 없으며 믿을 수도 없다. 그래서 사도행전 4:12에 의하면, 천하 인간에게 구원 얻을 만한 다른 이름이 없다는 것이다.[91] 이것이 신약성경에 나타난 세계선교사의 근거로 예수 그리스도이시지만 적지 않게 신약성경에 대해 오해하는 것 중 하나가 세계선교사를 부분적으로 이해하고 있다. 그러나 신약성경에서 세계선교사는 십자가를 지고 예수 그리스도를 따르는 길임을 강조

---

87) 노윤식, 『새천년 성결선교신학』 (안양: 성결대학교 출판부, 2001), 66.
88) 또 복음이 먼저 만국에 전파되어야 할 것이니라(막 13:10).
89) Johannes Nissen, 『신약성경과 선교』, 263.
90) David J. Bosch, *Transforming Mission*, 518.
91) 노윤식, 『성경에 선교가 있는가(선교신학 담론)』 (서울: 도서출판 한들, 2005), 318.

할 뿐만 아니라 하나님께서 시작한 세계 선교를 예수 그리스도가 구체적으로 우리에게 보여주셨다. 이것은 구원받는 기독교인들이 성령으로 세계를 선교하며 살아야 할 분명한 이유에 대해 말해 주는 것이다. [92]

이러한 관점에서 한국 기독교 선교사는 신약성경에 기초한 세계선교사의 원리에 충실해야 한다. 또한 주님의 재림을 온전히 준비하는 데 큰 역할을 할 것이며, 다가오는 시대에 위대한 선교사역을 감당하기 위해서 성경 중심적인 세계선교사가 정립되어야 한다. [93] 성경은 온 세상의 구원을 위한 세계선교사의 교과서다. 따라서 신약성경은 세계선교사와 한국교회의 선교사가 당면하고 있는 많은 선교적인 과제들을 해결하는 데 없어서는 안 될 필요한 지침서가 될 것이다.

---

92) 한국선교신학회, 『선교학 개론』, 60.
93) 김성욱, 『선교신학개론』, 80.

3장

초기 기독교와 로마제국에서의 세계선교사

세계 종교들은 공통적인 특징이 있지만 독특한 기독교는 예수 그리스도의 복음이 지중해 세계에서 꽃망울을 터뜨릴 때까지 인류역사상 그 누구도 십자가에 못 박힌 사람을 숭배한다는 것을 상상하지 못했다.[1] 이윽고 로마제국 시대 변방에서 시작된 미약하고 이름 없는 기독교는 고전 시대의 이방 종교를 밀어내고 서구 문명의 지배적인 신앙으로 자리매김하였다.[2] 로마제국의 공식 종교가 된 기독교는 선교가 예수 그리스도의 부활과 승천 이후로부터 출발한다. 33년 예루살렘에서 시작된 복음에 대한 세계선교사는 500년까지 로마제국에서 증거되었다.[3] 기독교 선교사에서 첫 번째 주요 시대하고 할 수 있는 이 시대는 기독교가 지중해 세계와 그 너머로 급속히 퍼지기 시작했던 시기로, 때로는 이 시기를 교부 시대라 부른다.[4] 17세기 프랑스 작가 라 퐁텐(La Fontaine)의 〈우화〉에 맨 처음 소개한 "모든 길은 로마로 통한다"(All roads lead to Rome)라는 말이 있다. 초대

---

1) Fleming Rutebge, 『예수와 십자가 처형』, 노동래·송일·오광만 역 (서울: 새물결플러스, 2021), 36.

2) Rodney Stark, 『기독교의 발흥』, 17.

3) Stephen C. Neill, *A History of Christian Missions* (London: Penguin, Books, 1990), 20.

4) Alister E. McGrath, 『기독교의 역사』, 박규태 역 (서울: 포이에마, 2016), 23.

교회 예수님의 제자들은 이 길로 처음 예루살렘에서부터 시작해서 로마 제국 전역을 선교지로 삼아 복음을 전했다. 세계선교사에서 대표적인 인물인 바울은 이방인의 사도로서 로마제국을 기독교의 복음으로 점령하였다.[5]

바울은 길리기아 다소에서 출생해 당시 지중해권에서 통용되었던 그리스어에 능통함으로써 복음의 커뮤니케이션을 유용하게 활용하였다. 그는 구심력 선교에서 원심력 선교로 나가는 분명한 세계선교사의 원리와 방법을 갖고 선교하였다. 결국 예루살렘에서 시작된 세계선교사는 예수님의 제자들과 순교자들을 통해 로마제국 전역에 펼쳐지게 된 것이다.[6] 이런 선교적 방식의 기독교는 1세기 말부터 대부분 유럽과 아시아, 그리고 아프리카까지 퍼져나갔다. 로마제국의 세력이나 거듭되는 핍박에도 불구하고 기독교 선교는 끝없는 전진(irresistible advance)을 거듭하였다.[7] 따라서 로마제국을 제대로 이해하지 못하고 초기 기독교의 선교를 이해하기가 불가능하기에 세계 선교 역사학자들의 연구 분야를 통해 초기 기독교와 로마제국에서의 세계선교사에 대하여 살펴보고자 한다.

1. 로마제국의 기독교 박해

황제숭배를 강요했던 로마제국은 국가적으로 위협적이지 않으면 어떤 종교도 다 수용하였다. 초기 기독교는 유대교와 동일한 대우를 받았으나 유대교와는 다르게 유대인에게만 복음을 전하는 것이 아니다. 이방인

---

5) Stephen C. Neill, *A History of Christian Missions*, 20-21.
6) 조귀삼, 『복음주의 선교신학』 (안양: 세계로미디어, 2013), 107.
7) Ruth A. Tucker, 『선교사 열전』, 박해근 역 (서울: 크리스챤 다이제스트, 1995), 17.

들에게도 복음을 전했기에 초기 기독교인들은 로마제국에 위험 요소가 되었다. 로마제국과 동화하려면 같은 종교를 섬겨야 하는 데 초기 기독교인들은 예수를 그리스도라 고백할 뿐 아니라 이방 종교의 신을 믿지 못하도록 하였다. 이에 로마제국은 기독교를 방치할 수 없었다. 당시 네로 황제시대 64년부터 심한 박해를 받기 시작하였다.[8]

이러한 박해는 313년까지 콘스탄티누스(Constantinus, 306-337) 황제가 밀란에서 종교자유의 칙령을 내릴 때까지 계속되었다. 이 기간에 기독교인들이 순교를 당했으나 그것보다도 더 중요한 것은 박해를 피해 로마제국 내에 박해가 없는 곳으로 피신하거나 아예 다른 나라로 이주하기도 하였다. 결국 기독교인들은 혼자 신앙을 지키거나 혹은 무리를 지어 신앙생활을 하는 것으로 만족하지 않고 전 세계로 흩어지기를 원하는 하나님의 계획에 의한 것으로 볼 수 있다.[9]

로마제국에서의 선교사는 피와 땀, 그리고 고통이 담긴 순교의 역사였다. 사도행전을 통해서 기독교의 확산 과정을 보면, 박해와 확산이 반복되었음을 알 수 있다. 64년에 네로(Nero, 37~68) 황제는 5일 동안 로마제국을 불태운 후에 기독교인들을 박해하였다. 그의 형제는 물론 어머니와 아내까지 죽였으며, 심지어 스승인 철학자 세네카(Lucius A. Seneca, 4~65)도 죽였다. 네로는 시민의 분노를 잠재우기 위해 가난한 사람들에게 돈을 나눠주었고, 로마제국을 재건하겠다고 약속까지 하였다. 그러나 로마제국을 불태웠다는 사람들의 의심은 없앨 수 없었다.[10] 이러한 분위기는 다음 디오클레티아누스(Diocletianus, 284~305) 황제에 의해서 더욱 박해가 심해졌으며, 311년까지 약 250년에 걸쳐 열 번 정도 기독교에 대한 가장 큰

---

8) 손두환, 『기독교회사 I』(서울: 총신대학교출판부, 1984), 95.
9) 구성모, "교회사에 나타난 선교유형과 교훈", 「ACTS 신학저널」 40 (2019): 284-285.
10) 임경근, 『세계 교회사 걷기』, 27.

박해가 있었다.

사실 디오클레티아누스 황제는 노예 출신인 어머니에게서 태어났다. 그는 여러 가지 권모술수로 황제로 올랐으며, 처음에는 아들과 딸, 그리고 신하들이 기독교인이었기 때문에 한동안은 잘 참았으나 마침내 303년에 "모든 기독교 회당은 파괴할 것이며 모든 성경은 불태워야 한다. 모든 기독교인은 시민권을 박탈하고 신들에게 희생물로 드려야 한다"라는 무서운 칙령을 내렸다. [11] 디오클레티아누스 황제와 그의 후계자는 모든 기독교 교회를 파괴하였고, 성경을 불살랐으며, 기독교인들의 시민권을 박탈하면서 가장 혹독하게 박해하였다. [12] 로마제국의 기독교 박해를 통해 초기 기독교인들은 박해가 도피 생활이 아닌 오히려 복음을 전하는 세계 선교의 기회로 삼았다.

2. 초기 기독교의 성장

초기 기독교는 유대교 맥락 속에서 개혁 운동으로 시작했지만 성장하면서 점차 그 정체를 분명히 드러냄으로써 1세기 로마제국 세계 안에서 명확한 모습을 갖추기 시작하였다. [13] 초기 기독교가 성장함으로써 로마제국은 경멸과 의심의 눈초리로 주시하였다. 그 이유는 기독교가 인간의 가장 근원적인 문제의 필요를 짚어 주었기 때문이다. 그것은 예수님이 핍박당하셨기에 압제당하는 자들에게는 소망이 되었기 때문이다. 헐벗고 소망이 없는 사람들에게 결핍과 고난은 하나님 나라를 약속하였다. 인

---

11) 김기홍, 『이야기 교회사 (상)』 (서울: 도서출판 두란노, 1992), 46.

12) 조귀삼, 『복음주의 선교신학』, 111.

13) Alister E. McGrath, 『기독교의 역사』, 22.

간이 하나님과 교제할 수 있다는 것, 예수님은 하나님을 따르는 자들의 소리를 들으시고 돌보신다고 가르쳤다. 결정적인 것은 초기 기독교가 성별과 사회적 지위, 그리고 정치적 성향과 상관없이 예수님을 따르는 자들이 몸담을 수 있는 따뜻한 공동체적 환경을 제공했기 때문이다. [14]

초기 기독교는 신생 종교임에도 불구하고 유대교와 유사성을 보였다. 그 당시 기독교는 유대교에 호의적이었으나 유대인이 아닌 자들의 심정에도 호소할 수 있었다. 물론 경건한 이방인은 유대교 할례의식을 따르지 않았지만, 유대인과 함께 예배하는 것이 허락되지는 않았지만, 기독교인들은 예수님을 믿는 자는 누구나 할례를 받지 않았더라도 하나님께 나아갈 수 있었다. 기독교가 그리스 철학과 유사성을 보이며 교회 부흥에 일조하였다. 바울의 서신서에서는 플라톤의 개념이 상당히 많은 부분에서 발견되며, 요한은 '로고스'(λόγος)의 개념을 강조하였다. 이것은 스토아 철학과 연관된 원칙으로써 그리스의 사상을 가진 사람들이라면 이런 철학적 특징이 매력적이었다. [15]

더 나아가 초기 기독교는 여성들을 보호했지만 타종교는 그렇지 못했다. 대다수의 신비 종교들은 남성 중심적으로, 유대교는 여성을 열등의 존재로 여겼다. 이러한 이유로 인해 많은 여성은 기독교에 대해 호감을 느끼는 것은 당연하였다. 그리고 이후 남편과 자녀들을 신앙으로 이끌어 주는 주요한 원인이 되었다. 기독교의 사랑은 역시 초기 기독교 성장의 단초로 작용하였다. 한 예로, 감염병이 창궐했던 당시에 비감염자들이 안심할 수 있는 지역으로 도망갔던 감염자들은 종종 버림받았다. 많은 경우에 감염자들은 자신들의 가족에게조차 버림받았다. 그러나 초대 기독교인

---

14) Joseph Early Jr, 『기독교의 역사』, 40-41.
15) Joseph Early Jr, 『기독교의 역사』, 42.

들은 가족을 포기하지 않았고, 종종 감염병으로 고생하는 비기독교인들을 오히려 돌보아 주었다. 이런 사례와 더불어 또 다른 사랑의 섬김을 목격했던 사람들에게 기독교는 점차 매력적인 종교로 부각 되었다. 예수의 길을 걸어가는 길이 순교로 이어져도 초대 기독교인들은 그리스도를 믿는 강한 신앙을 드러내었다. 그리스도를 부인하고 황제에게 충성을 맹세하기보다 많은 기독교인은 로마제국의 손 아래 죽음을 선택하였다. 16)

선교활동으로 인해 기독교가 크게 확장되었던 2세기 교회는 이제 지중해 연안에서 시리아, 소아시아, 이집트, 아프리카 등 내륙으로 진입하기 시작하였다. 17) 2세기 카르타고 출신의 교부였던 터툴리안(Tertullian, 160~225)은 초기 기독교 신앙에 대하여 말하기를, "우리가 너희에게 살육을 당하면 당할수록 우리는 더 성장할 것이다. 순교자의 피는 교회의 씨앗이다"라고 하였다. 18) 로마제국은 기독교를 유대교의 한 분파로 인식하였다.

그런 것은 초기 기독교가 처음 당시 자신늘이 유대교와 연속성을 지닌 것으로 보았다. 그리스도인들은 그들이 따라고 예배하는 하나님이 이스라엘 족장인 아브라함과 이삭과 야곱이 예배했던 하나님과 같은 하나님임을 분명히 했다. 유대교와 기독교의 연속성은 많은 점에서 분명하게 드러나지만 유대교는 특히 율법을 강조했다. 이 율법을 통해 하나님의 뜻이 계명이라는 형태로 알려졌으며, 선지자들은 이런 하나님의 뜻을 어떤 명확한 역사 상황 속에서 알려주었다. 신약성경 복음서는 나사렛 예수가 율법이나 선지자들을 폐하러 온 것이 아니라 그것을 완전하게 하려고 왔다는 것을 강조했다고 알려준다(마 5:7). 아울러 바울은 아브라함의 믿음

---

16) Joseph Early Jr, 『기독교의 역사』, 42-43.
17) Adalbert G. Hamman, 『교부와 만나다』, 이연학 · 최원오 역 (서울: 비아, 2019), 58.
18) William A. Jurgens, *The Faith of the Early Fathers, Vol. 1* (MN: Liturgical, 1970), 282.

56 세계사를 바꾼 선교 이야기

과 그리스도인의 믿음이 연속성을 가짐을 강조하였다(롬 4:1-15). [19] 안타깝지만 초기 기독교인들은 종교적 혼란과 로마제국의 폭정을 피해 팔레스타인 지역에서 제국 전역의 도시로 퍼져나갔다. 초기에 많은 디아스포라 기독교인들은 로마와 안디옥(튀르키예), 그리고 알렉산드리아(이집트)[20]를 피난처로 삼았다.

3. 세계의 중심지 로마제국

당시 이스라엘을 지배했던 나라는 로마제국이다. 이 제국은 이탈리아의 한 작은 도시에서 시작된 부족국가에 불가하였다. 하지만 예수님이 태어나셨던 그때는 세계에서 가장 크나큰 제국이었다. 로마제국은 지중해 세계의 모든 나라였던 지금의 프랑스, 독일 서남부, 잉글랜드, 아프리카 북부와 아시아, 동유럽 대부분 지역을 점령하여 통치한 대형제국이었다. [21] 그러한 광대한 로마제국은 역사상 그 유래를 찾을 볼 수 없을 정도로 장구한 평화를 유지하였다. 여행자는 넓은 로마제국을 비교적 안전하게 자유로운 여행을 할 수 있었다. 당시 로마 여행을 쉽게 했던 것은 13만 5천 마일의 견고한 도로망 때문이며, 지금까지도 사용되고 있다. [22]

---

19) Alister E. McGrath, 『기독교의 역사』, 23-24.
20) 고대 지중해 세계 제일의 도시인 이집트 알렉산드리아는 B.C. 332년 알렉산더 대왕에 의해 건설되었다. 이곳은 B.C. 323년 알렉산더가 죽자 이집트를 통치하는 프톨레마이오스 왕조의 도시가 되었고, B.C. 30년 프톨레마이오스 왕조 최후의 왕 클레오파트라 7세의 몰락과 함께 로마의 지배를 받게 된다. 알렉산드리아는 헬레니즘 학문의 중심지였고, 인도와 페르시아, 아프리카와 유럽의 사조가 모여들었던 공강이었고, 그리스 종교는 물론 유대교, 기독교의 지적 문화가 꽃핀 곳이었다. David Bentley Hart, 『그리스도교, 역사와 만나다』, 양세규 · 윤혜림 역 (서울: 비아, 2020), 99.
21) 임경근, 『세계 교회사 걷기』, 23.
22) Paul E. Pierson, 『선교학적 관점에서 본 기독교 선교운동사』, 임윤택 역 (서울: CLC, 2009), 98-

인구는 이탈리아, 그리스인, 이집트인, 독일인, 켈트족 등 약 1억 정도였다. 특히 로마인들은 활동적이어서 해상에서, 그리고 그들이 닦아 놓은 고대의 가장 견고한 도로상에서 날뛰던 해적들을 쓸어버렸다. 이 길을 통해 상인들과 군인들, 그리고 복음 전도자들은 위험 없이 왕래하였다.[23] 로마제국이 국제무역의 중심지였기에 상선들은 홍해를 지나 인도에 이르기까지 항해하였다. 그래서 인도 기독교 역사를 살펴보면, 사도 도마가 인도에까지 갈 수 있었던 것은 상선들이 항해하기에 충분했기 때문이다. 그리고 중국의 서안(西安)은 실크로드를 통해 비단을 중앙아시아와 서부 인도로 수출하였다. 당시 초기 기독교 선교사들은 동서남북으로 연결된 무역 루트에 따라서 세계를 선교할 수 있었다.[24] 세계 중심지이었던 로마제국은 무역 활동뿐만 아니라 공평한 행정으로 이후 기독교 선교활동을 활발하도록 아주 좋은 환경이 되었다고 할 수 있다.

4. 그리스어와 성경 번역의 공헌

알렉산더 대왕이 남긴 유산 중에, 그리고 세계에서 가장 풍부하고 섬세한 로마제국의 언어는 그리스어(Greek)였다. 통일된 언어로 세계 어느 나라를 통행하든 간에 그리스어는 페르시아만에서 대서양과 지중해가 만나는 곳 지브롤터 해협에 이르기까지 지역의 문화와 상업의 언어, 그리고 세계의 언어였다.[25]

99.

23) J. Herbert Kane, 『세계 선교역사』, 신서균 역 (서울: CLC, 1993), 12-13.

24) Paul E. Pierson, 『선교학적 관점에서 본 기독교 선교운동사』, 99.

25) 임경근, 『세계 교회사 걷기』, 24.

ΑΜΑСΚΟΥΘΥСΙΑΛΥΚΑΙѠΚΟΔΟΜΗСΕΝ
ΤΟΥ·ЧЧЧЧΤΙΚСΕΦΡΑΤΥΡΟСΟΧΥΡѠΜΑ
ΑΝΘΡѠΠΟΥС·ΚΠΑСΤΑΑΥΤΗС·ΚΑΙΕΘΗ
ΑСΦΥΛΑСΤΟΥΙΗΛ·СΑΥΡΙСΕΝΑΡΓΥΡΕ
ΚΑΙΕΝΕΜΑΘ·ΕΤΟΙСΙΟΝѠСΧΟΥ·ΚΑΙΧΡΥ
ΟΡΙΟΙСΑΥΤΗС·ΤΥΡΟΛΗΜΜΑΛΟΓΟΥЧЧЧЧ
С·ΚΑΙСΙΔΘΝ·ΔΙΟΤΙΕΕΝΓΗСΕΔΡΑΧ·ΚΑΙΔ
ΦΡΟΡΗСΑСΦΟΔΡΑ·ΑΜΑСΚΟΥΘΥСΙΑΛΥ
ΚΑΙѠΚΟΔΟΜΗСΕΝΤΟΥ·ЧЧЧЧΤΙΚСΕΦΡΑ
ΤΥΡΟСΟΧΥΡѠΜΑΑΝΘΡѠΠΟΥС·ΚΠΑС
ΤΑΑΥΤΗС·ΚΑΙΕΘΗΑСΦΥΛΑСΤΟΥΙΗΛ·
СΑΥΡΙСΕΝΑΡΓΥΡΕΚΑΙΕΝΕΜΑΘ·ΕΤΟΙС
ΙΟΝѠСΧΟΥ·ΚΑΙΧΡΥΟΡΙΟΙСΑΥΤΗС·ΤΥΡΟ
ΛΗΜΜΑΛΟΓΟΥЧЧЧЧС·ΚΑΙСΙΔΘΝ·ΔΙΟΤΙΕ
ΕΝΓΗСΕΔΡΑΧ·ΚΑΙΔΦΡΟΡΗСΑСΦΟΔΡΑ·
ΑΜΑСΚΟΥΘΥСΙΑΛΥΚΑΙѠΚΟΔΟΜΗСΕΝ
ΤΟΥ·ЧЧЧЧΤΙΚСΕΦΡΑΤΥΡΟСΟΧΥΡѠΜΑ
ΑΝΘΡѠΠΟΥС·ΚΠΑСΤΑΑΥΤΗС·ΚΑΙΕΘΗ
ΑСΦΥΛΑСΤΟΥΙΗΛ·СΑΥΡΙСΕΝΑΡΓΥΡΕ
ΚΑΙΕΝΕΜΑΘ·ΕΤΟΙСΙΟΝѠСΧΟΥ·ΚΑΙΧΡΥ
ΟΡΙΟΙСΑΥΤΗС·ΤΥΡΟΛΗΜΜΑΛΟΓΟΥЧЧЧЧ

70인 역(Septuagint)

이러한 언어는 고대 그리스 철학자 소크라테스(Σωκράτης, B.C. 470~399)

의 제자 플라톤(Πλάτων, B.C. 427~347)과 플라톤의 제자 아리스토텔레스

(Αριστοτέλης, B.C. 384~322), 그리고 안디옥의 주교 이그나티우스(Ιγνάτιος,

A.D. 35~107)26)와 유명한 교회사의 아버지 유세비우스(Εὐσέβιος, A.D. 260~340)

---

26) 초기 교회가 성장하자 권위의 문제가 중요하게 다가왔다. 특히 사도들이 세상을 떠나자 기
독교인들은 '에피스코포스'(ἐπίσκοπος, 주교, 본래의 의미는 감독자)와 '프레스뷔테로
스'(πρεσβύτερος, 사제, 본래의 의미는 원로)를 세웠다. 예루살렘에 세워진 첫 교회와의 역사
적 연속성을 지켜나가면서 신학적, 도덕적으로 올바른 방향성을 잃지 않도록 돌보는 일이 그들
의 역할이었다. 사실 이러한 제도는 이미 사도들의 시대에 세워진 것이었다. 교회가 뿌리는 내
리는 곳마다 감독들과 원로들은 보조자들의 도움으로 새롭게 기독교인이 되는 사람들에게 세례
를 주고 성찬식을 집전하며 가난한 이들을 구호하고 공동체를 관리하였다. 기독교 첫 세대가 지
나자 사람들은 주교의 역할이 교회의 일치와 질서를 유지하는 데 필수적이라고 생각하기 시작
했다. 2세기 초 안디옥의 주교 이그나티우스는 순교를 기다리며 로마로 압송되던 중 교회는 오
직 적법한 주교가 있는 곳에 존재한다고 하였다. 주교는 성령에 의해 사도로부터 이어지는 살아
있는 연결 고리로 세워지고, 주교 없이 성찬식을 거행하는 것은 불가능하다. 마찬가지로 기독교

의 모국어이기도 하였다. 바울(Παυλος)과 유대인 필론(Φίλων), 그리고 로마인 키케로(Cicero, B.C. 106~43)가 사용했던 언어도 그리스어이다. 그러기에 바울과 그의 친구들은 외국어가 별도로 필요치 않았으며, 통역자는 더더욱 필요가 없었다.[27] 로마제국 어느 지역에서도 그리스어는 일반인들이 가장 널리 사용했던 보편적인 일상언어였다. 이것은 오늘날 세계선교사에도 시사하는 바가 커서 일상어의 선교적 가치에 대해 재고할 필요가 있을 것이다.[28]

　로마제국에서는 어디에서든지 성경을 읽을 수 있었다. B.C. 3세기에 히브리어를 그리스어로 번역한 구약성경을 '70인 역'(Septuagint)이라고 부른다. 히브리어 본문에서는 찾기 힘든 포용주의와 선교 정신이 강조되어 있었다.[29] 이 책은 예수님과 그의 열두 제자들이 주로 사용했던 성경책이었다. 그리스어는 철학의 언어이기도 했으나 신학의 언어가 되기도 하였다. 유대인들은 어디를 가든지 유일신 하나님에 대한 앎의 지식과 예배 의식, 그리고 장차 오실 예수 그리스도에 대한 기대와 보편화된 그리스어 성경을 가지고 다녔다.[30] 바울이 서신에서 자주 인용했던 그리스어로 번역된 70인 역인 구약성경은 헬라파 유대인들 뿐 아니라 이제 새롭게 믿기 시작한 이방인들도 읽을 수 있게 되었다.[31] 그런 로마제국에서의 성경과 언어

공동체도 주교 없이 세워질 수 없다. 주교에게 부여된 고유한 권위를 옹호하는 이그나티우스의 이러한 주장은 사실 당시 기독교 세계를 혼란에 빠뜨리던 거짓 교사들을 염두에 둔 것이었다. 이들 가운데는 그리스도가 인간의 몸을 입지 않았으며, 다만 살과 피를 가진 인간으로 보였을 뿐이라고 겉보기에만 수난을 당했다고 주장하는 '가현설주의자'도 있었다. 이런 상황 가운데 주교제도는 불화와 분열을 막기 위한 불완전한 안전장치였다. David Bentley Hart, 『그리스도교, 역사와 만나다』, 70-72.

27) J. Herbert Kane, 『세계 선교역사』, 10-11.
28) Paul E. Pierson, 『선교학적 관점에서 본 기독교 선교운동사』, 100.
29) Paul Johnson, 『기독교의 역사』, 32.
30) J. Herbert Kane, 『세계 선교역사』, 11-13.
31) Paul E. Pierson, 『선교학적 관점에서 본 기독교 선교운동사』, 100.

는 오늘날 세계 선교에서도 많은 사람이 쉽게 복음을 전할 수 있는 열쇠가 되는 것이다.

정치는 가능성의 예술이지만 번역된 언어는 불가능성의 예술이다. 한 언어를 다른 언어로 표현할 때 정확한 의미가 계속해서 원활히 전달되지 않는 것은 구조적이고 문화적 차이 때문만이 아니다. 수용자 언어의 단어들은 이미 의미를 가득 담고 있고, 낡은 개념이 원어에서는 알려지지 않은 영역으로 새 개념을 끌고 들어가기 때문이다. 어쨌든 번역자는 엄청난 위험을 감수하며 그것에 최선을 다할 뿐이다. 번역 과정에는 분명히 좌절이 있기 마련인데 사실을 고려할 때, 하나님이 인간 구원의 방편으로 번역이라는 선택은 더더욱 놀라운 일이 아닐 수 없다.[32] 이처럼 기독교 신앙은 번역이라는 하나님의 행위에 기초해 있다고 해도 과언이 아니다. 요한복음 1:14에서 "말씀이 육신이 되어 우리 가운데 거하시매"라는 것은 성경이 번역될 수 있다는 자신감으로서 바로 이 번역 행위에 기초하고 있다. 즉 말씀이 육신으로 번역되었기 때문에, 성육신은 성경 번역의 역사다. 세계의 많은 종교를 살펴보면, 구원은 이러한 방식의 번역에 의존해 있지 않다는 것을 알 수 있을 것이다.[33]

5. 정치와 경제, 그리고 문화의 공헌

국내적으로 안전 문제에서 로마제국은 철저하게 엄격하였다. 모든 식민지로부터 로마제국은 세금을 징수하였고, 이것을 피하려는 사람들은

---

32) Andrew F. Walls, 『세계 기독교와 선교 운동』, 75.
33) Andrew F. Walls, 『세계 기독교와 선교 운동』, 76.

엄벌로 처했다. 동시에 로마제국은 안전을 위협하지 않는 범위 내에서 식민지하에 국가들의 자치를 허용하였다. 특히 종교 문제에서 관용을 베풀 정도여서 유대교는 합법화된 종교로 호의적이었으며, 기독교인들도 유대교와 관련이 있음을 인정하여 좋은 대우를 받았다. 그래서 바울은 로마제국의 시민으로서 복음을 증거 하기 위해 자신이 로마제국 시민의 권한을 여러 번 법정에서 주장할 정도였다.[34] 하지만 유대교에 의해서 기독교가 고발되어 많은 순교자를 낳게 되었다. 로마제국 전반에 걸쳐 살았던 유대인들은 특히 이집트와 시리아, 그리고 바빌로니아에 밀집해 살고 있었다.[35]

안디옥(Antioch)은 B.C. 300년경 셀루커스 1세 니카토르(Σέλευκος Νικάτωρ, B.C. 385~281)가 세운 이후 마게도냐인과 헬라인, 그리고 시리아인과 유대인의 식민지를 포함한 세련된 사람들이 사는 세계적인 도시였다. 예수님 당시에 안디옥은 로마제국 내 가장 중요한 도시 중의 하나였을 정도다. 지리적으로 동부로 가는 주요 도로상에 위치 때문에 이 도시는 동서가 자연적으로 만나는 지점이었다. 그리스 문화와 로마제국의 정치가 조화된 안디옥은 그야말로 복음을 받아들일 이상적인 세계 선교를 위한 중심지가 되었다. 이곳에서 최초로 제자들은 기독교인이라 불리게 되었다.[36]

---

34) Will Durant, *Caeser and Christ* (New York: Simon and Schuster, 1944), 602.
35) J. Herbert Kane, 『세계 선교역사』, 13.
36) J. Herbert Kane, 『세계 선교역사』, 16.

6. 로마제국의 종교들

로마제국 시민들은 그리스인과 페르시아인, 그리고 이집트인이나 그 시대의 다른 이교도들보다 훨씬 더 종교적이었다. 원로원은 회기마다 처음 다뤄지는 의제가 종교적 사안일 정도로 모든 공적 활동이 종교적 의례에서 시작되었다. 로마제국에서는 어떤 중요한 행사를 치를 때마다 반드시 적절한 종교의식을 수행하였다. 징조나 전조가 좋지 않은 경우는 원로원도 모이지 않았고, 군대도 진군하지 않았으며, 크고 작은 결정도 연기하였다. 그들은 점괘를 대단히 중요하게 여겼으므로, 예를 들어 어떤 공공단체의 회합 도중에 번개가 관찰되면 회의를 해산하고 설령 투표를 마쳤을지라도 역술인 집단이 그것을 무효로 선언할 정도였다.[37] 이렇게 종교는 로마제국의 지배층만이 아니라 일반인들의 일상생활에서도 유별나게 중요한 부분을 차지하였다. 다른 이교 사회와는 대조적으로 로마제국에서는 일반인도 신전에 접근할 수 있었으며, 신상도 누구나 볼 수 있도록 공적 공간에 전시되어 있었다. 신전은 모든 사람을 환영하였고, 그들로부터 후원받기도 하였다. 결과적으로 다수의 가난한 사람들과 노예들까지도 신전 건축을 위해 기부금을 각출했으며, 이것은 신전에 새겨진 기부자 명단을 통해서 확인할 수 있었다.[38]

---

37) Rodney Stark, 『기독교 승리의 발자취』, 허성식 역 (서울: 새물결플러스, 2020), 26-27.
38) Rodney Stark, 『기독교 승리의 발자취』, 27.

7. 교회 공동체 설립

로마제국 전역에서 유대인들은 주로 디아스포라로 흩어져 살았다. 유대인들은 가능한 한 어느 곳에서든지 공동체의 종교와 문화의 중심지가 되었던 회당들을 설립하였다. 회당에 몰려들었던 대부분 사람은 많은 이방인과 유대교 개종자들, 그리고 경건한 유대인들이었다. 이러한 사실들을 놓고 볼 때, 기독교 선교사들에게는 복음 전도와 교회 공동체의 설립을 위해 로마제국을 여행할 때 많은 도움이 되었다. 특히 이방인을 위한 사도로 불렸던 바울은 자기의 가슴에 언제나 자기 민족들과 함께 있었다. 어느 도시를 가든 그는 회당에 가서 먼저 유대인들과 개종자들을 만났다. 유대인이 바울의 전도를 거부하면, 그는 이방인들에게서 발걸음을 옮겼다. 초기 교회 공동체를 설립할 때, 바울은 대체로 복음이 전파되는 교량의 역할을 감당했던 유대 회당의 조직 형태를 취했다.[39)]

사도행전의 마가 다락방에서 120명으로 시작된 복음은 서쪽에서 시작해서 로마제국 전역까지 전파되었다. 로마제국의 거의 모든 주요 도시는 끊임없이 확장되어 또한 교회들이 세워졌다. 비로소 60년에 기독교는 세계적인 종교로 성장하게 되었다. 70년에 예루살렘의 멸망으로 교회는 존재하지 않았으며, 이것이 비극은 아니어서 예루살렘이 기독교 공동체의 예배 중심지가 되지 않았다면 기독교는 결코 세계적인 종교가 될 수 없었다.[40)] 2~3세기의 세계선교사에 관한 정보는 그렇게 많지 않다. 바울이 선교여행을 떠난 지 한 세기 반이 지나 3세기 교회는 동방의 경우 갑바도기아와 메소포타미아(이라크)[41)]에서까지 확장되었고, 서방의 경우 이집트

---

39) J. Herbert Kane, 『세계 선교역사』, 13-14.

40) J. Herbert Kane, 『세계 선교역사』, 15.

41) 고대 메소포타미아는 현재 이라크 전역을 포함할 뿐만 아니라 시리아의 동북 일부와 튀르키예

와 로마제국 치하의 아프리카, 그리고 갈리아와 게르마니아 땅에 튼튼히 뿌리를 내렸다. [42]

3세기 말, 일요일에 예배를 드림으로써 유대교와 구분되었던 기독교 인구는 로마제국에 살았던 인구 중 약 10%를 차지하였다. 초기 기독교인들의 신앙과 생활은 상당한 수준으로 계속되는 핍박에도 불구하고 3대와 4대, 그리고 5대째 기독교 공동체에서 머물렀다. [43]

초대 기독교 공동체는 로마제국의 큰 도로와 강을 통해 동쪽으로 다메섹과 로마와 페르시아의 접경지역에 에데사(Edessa)를 거쳐 메소포타미아로 전해졌고, 남쪽으로는 보스트라와 페트라를 통해 아라비아로, 서쪽으로는 알렉산드리아(Alexandria)와 카르타고(Carthage, 현 튀니지)[44]에서 거쳐 북아프리카로 전해졌다. 또한 북쪽으로는 안디옥을 거쳐 아르메니아로, 본도와 비두니아로 전해졌다. 이후 세계선교사는 로마제국의 국경을 넘어 변두리 지역인 아일랜드, 에디오피아, 중국 등지로 전해지기 전에 스페인과 갈리아 지방, 그리고 영국 등지까지 전파되었다. [45]

8. 이라크의 기독교

우리가 너무나 잘 알고 있는 예수님은 중동에서 태어나셨다. 또한 많은 초대교회가 팔레스타인, 시리아, 이집트, 레바논, 이라크에서 설립되었다. 바울은 그리스도의 죽음 이후 3년 만에 그리스도인을 박해하기

남부, 그리고 이란 북서부도 포함한다.

42) Adalbert G. Hamman, 『교부와 만나다』, 101.

43) Paul E. Pierson, 『선교학적 관점에서 본 기독교 선교운동사』, 131.

44) 그리스인들은 칼케톤이라고 부른다.

45) J. Herbert Kane, 『세계 선교역사』, 17-18.

위해 다메섹으로 가는 도중 그리스도를 만나 회심하였다. 몇 년이 지난 후 그는 로마제국의 이교도들에게 복음을 전하기 위해 서쪽으로 선교여행을 하였다. 그가 세운 공동체들은 2세기 무렵 자립교회로 성장하였고, 그리스도인의 수뿐만 아니라 영성과 지적 깊이도 함께 성장하였다. 페르시아인들에 박해에도 기독교는 이라크에서 번성하였다. 5세기 초, 이라크의 기독교는 마침내 페르시아의 박해와 서구교회로부터 독립되었다. 이로써 이란, 중앙아시아, 인도, 중국, 아라비아반도까지 복음을 전하는 선교사역을 광범위하게 이어갔던 것이다.[46] 이라크의 교회는 정치적인 통제를 받은 경우가 없다. 페르시아의 보호 아래 있었을 때 이라크 교회는 페르시아 교회라고 불렸고, 다른 신학적 관점 때문에 네스토리아 교회, 혹은 동방교회라고도 알려졌다. 5세기에는 다른 신학과 리더들로 인해 시리아 정교회가 설립되었다.[47]

9. 로마제국의 감염병과 기독교

165년 겨울, 국제적인 감염병이 로마제국 시대에 마르쿠스 아우렐리우스(Marcus Aurelius, 121~180) 황제 치하 근동 실루기아 베르스 군부대에서 발병하였다. 이 안토니우스 감염병(Antonine Plague, 165~180)은 180년까지 약 15년간 로마제국 전역까지 퍼졌다. 이러한 감염병은 골(Gaul)과 라인강을 따라 퍼졌고, 원정에서 돌아온 군인들에 의해 동부의 로마제국으로도 전파되었다. 정확한 사망자는 알 수 없으나 로마제국 인구의 1/4 이상, 혹

---

46) Suha Rassam, 『이라크의 기독교』, 황석천 역 (서울: 레베카, 2019), 16-17.
47) Suha Rassam, 『이라크의 기독교』, 17.

안토니우스 감염병(Antonine Plague, 165~180)

은 1/3 이상이 목숨을 잃었을 정도로 무서운 감염병이었다. [48] 매우 높은
치사율로 인해 166년 이전에 중국에까지 전파되었기 때문에 사태가 심각
하였다. 아우렐리우스 황제도 이 감염병으로 180년 3월 7일에 사망하였
다. 당시 엄청난 인구가 유실되자 인력난에 허덕이게 되었고, 사회적 혼란
은 가중되었다. 그리고 249년부터 251년까지의 감염병이 면역력의 부재
로 도시와 농촌으로까지 파급되었다. 이때 로마제국에서만 하루에 5천
명이 사망하였고, 알렉산드리아에서는 인구의 2/3 이상이 희생되었다. [49]
이러한 감염병으로 국가와 교회에 심각한 어려움을 주었던 로마제국 시
대의 감염병에 대한 기독교의 태도에 대하여 살펴보자.

첫째, 감염병에 대한 기독교의 대처다. 이러한 감염병의 사태로 인해 교
회의 대처는 대응에 대한 모범을 제시하였다. 자연과학이나 의학이 발전
한 오늘에는 그것을 종교가 답해야 한다고 여기지 않았다. 하지만 당시

48) Bart D. Ehrman, *The Triumph of Christianity* (New York: Simon & Schuser, 2018), 137.
49) Rodney StarK, 『기독교의 발흥』, 120-121.

사람들은 종교가 답해야 한다고 믿었다. 그런데 당시 이방 종교는 이 문제에 답하지 못했다. 알 수 없는 불안에 대한 유일한 답은 도피였다. 그래서 이방 종교의 사제들은 피신했고, 고위층 관리들이나 부유한 사람들은 도시를 떠나 안전한 곳으로 피신하였다. 이방 종교들은 환자 스스로 알아서 살아남아야 한다고 보았기에 그들을 보호하지 않았다. 부모는 자녀를 버렸고, 자녀도 부모를 버렸다. 돌보지 못한 자녀들과 연로한 부모들이 보호받지 못하고 죽음을 맞았다.[50] 이때 감염병에 대처했던 기독교는 모든 질병을 근본적으로 죄 때문이라고 보았지만(시 89:31-33), 하나님은 감염병을 가져오기도 하시고 멈추게도 하신다고 믿었기에 하나님의 자비하심을 바라며 기도해야 한다고 가르쳤다. 그래서 당시 감염병에 대한 기독교의 대처는 도피가 최상의 길이 아니라 보살핌과 배려, 그리고 사랑으로 감염병을 극복해야 함을 권고한 것이다. 이러한 점이 기독교와 이방 종교와의 현격한 차이였다. 이때는 데시우스(Decius, 249~251) 황제 치하에서 기독교가 박해받았을 때 기독교의 가치를 드러내고자 하였다.[51]

둘째, 감염병에 대한 기독교인의 태도다. 로마제국 시대 당시 기독교인들은 감염병의 현장에서 사랑의 수혜자가 아니라 시혜자였다. 모두가 자기만 살겠다고 현실에서 도피가 최선책으로 여겼던 이방인들과는 달리 기독교인들은 도리어 감염된 그들을 사랑으로 보살폈고 소생할 수 있도록 도움을 베풀었다. 교회 안에서의 기독교인들은 교회 밖에 이방인들에게도 동일하게 하나님의 자비하심을 베풀었다. 기독교인들이 감염될 수도 있는 죽음의 위협에서도 실천한 형제사랑은 이방 종교들이 상상할 수 없는 일이었다.[52] 이러한 상황에서 생겨난 헬라어 단어가 '파라볼라노

---

50) 안명준 외 17인, 『전염병과 마주한 기독교』 (서울: 세움북스, 2020), 120-121.
51) 안명준 외 17인, 『전염병과 마주한 기독교』, 121-122.
52) 안명준 외 17인, 『전염병과 마주한 기독교』, 122-123.

이'(παραβολάνοι)로서 이방 종교들은 기독교인들을 '위험을 무릅쓰는 자들'이라고 불렀다.[53] 1세기가 지난 후, 로마제국의 비기독교인 율리아누스(Iulianus, 331~363) 황제는 기독교인에 견줄 만한 이방 종교의 구제 기구를 설립할 목적으로 캠페인을 벌였다. 하지만 그는 자신의 구제 기구와 조직화 된 이방 종교의 구제 활동이 대부분 영역에서 사회적 서비스가 부족한 로마제국에서 작은 복지국가를 창출해 낸 기독교인의 노력에 견주면 초라하다는 것을 인정하였다. 율리아누스의 증언은 또한 감염병이 유행하던 기간 이방 종교는 기독교인이 보여준 선행의 수준을 따라잡지 못했다는 주장을 뒷받침한다.[54]

율리아누스가 아무리 이방 종교 사제들에게 기독교인의 관행을 본받으라고 촉구해도 반응이 시큰둥했던 것은 그들에게는 그 위에 무언가를 쌓아 올릴 교리적 토대나 전통적 관행이 없었기 때문이다. 로마제국인이 구제에 대해 무지했던 것은 아니나 구제는 신을 섬기는 일과 무관했던 것이다.[55] 따라서 로마제국 시대의 감염병에 대한 기독교인의 태도는 이방 종교의 쇠퇴와 함께 오히려 기독교의 성장에 기여하였다. 이러한 하나님의 진실한 사랑의 실천은 당시 사람들에게 감동을 주었을 뿐 아니라 그러한 기독교인의 참된 정신을 보여 줄 수 있었던 것이다.

10. 이집트의 기독교

기독교 선교사의 확장 가운데 이집트의 알렉산드리아를 빼놓을 수 없

---

53) 이상규, 『헬라 로마적 상황에서의 기독교』 (서울: 한들출판사, 2006), 105.
54) Rodney StarK, 『기독교의 발흥』, 131-132.
55) Rodney StarK, 『기독교의 발흥』, 137-138.

다. 이곳은 B.C. 332년에 알렉산더 대왕에 의해서 건설된 도시이다. 전승에 의하면, 요한 마가는 이집트에서 콥트교회(Coptic Church)를 설립하였다. 2세기 말경에는 알렉산드리아에 기독교인들이 살고 있었다.[56) 알렉산드리아는 초기 기독교사에서도 가장 중요한 위치를 차지하였다. 초기 기독교의 가장 크고 번성한 교구가 바로 알렉산드리아 교구였으며, 기독교 교리와 신학 연구가 가장 활발한 곳으로 유명하였다.

그 유명한 아리우스(Arius, 256~336)와 그의 반대자인 아타나시우스(Athanasios, 420~450)가 이 도시에서 활동하였다.[57) 3세기에 성경은 콥트어로 번역되었고, 이슬람교가 이집트를 정복하기 전까지 이집트가 사용했던 언어였다. 오늘날 6백만 명 정도의 교세를 가진 이집트의 콥트교회는 이슬람교의 정복 이후에 살아남아 북아프리카와 중동 나라 교회들 가운데 가장 큰 교회가 되었다.[58)

11. 도마의 순교지, 인도

인도의 기독교 선교사는 긴 역사와 전통을 자랑한다. 지리상의 발견과 함께 인도의 선교사는 근세에 시작한 것이 아니라 2천 년 전으로 거슬러 올라간다. 예수님의 열두 제자 중 하나였던 도마가 기독교의 시작으로 인도는 2천 년의 선교사를 가지고 있다. 열두 제자 중 도마의 유산과 무덤이 그대로 남아 있어 인도는 무엇보다 2천 년의 긴 세월 동안 예수 그리

---

56) Stephen C. Neill, *A History of Christian Missions*, 32.
57) Stephen C. Neill, *A History of Christian Missions*, 32.
58) Paul E. Pierson, 『선교학적 관점에서 본 기독교 선교운동사』, 129-130.

예수님의 제자 도마 기념교회(인도)

스도를 증거 한 기독교인의 공동체가 가졌던 나라이다. [59]

　인도 전승에 의하면, 일치된 사항은 도마가 고대 무지리스(Muziris) 항구 가까이에 있는 밀라바 해안에 상륙하였고, 50년에서 52년 사이에 그는 일곱 교회를 세웠다. 그 교회들은 크랭가노르, 퀼론(Quilon), 파라브르(Paravur), 코카만가람(Kokkamangalam 혹은 Godhamangalam), 니라남(Niranam), 팔라유르(Palayur), 카얄(Cayal) 등으로 불렸다. 이곳에서 도마는 일곱 개의 십자가, 즉 성 도마의 십자가를 세웠다. 수천 명의 개종으로 도마는 교회의 감독이나 지도자로 임명한 두 명의 왕과 일곱 명의 마을 수령들, 그리고 브라만 계급 6,850명, 크샤트리아 계급 2,590명, 바이샤 계급 3,780명이 개종하였다. 그는 동서로 분주히 말씀을 선포했을 뿐만 아니라 심지어 인도의 국경을 넘어 중국에까지 복음을 전했다. 결국 그는 인도의 동

---

59) 진기영, 『인도 선교의 이해』 (서울: CLC, 2015), 137.

부 마드라스 가까이에 있는 밀라포르(Mylapore)에서 죽었다.[60]

도마의 무덤은 오늘날까지 많은 사람이 경의를 표하고 있는 곳이 되었다. 3세기 초, 알렉산드리아 교부였던 오리겐(Origen, 185~254)[61]과 유대인 교회사가인 유세비우스(Eusebius, 260~339), 그리고 로마인 히폴리투스(Hippolytus, 170~235)는 당시 인도 선교사의 존재를 시인하였고, 그곳이 사도 도마가 세운 교회라고 가리키고 있기 때문이다. 그리고 가장 초기의 증거 중 250년경 시리아에서 발간된 책『사도들의 가르침』(Teaching of Apostles), 그리고 한 권 전체가 도마에 관한 책인 3세기 중엽의『도마행전』(The Acts of Thomas) 역시 도마를 인도 선교사의 기원으로 제시하였다.[62] 인도는 도마의 순교와 2세기 말의 선교사로 말미암아 초기 박해를 이겨내고 오늘날 놀랍게도 성장하고 있다.

12. 도마의 선교지 아프카니스탄의 기독교

고대 문헌에서 아프카니스탄의 첫 번째 선교사는 도마라고 알려져 있다. 도마가 인도를 선교하면서 현재 북부 아프카니스탄을 통치하던 군다포로스(Gundaphorus) 왕 때 그곳에 와서 복음을 전했다. 그러나 현재 아프카니스탄의 기독교는 가정교회로 존재한다. 1920년에 이탈리아 대사

---

60) L. K. A. Ayyer, *Anthropology of the Syrian Christians* (Emakulam: Cochin Government Press, 1926), 13-16. Samuel H. Moffett, 『아시아 기독교회사 I 』, 김인수 역 (서울: 장로회신학대학교출판부, 1996), 82-83.

61) 오리겐은 성경해석의 분야에서 풍유적 해석 방법을 발전시켜 성경의 표면적 의미와 깊이 숨어 있는 영적 의미를 구별해야 한다고 주장하였다. 그는 또한 기독론의 분야에서 성부의 완전한 신성과 성부보다 열등한 성자의 신성을 구별하는 전통을 만들었다. Alister E. McGrath, 『알리스터 맥그래스의 역사신학』, 조계광 역 (서울: 생명의말씀사, 2022), 61.

62) 진기영, 『인도 선교의 이해』, 138.

관 경내에 교황청의 개입으로 성당이 세워졌는데 외국인만 출입이 가능
하였다. 아프카니스탄 최초의 교회는 1959년 미국 대통령 아이젠하워가
아프카니스탄을 방문했을 때, 외국인을 위한 교회 건축을 정부에 요청하
였고 그 후 1970년에 예배당이 건축되었으나 1973년 아프카니스탄의 정
부는 불도저로 교회를 부수게 되었다. 그 후에 선교단체들은 NGO 명목
으로 선교활동을 해왔으며 현재 아프간의 기독교인 숫자는 최소 1,000명
에서 한 통계는 8,000명 혹은 심지어 18,000명으로 추산한다. 기독교인
들은 탈레반이 자신들을 죽여 마땅한 이교도로 여긴다는 사실을 알고 있
다. 기독교인들이 오늘의 고난을 극복하고 신실한 사명을 감당할 수 있
도록 기도해야 할 것이다.[63)]

13. 북아프리카의 터툴리안 선교사

이교도 출신이었지만 30대에 기독교로 개종한 터툴리안은 서방교회에
큰 영향을 미친 라틴 신학의 교부로 알려져 있다. 그는 구약과 신학의 신
이 서로 다르다고 주장했던 마르키온에 맞서 신구약 성경의 통일성을 옹
호하였다. 그는 삼위일체 교리의 기초를 놓았다. 그는 성경 이외의 자료
에 근거해 기독교 신학이나 변증학을 전개하려는 시도를 강력하게 반대
하였다.[64)]

라틴 신학의 아버지로 북아프리카의 선교사는 2세기에 터툴리안(Quintus
Septimius Florens Tertullianus, 160~225) 선교사의 역할을 통해 알아볼 수 있다.

---

63) 유해석, "아프칸을 기독교인을 위한 기도요청", https://www.facebook.com/permalink.php
?storyfbid=2978917615729870&id=100008349824416.
64) Alister E. McGrath, 『알리스터 맥그래스의 역사신학』, 61-62.

터툴리안

그는 로마 총독에게 기독교의 핍박을 멈추지 않으면 반란을 일으킬 것이라 할 정도였다. 그의 열정적인 격려와 키프리안(Cyprian, 202~258)의 유능한 지도력, 그리고 락탄티우스(Lactantius, 240~320)의 달변 등으로 북아프리카의 선교사는 성장을 거듭하였다. 당시 북아프리카의 기독교사의 특징은 주교의 숫자가 많았다는 점이다. 오늘날의 기독교 신학의 형성은 아프리카 출신 히포의 주교였던 아우구스티누스(Augustinus of Hippo, 354~430)의 역할이 가장 컸다.[65)]

65) J. Herbert Kane, 『세계 선교역사』, 19.

14. 이레니우스의 선교적 변증

2세기 유럽은 리용과 비엔나의 남부 지역에 교회가 설립되었다. 178년 포티누스의 뒤를 이어 오늘날 튀르키예의 서머나 출신인 리용의 주교가 되었던 이레니우스(Irenaeus, 130~200)는 켈트족과 라틴어족에게 복음을 전했다.[66] 특히 20년 동안 주교로 활동하면서 그는 당대 이단인 영지주의 도전에 직면해 기독교의 정통성을 적극적으로 반박한 것으로 잘 알려져 있다. 그는 늘 깨어 있는 신앙의 파수꾼이었고, 복음의 선교사였으며, 빛의 여정을 제시한 선구자이자 신학자였다.[67]

15. 유럽 기독교 교회설립

영국의 선교사는 명확하지 않다. 그러나 2세기 중엽부터 복음이 증거된 것으로 보인다. 이것은 314년 갈리아 지방에서 열린 알츠 종교회의에 참석한 3명의 영국 주교와 관련된 것으로 보인다. 로마의 끝인 스페인은 로마의 클레멘트에 의해서 교회가 설립되었다. 3세기 초에는 스페인의 남부에도 복음이 증거되었다.[68]

---

66) 조귀삼, 『복음주의 선교신학』, 109.
67) Adalbert G. Hamman, 『교부와 만나다』, 75.
68) 조귀삼, 『복음주의 선교신학』, 109.

16. 아르메니아의 기독교

초기 교회가 탄생한 이후 몇 세기의 짧은 시간 동안에 복음이 얼마나 멀리까지 전파되었는지, 초기 기독교 세계가 얼마나 다양한 문화의 옷을 입고 확장되었는지 오늘날 많은 그리스도인은 모른다. 특히 서방교회 전통에 있는 그리스도인들은 초기 기독교의 복음이 동방 지역에 더 잘 전파되었고, 헬레니즘 문화의 무역로를 따라 널리 전파되었다는 점이다. 기독교 국가로 대다수가 거주민이 기독교 신앙을 고백할 뿐 아니라 국교가 기독교이거나 기독교였던 국가들 가운데 가장 오래된 곳은 아르메니아이다.[69]

300년경 아르메니아 왕가가 세례를 받은 후 아르메니아는 기독교를 국교로 채택하였다. 로마제국이 밀라노 칙령(313년)을 공표하여 그리스도인들에게 신앙의 자유를 인정하기 약 13년 전의 일이다. 고대 아르메니아의 역사는 기독교 시대가 열리기 전 수백 년간 기대 제국에 종속되었는데 페르시아의 다리우스 1세(Darius I, B.C. 550년~486년), 알렉산더 대왕, 셀레우코스 왕조가 차례로 아르메니아를 지배하였고, 잠깐의 독립 시기를 거쳐 B.C. 66년 다시금 로마제국의 식민지가 되었다. 로마제국과 페르시아 사이의 완충 지대에 있었기 때문에 이후 수 세기 동안 아르메니아는 때로는 로마제국의 지배를, 때로는 페르시아가 지배하였다. 결과적으로 두 제국의 종교 또한 아르메니아에게 미쳤을 것이다.[70]

전승에 따르면, 기독교는 일찍이 사도 시대부터 아르메니아에 전파되기 시작하였다. 43년 아르메니아에 도착한 사도 다대오에 이어, 60년에

---

69) David Bentley Hart, 『그리스도교, 역사와 만나다』, 129.
70) David Bentley Hart, 『그리스도교, 역사와 만나다』, 129-130.

는 사도 바돌로매가 합류하였다. 두 사도 모두 다른 여러 그리스도인과 함께 순교로 생을 마감하였다. 2세기 초와 3세기 초에는 더 많은 수의 아르메니아 그리스도인들이 페르시아의 손에 죽음을 맞이하였다.[71]

3세기 말, 기독교 선교는 로마제국을 벗어나 점차 확산하여 카파도키아(Cappadocia)를 통해 아르메니아교회가 설립되었다. 위대한 선교사였던 아르메니아교회의 설립자는 그레고리우스(Gregorius, 329~389)였다. 그는 아르메니아가 페르시아(이란)의 치하에 놓였을 때 로마제국의 영토로 도피하게 되었는데, 그때 예수 그리스도를 영접하였다. 아르메니아가 해방되자, 그는 조국으로 돌아가 여신 아나히트(Anahit)의 제단 앞에 화환을 증정하지 않았다는 이유로 심한 박해를 받았다. 이후 왕의 소양을 따라 그는 갑바도기아(Cappadocia)의 가이사랴로 내려가 레온티우스(Leontius) 감독에 의해 아르메니아 감독이 되었다.[72] 그레고리우스의 주교로 아르메니아에는 일정한 조직과 위계를 갖춘 국가교회인 아르메니아 정교회가 설립되었다. 각지에 교회가 건축되었고, 옛 신전들은 교회로 개조되었다. 수도원들도 들어서기 시작했으며, 이러한 증거들은 아르메니아에 기독교가 성공적으로 뿌리내렸다는 것을 의미한다.[73] 이후 그레고리우스는 410년에 자신들의 언어로 신약성경을 번역하였다. 그러므로 아르메니아의 교회는 수많은 역경을 통해 오늘날 세계선교사에서 가장 오래된 교회 중에 하나로 손꼽히게 되었다.[74] 그러나 7세기에 아르메니아는 이슬람교에 정복되자 교회는 더욱 위축될 수밖에 없었다.[75]

---

71) David Bentley Hart, 『그리스도교, 역사와 만나다』, 129.
72) Stephen C. Neill, *A History of Christian Missions*, 48.
73) David Bentley Hart, 『그리스도교, 역사와 만나다』, 132.
74) Stephen C. Neill, *A History of Christian Missions*, 48.
75) David Bentley Hart, 『그리스도교, 역사와 만나다』, 133.

17. 아라비아의 기독교

전승에 의하면, 열두 사도 중 바돌로매는 최초로 아라비아에 복음을 전했다. 그레데인들과 아라비아인들도 성령강림 때 예루살렘에 있었는데(행 2:11),[76] 그들은 복음을 들고 고향에 돌아간 것으로 보인다. 4세기 말엽에는 히라지방에 기독교가 뿌리를 내렸는데, 525년경에는 기독교가 확고히 정착하였다.[77]

18. 에티오피아의 기독교

신약성경에서는 빌립을 통해 세례를 받은 에티오피아(Ethiopia) 내시가 등장한다(행 8:26-39). 그가 에티오피아에 복음을 전했다는 증거는 없다. 왜냐하면 4세기 중엽 이전에 에티오피아에 교회가 존재했다는 증거가 없기 때문이다. 하지만 홍해에서 파선을 당한 두 젊은 기독교인이 에티오피아에 노예로 팔려 액섬(Axum)에 있는 왕궁에서 노예로 살았다. 그곳에서 그들은 열심히 전도하여 많은 열매를 거두었는데, 일이 너무 많아 시간과 활동력이 부족해 그들 중 한 사람인 프루멘티우스(Frumentius)가 도움을 청하러 이집트로 갔다. 4세기에 알렉산드리아의 총대주교였던 이그나티우스(Ignatius)는 프루멘티우스(Frumentius)를 주교로 임명하여 에티오피아로 파견하였다. 그는 거기서 죽을 때까지 에디오피아의 콥

---

76) 그레데인과 아라비아인들이라 우리가 다 우리의 각 언어로 하나님의 큰 일을 말함을 듣는도다 하고(행 2:11).

77) J. Herbert Kane, 『세계 선교역사』, 20-21.

트교회(Coptic Church) 수장으로 활동하였다. [78]

19. 패트릭의 아일랜드 선교사역

4세기부터 6세기까지 아일랜드를 중심으로 한 선교 운동은 급속히 유럽 대륙으로 확산되었다. 아일랜드의 가장 위대한 선교사였던 패트릭(Patrick, 389~461)은 많은 사람이 알고 있는 아일랜드인이 아니다. 389년에 영국의 기독교 가문에서 태어나 많은 교육을 받지는 못했으나 당대에 위대한 선교사가 되었다. [79]

16세 때, 그는 아일랜드와의 전쟁 중에 포로로 잡혀 거기서 양 치는 일을 하였다. 그러던 중에 그는 영적인 체험을 하게 되자 어린 시절의 형식적인 믿음에서 진정한 믿음으로 변화되었다. 6년간 외로운 노예 생활을 한 그는 프랑스로 탈출하여 그곳 래린스 수도원에서 여러 해 동안 수도사의 생활을 하였다. 결국 영국으로 돌아온 그는 가족으로부터 따뜻한 환영을 받았다. [80] 그러나 하나님과 깊은 관계를 경험했던 그는 세상을 향한 선교적 심장이 항상 아일랜드 사람들에게 가 있었다. 어느 날 꿈속에서 그는 "거룩한 젊은이여, 우리는 당신이 전날과 같이 우리에게 와서 우리와 함께 살기를 바라고 있소"라고 부르는 목소리를 들었다. 이것을 그는 하나님이 자기를 다시 포로가 되었던 땅으로 부르시는 소명으로 받아들였다. [81]

---

78) J. Herbert Kane, 『세계 선교역사』, 21.
79) J. Herbert Kane, 『세계 선교역사』, 22.
80) J. Herbert Kane, 『세계 선교역사』, 22.
81) J. Herbert Kane, 『세계 선교역사』, 22.

432년 부모와 친구들의 만류에도 불구하고 그는 고향에서 아일랜드로 복음을 전하러 떠났다. 그곳에서 30년 동안 그는 선교사로 살았으며, 많은 교회를 세웠다.[82] 패트릭의 선교전략은 먼저 활동했던 선교사들이나 그의 후배 선교사들의 선교사역과 비슷하였다. 새로운 지역의 선교는 먼저 권력자를 공략하고 후에 그의 신하들까지 복음을 받아들이도록 하였다. 다른 많은 가톨릭 선교사들과는 다르게 패트릭은 영적 성장을 매우 중요시하였다. 개종자들은 성경 말씀으로 집중적인 훈련을 시켜 스스로 다른 사람을 가르칠 수 있게 하였다.[83]

패트릭은 리더를 선발하여 훈련하는 새로운 방식을 채택하였다. 이러한 방식에 주목해야 할 점은 감리교 운동이나 초기 오순절 운동처럼 급속히 성장하는 신앙 운동에는 특징이 있는데 리더를 선발하고 훈련하는 새로운 리더십 개발의 양식이다. 이런 점에서 패트릭의 선교사역은 탁월함을 엿보였다.[84] 그리고 여성 신자들은 전도의 큰 몫을 감당하였다. 그는 항상 자신의 부족함을 알았으며, 그의 모든 선교사역에서 하나님을 절대적으로 신뢰하였다.[85] 그는 부족한 것을 채워주시는 하나님의 역사에 대하여 말하기를, "나는 하나님을 믿고 경외하는 사람들을 위해 기도합니다. 그것은 죄인인 패트릭에 의해서 아일랜드에서 쓰여진 책을 읽는 사람들은 누구든지 내가 했던 이 조그만 일들이 하나님의 뜻에 나 자신을 드러 순종함으로써 이룩되었다는 것을 알게 하는 것입니다. 이 모든 것은 하나님의 은총 일 따름입니다. 그리고 내가 죽기 전에 고백하고 싶은 것도 바로 이러한 하나님의 역사뿐입니다"라고 하였다.[86]

---

82) 임경근, 『세계 교회사 걷기』, 104.

83) Ruth A. Tucker, 『선교사 열전』, 43.

84) Paul E. Pierson, 『선교학적 관점에서 본 기독교 선교운동사』, 166.

85) Ruth A. Tucker, 『선교사 열전』, 43.

86) F. F. Bruce, *The Spreading Flam: The Rise and Progress of Christianity from Its First*

그는 드루이드교(druidism)[87]인 로이게르(Loigaire) 왕을 개종시켜 447년에 약 200여 개의 교회를 설립하여 10만 명의 개종자 드루이드교도들에게 세례를 베풀었다.[88] 그는 많은 사람에게 성직자로 세워 안수하였다. 이러한 패트릭의 선교활동은 아일랜드의 선교사뿐만 아니라 자신의 나라 영국과 많은 나라에 이르기까지 영향력을 미쳤다. 당시 왕성했던 아일랜드의 선교는 유럽 선교의 중요한 거점이 되었다. 패트릭이 소천했을 때 아일랜드는 거의 복음화될 정도였다. 패트릭은 역사상 가장 탁월한 선교사 가운데 하나였으며, 그의 삶은 하나님의 선교를 위해 쓰임 받는 오늘날 선교사들에게 수많은 교훈을 주고 있다.

20. 네스토리우스의 중국 선교

메소포타미아와 페르시아의 기독교 전파를 통한 세계선교사는 인도와 중앙아시아, 그리고 중국에 전파되었다. 중국의 선교사는 네스토리우스파 계통의 기독교로 로마제국의 수도 콘스탄티노플의 총주교였던 네스토리우스에서 그 이름이 유래되었다. 시리아의 게르마니키아(Getmanicia)에서 출생한 네스토리우스(Nestorius, 386~451)는 428년부터 431년까지 콘스탄틴의 총주교로 활약하다가 예수 그리스도의 인성을 지나치게 강조한 나머지 431년 6월 22일 에베소 공회(제3차 세계 공의회)[89]에서 이단으로 정

    Beginning to the Conversion of the English (Grand Rapids: Eerdmans, 1979), 381.

87) 아일랜드에는 황금 옷을 입힌 기둥 모양의 악마신 크롬 크루어히(Crom Cruach)의 신상이 있었다. 사람들은 그 신상에 아이들을 제물로 공양하였다.

88) F. F. Bruce, *The Spreading Flam: The Rise and Progress of Christianity from Its First Beginning to the Conversion of the English*, 70.

89) 제3차 세계 공의회는 160명의 감독들이 참석한 가운데 개최되었는데 네스토리우스에 대한 논쟁은 그가 없는 가운데 진행되었다. 네스토리우스는 마리아는 '하나님을 낳으신 분'(Θεοτόκος)

네스토리우스

죄되어 436년 로마제국의 국경 너머 이집트로 추방되었다.[90] 그리스도의
인성을 강력하게 주장한 까닭에 그의 비판자들에게는 그가 그리스도의
신성을 부인한 것처럼 보였다.[91]

　네스토리우스가 451년에 이집트로 추방되었다가 세상을 떠나자[92] 그

　　이 아니라 단지 '그리스도를 낳으신 분'(Χριστοτκο)으로 불러야 한다는 입장이었다. 박찬희,
　　『박찬희 교수가 쉽게 쓴 동방정교회 이야기』 (서울: 신앙과지성사, 2012), 57.

90) J. Herbert Kane, 『세계 선교역사』, 23.

91) Alister E. McGrath, 『알리스터 맥그래스의 역사신학』, 108.

92) 네스토리우스는 후대 사람들이 자기의 생각이 옳았다는 것을 알아주리라고 확신하며 마지막
　　으로 쓴 글에서, "오, 사막이여! 나와 함께 기뻐하라. 그대는 나의 벗이며 나의 영육자였고, 또 내
　　가 머무는 거처였노라. 그리고 너 유배지여! 내가 죽은 뒤 하나님께서 기뻐하시는 날에 다시
　　부활할 때까지 나의 육신을 지켜줄 나의 어머니, 유배지여!"라고 하였다. J. F. Bethune-Baker,
　　Nestorius and His Teaching (Cambridge University Preess, 1908), 36. 김호동, 『동방 기독교

를 추종하던 제자들은 페르시아[93])의 에데사(Edessa)에 피난처를 찾아서 그곳에 수도원을 세우고 전도하여 교회를 설립하였다. 그런데 이 교회가 바로 네스토리우스파 교회였다. 네스토리우스파 선교사들은 에데사를 선교사 훈련과 파송의 거점으로 삼았다. 그들은 선교사들을 소아시아를 가로질러 중앙아시아와 중국, 그리고 인도 등으로 파송하였다.[94]) 그들은 놀라운 전파력을 발휘하여 아시아 각지에서 개종자를 확보해 나갔다. 따지고 보면 동방교회는 오늘날 우리가 믿고 있는 기독교와 궁극적으로 동일한 뿌리에서 나왔다. 그러나 이단으로 배척되어왔기 때문에 그에 대한 관심도 미미할 수밖에 없었다. 우리의 경우와 사정도 다르지 않다. 신교와 구교를 불문하고 한국의 기독교 역시 정통 서방 기독교이기 때문이다.[95])

네스토리우스파 선교사들은 조로아스터교(Zoroaster)[96]) 교도들에게 많은 박해를 받으면서 수십만이 순교하거나 추방당하였다.[97]) 이후, 그들은 초대교회 기독교인들처럼 세계로 흩어져 복음을 전파했으며, 이로써 네스토리우스 교회는 열심히 선교하는 교회로 성장하게 되었다. 이러한 기독교는 635년경 중국문화의 최절정이었던 당나라 초기에 중앙아시아를 통해 중국에 전파되었다. 중국의 선교사는 1625년 장안(현 시안)에서 발견된 8세기에 세워진 장안 대진사(大秦寺)에 세워진 781년 때 네스토리

와 동서문명』(서울: 까치글방, 2002), 89에서 인용.

93) 페르시아는 현재 이란과 이라크, 그리고 아프가니스탄 지역을 말한다. 페르시아 제국은 조로아스터교와 불교, 그리고 힌두교, 동방의 네스토리우스파 기독교가 서로 조화를 이루거나 배타적인 갈등을 통해 공존하던 다종교 사회였다.

94) Paul E. Pierson, 『선교학적 관점에서 본 기독교 선교운동사』, 120.

95) 김호동, 『동방 기독교와 동서문명』, 7.

96) 조로아스터교는 예언자 조로아스터의 가르침에 종교적, 철학적 기반을 두고 있으며, 유일신 아후라 마즈다(Ahura Mazda)를 믿는 고대 페르시아 종교이다.

97) John Stewart, *The Nestorian Missionary Enterprise* (Edinburgh: Clarke, 1923), 18.

대진경교유행중국비

안 비석이다. [98]

　그해 총대주교는 하나니쇼 2세의 후임자로 벳아베 수도원 소속 다위드 수도사를 시나이 대주교로 파견하려고 준비 중이었던 티마테오스 총대 주교였다. 790년대 후반, 엘람 대주교 세르기우스에게 보낸 서신에서 티 마테오스 총대주교는 수많은 수도사가 오로지 한 자루 지팡이와 한 봇 짐만 가지고 동해 지역으로 힌두와이(인도)와 시나이(시안)로 건너갔다고 기록한다. 중국 당나라 기독교의 전통과 확력은 서방 기원지 대진(로마제

98) J. Herbert Kane, 『세계 선교역사』, 23.

國)으로부터 실크로드를 따라 공급되는 인력 그 자체였다. 이 국제 교역의 주역은 수도사들이었고, 그들이 실어 나른 교역품은 예수 그리스도로부터 동방 사도들을 통해 전해 받은 한 가르침, 한 믿음, 한 신앙고백이었다. 유대인 사도들이 회당을 디딤돌 삼아 전한 것을 그들의 동방 제자들은 수도원을 디딤돌 삼아 전했다.[99]

네스토리안 비석에 새겨진 비문은 중국의 선교사에 대한 전래와 경위가 자세하게 기록되어 있다.[100] 네스토리우스파 기독교가 다문화권에서 성장해 왔다는 사실 '대진경고유행중국비'(大秦景敎流行中國碑)[101]에 잘 나타난다. 기독교 신앙을 유려한 문체로 소개한 이 비석에는 당시 중국과 중앙아시아 지역의 여러 종교에 대한 깊이 있는 이해가 포함되어 있다.[102]

이 비문의 기록에 의하면, 최초의 기독교 선교사 알로펜(Alopen)은 21명의 선교사와 함께 635년 중국에 도착하였다. 중국 당나라의 태종(624~649) 왕은 그를 따뜻하게 맞이하였고, 자신이 기독교를 배우고 인정하자 전도하라는 명령을 내렸다. 알로펜이 성경 한 권을 들고 동료 선교사들과 중국어로 번역하였다. 그리고 그는 수도 장안(長安)에 21명의 선

---

99) 곽계일, 『동방수도사 사유기 + 그리스도교 동유기』, 164-166.
100) J. Herbert Kane, 『세계 선교역사』, 23.
101) 〈대진경교유행중국비〉의 첫 부분의 내용은 다음과 같다. "볼지어다, 그분은 오직 한 분이시며 변치 않으셔서, 창조되지 않으시고, 모든 근원의 참 근원이 되시도다. 그분은 어느 누구도 이해할 수 없으며, 그분은 어느 누구도 볼 수 없도다. 그러나 그분은 신비롭게도 모든 만물의 마지막이시며, 태초의 모든 신비를 가지신 분이시도다. 그분은 모든 세상을 창조하시되 모든 신성한 것을 발 아래 두셨으며, 그분만이 우주 만물의 창조주이자 주인되시도다. 이분이 바로 우리들의 하나님(Aloha, 阿羅詞), 우리들의 삼위일체 되신, 신비 그 자체, 우리들의 창조되지 않으신 진실된 구주가 아니던가! 만물을 만드신 다음, 그 분은 마침내 인간을 창조하셨도다". Martin Palmer, *The Jesus Sutra* (New York: Ballantine Publishing, 2001), 224-232. 김상근, 『기독교의 역사』, 79.
102) 김상근, 『기독교의 역사』, 79.

교사를 수용할 수 있는 수도원을 건축하였다.[103] 태종을 이어 고종은 알로펜에게 '진국대법주'라는 관직을 하사하여 10개 지방과 100개의 도시에 경교 사원을 건립하도록 허락하였다.[104] 그리고 숙종은 영무를 비롯한 5군에 교회를 설립하도록 지시했으며, 덕종은 경교에 호의를 보였고, 이때 경교비가 세워졌다.[105]

당 왕조는 285년간 지속되어 온 경교를 약 200년간 황실의 보호로 부흥시켰다. 아울러 기독교는 불교 세력을 중심으로 거센 반발을 받기도 하였다.[106] 로마 가톨릭과는 달리 경교는 군사와 정치적인 정복의 방식을 따르지 않고 삶의 모범을 통해 부단히 선교하려는 데에 큰 의의가 있겠다.[107]

21. 기독교를 공인한 콘스탄티누스 황제

기독교는 그 사상과 가치에 공감하지 않았던 문화 속에서 태어났다. 이러한 새로운 신앙은 로마제국의 서부 지역과 동부지역으로 급속히 퍼져나갔다. 기독교의 영향력은 제국의 간섭이나 도움이 전혀 없었고, 그것은 초기 기독교인들이 폭력이나 강제력을 사용하지 않았기 때문이다.[108]

이방인들이 초기 기독교인들에게 가장 감동이었던 것은 기독교 정신에 바탕을 둔 상호 간의 사랑과 공동체적인 자선활동이었다.[109] 열정적인

103) 안승오, 『세계 선교 역사 100장면』, 67.
104) 이관숙, 『중국 기독교사』 (서울: 쿰란출판사, 1995), 62.
105) Samuel A. Maffett, 『아시아 기독교회사 I 』, 37.
106) J. Herbert Kane, 『세계 선교역사』, 23-24.
107) 안승오, 『세계 선교 역사 100장면』, 68.
108) Alister E. McGrath, 『기독교의 역사』, 91.
109) Paul Johnson, 『기독교의 역사』, 151.

헬라주의자였던 로마제국 황제 율리아누스(Julian the Apostate, 331~363)는 무신론자라고 부르는 기독교인들 때문에 자신이 신봉하는 종교가 무색하게 된 것에 대하여 말하기를, "무신론자들은 나그네를 대접하는 것과 죽은 자를 매장해 주는 봉사활동을 통하여 그들의 교세를 확장하고 있다. 유대인들 가운데에는 단 한 사람의 거지도 없고, 신을 부정하는 갈릴리 사람들은 자신들뿐만 아니라 우리들의 가난한 자들까지 도와주고 있다. 반면에 우리는 도움이 필요한 동포들에게 아무것도 못 해 주고 있다는 사실은 창피하기 그지없는 일이다"라고 하였다. [110)]

초기 기독교인들은 사회복지가 전혀 없었던 로마제국에서 소규모 복지국가를 운영한 셈이었다. 그리고 그들은 여성을 하나님 앞에서 동등한 사람으로 대우했으며, 남편들에게 예수 그리스도가 그의 신부인 교회에 보여주셨던 것처럼 깊은 관심을 가지고 아내를 사랑하라고 당부하였다. 결혼의 신성함을 유별나게 강조한 예수님의 가르침은 여성들에게 하나의 보호 장치가 되어 주었다. 이로써 더 많은 여성이 상류 계층에게 기독교를 전파하기 시작했으며, 자녀들을 기독교인으로 양육하였고, 때로는 남편들을 개종시키기도 하였다. 적어도 당시 로마제국은 기독교의 여러 이점을 통해 기독교가 잠재적인 동맹 세력이라는 것을 인정하지 않을 수 없었다. [111)] 일상생활에서 보여준 그들의 참된 신앙은 처형당할 때 확실히 드러났다.

306년부터 337년에 사망할 때까지 로마제국의 황제로 재위했던 콘스탄티누스(Constantinus, 272~337)가 기독교를 공인하기 전까지 대부분 기독교인은 마음 놓고 살 수가 없었다. 기독교 세계선교사에서 대전환 사건

---

110) Stephen C. Neill, *A History of Christian Missions*, 42.

111) Paul Johnson, 『기독교의 역사』, 151-152.

가운데 하나는 콘스탄티누스 황제가 기독교로 회심한 사건이다. 그는 막센티우스(Maxentius, 278~312)와 왕위 다툼의 혈전에서 하늘로부터 십자가 모양의 형상을 보았다. "이 표지로 승리하라!"(In this sign conquer!)라는 신비한 문구를 보았다. 그가 목격한 이 신비스러운 환상은 세계선교사의 중요한 전환점이 되었다. 결국 그는 십자가를 세기고 출전하여 대승리를 거둔 다음에 확고한 로마제국의 통치자가 되었다. [112]

기독교 세계선교사에서 콘스탄티누스 황제의 회심 사건은 참으로 획기적인 것으로 다음과 같은 내용을 담고 있다. [113] 첫째, 313년에 신앙의 자유를 명령하는 밀라노 칙령(Edict of Milan)을 선포하면서 핍박이 끝나고 공식적으로 기독교를 공인하였다. 이로써 로마제국은 기독교인에 대한 박해를 마감하였다. 이것은 로마제국 내의 모든 종교의 완전한 자유를 의미한다. 둘째, 325년의 니케아 회의였다. 이 회의의 논제는 삼위일체 하나님을 믿지 않았던 아리우스(Arius, 250~336)의 주장인 "예수님은 피조물의 하나다"[114]와 삼위일체[115] 교리를 명확히게 세우는 역할을 한 알렉산드리아의 주교였던 아타나시우스(Athanasius, 296~373)의 주장인 "예수 그리스도의 완전한 신성"의 주장이 달랐기 때문이다. 니케아 회의를 통한 선언문의 발표에 의하면, 예수 그리스도에 대하여 말하기를, "만들어진 것이 아니라 태어나셨으며 아버지와 동일한 존재다(begotten, not made, being of once essence with the Father)"라고 하였다.

이후 기독교의 교리는 다양한 회의를 통해 다듬어졌다. 381년 콘스탄

---

112) J. Herbert Kane, 『세계 선교역사』, 50.
113) J. Herbert Kane, 『세계 선교역사』, 55-56.
114) 예수님은 피조물 가운데 첫 번째이고, 가장 훌륭한 분이시지만 하나님은 아니라는 주장이다.
115) 삼위일체 교리는 카파도키아의 교부들로 잘 알려진 세 명의 경건한 신학자였던 가이사랴의 바실(Basil, 330~379)과 니사의 그레고리우스(Gregory, 335~394), 그리고 나지안조스의 그레고리우스(Gregory, 329~390)에 의해 잘 정리되어 오늘에 이르고 있다.

티노플 회의는 아폴리나리우스의 그리스도의 신성은 강조하였으나 인성은 부인하는 이론에 맞서 예수님의 완전한 인간성을 선언하였다. 또한 431년 에베소 회의에서는 네스토리우스의 주장인 그리스도의 인성과 신성을 완전히 구분하여, 출생 시에 인간이었으나 출생 이후에 신성을 부여받았다는 이론인 네스토리우스의 주장을 이단으로 정죄하였다. 셋째, 유세비우스의 교회의 집필을 통해서 기독교의 역사성을 확립시켰다.

22. 로마제국의 가정교회

콘스탄티누스의 회심과 더불어 324년에 리키니우스에 거든 승리는 그리스도인이 로마제국 전역에서 그들의 믿음을 드러내놓고 행동으로 옮기는 것을 가로막았던 나머지 장벽을 다 없애버렸다. 기독교에는 다른 종교에 제공되었던 똑같은 법의 보호가 주어졌고, 그리스도인은 원하는 때에 원하는 곳에서 예배할 자유를 부여받았다. 이제는 더 이상 개인 가정에서 비밀히 모임 필요가 없다고 느껴졌다. 사실 초기 기독교에도 로마제국의 도시에 있는 가정교회는 쉽게 들키곤 했다. 이웃들은 대개 이런 집들이 그리스도인의 모임 장소임을 알았지만 아무 말 하지 않고 입 다물어 줄 때가 자주 있었다. 많은 그리스도인이 그리스도인이라는 확연히 드러나는 이름을 택하므로 이교도인 이웃과 자신들을 구분하기 시작하였다. 그런데 이제는 이런 일들을 당국의 공식 제재나 차별이나 박해를 두려워하거나 처벌하는 일 없었다.[116]

로마제국이 기독교에 보인 이런 전례 없는 상냥한 태도는 기독교가 로

116) Alister E. McGrath, 『기독교의 역사』, 101-102.

마제국 전역에서 공고히 자리 잡는 데 도움을 주었다. 개인의 가정이 교회였다. 하지만 한 세대도 지나지 않아 기독교는 거대하게 지어 바친 건물이 되어 기독교가 로마제국에서 차지하는 중요한 위치를 공중에서 확인시켜주었다. 초기에는 예배 형태가 단순했으나 이제는 로마제국의 도시들에 우뚝 솟아 있는 거대한 교회당의 위험에 어울리게 더 복잡해진 의식과 절차가 초기의 형태를 대신하게 되었다.[117] 4세기 말에 이르러 초기 기독교는 다른 라이벌 종교들을 대신해서 로마제국의 공식 종교가 되었다. 410년 8월, 알라리크는 그의 군대를 이끌고 로마 시내로 들어가 약탈했다. 로마가 노략질당한 것이 로마제국의 종말을 의미하지는 않았다. 로마제국 집행부는 점점 더 동쪽, 곧 로마제국의 신도시인 콘스탄티노플로 옮겨갔다. 로마는 이제 더 이상 서로마제국의 수도도 아니었다. 476년경에 서로마제국은 종말을 맞았다. 그러나 위대한 도시 콘스탄티노플을 거점으로 삼은 동로마제국은 그 뒤로도 천 년 동안 존속하게 되었다.[118]

***

결론적으로, 초기 기독교와 로마제국에서의 세계선교사에 대하여 살펴보았다. 당시 로마제국의 기독교인들은 예수 그리스도가 살아계신 하나님의 아들로서 자신들을 세계 선교로 부르셨다는 것, 복음의 기쁜 소식이 만민을 위한 것임을 알고 있었다. 기독교인들은 유대인들로서 세상 밖

---

117) Alister E. McGrath, 『기독교의 역사』, 102.
118) Alister E. McGrath, 『기독교의 역사』, 108.

으로 나가 디아스포라 유대 공동체를 통해 기독교 확장의 거점으로 삼았다.[119] 로마제국 시대에 초기 기독교인들은 거의 이름이 알려지지 않은 무명의 선교사들과 같았다. 그들의 이름은 그 어디 세계선교사 명부에도 등장하지 않는다.[120] 그들은 누구 못지않게 뛰어난 위대한 선교사들이었다.

당시 로마제국은 예수님을 박해하였으나 하나님은 로마제국을 세계선교의 도구로 쓰셨다. 사실 로마제국은 복음을 전할 길을 미리 닦아 놓았다.[121] 로마제국에서의 박해를 통한 세계선교사는 어떤 상황이든지 세계를 선교해야 할 당위성과 하나님은 세계 선교를 위해서 필요한 경우에 흩어지게 하셨다는 것을 교훈하는 것이다.[122] 하나님은 당시 세계 중심이었던 로마제국을 통해 모든 세상을 통치하셨다. 특히 지금의 스페인, 잉글랜드, 프랑스, 독일 지역의 광대한 땅을 다스렸던 콘스탄티누스 황제는 태양신 숭배자였다. 그런데 그의 어머니 헬레나는 독실한 기독교인이었다. 그는 어머니로부터 기독교 신앙의 영향을 받았다. 이 사건은 세계선교사에 있어 엄청난 변화였다. 역사학자들은 밀라노 칙령을 콘스탄티누스의 업적으로 보지만, 엄밀하게 보면, 이것은 하나님의 섭리였다. 하나님은 고통받는 기독교인을 해방해 주신 것이다. 지금도 하나님은 온 세상을 다스리고 계신다.[123]

---

119) Samuel H. Moffett, 『아시아 기독교회사 I 』, 46.
120) Ruth A. Tucker, 『선교사 열전』, 22-23.
121) 임경근, 『세계 교회사 걷기』, 23.
122) 구성모, "교회사에 나타난 선교유형과 교훈", 303.
123) 임경근, 『세계 교회사 걷기』, 49.

4장
유럽에서의 세계선교사

다메섹 도상에서 일어난 바울의 회심 사건(행 9:1-9)은 초대교회의 중요한 전환점을 이루는 사건이다. 바울의 회심을 통해 지중해와 유럽으로 복음이 전파되었기 때문이다.[1] 유럽에서의 세계선교사는 기독교의 확산과 정착을 500년에서 1200년까지로 잡고 있다. 기독교는 500년의 기점으로 혹독하고 참담한 투쟁기로 접어들었다.[2] 500년에 기독교 교회는 기적적인 성공을 이룩한 과거 5세기의 세월을 회고할 수 있었다. 내면적으로 교회는 생활과 조직을 크게 강화하며 개선되었다. 이것은 정치적인 의미로서 서로마제국의 붕괴에도 살아남을 수 있었다. 성경의 범위를 한정시켰고, 신약성경에 대해서도 구약성경과 동일한 정경의 지위를 부여하였다. 대회의를 거쳐 교리의 여러 문제를 해결했으며, 또한 한계를 설정하여 이후 그 한계 안에서 기독교 사상이 움직여 왔다. 그리고 날과 주일, 그리고 달과 해를 관장하여 예배 제도를 만들어 인간 생활의 성화를 도모하였다. 기독교의 통일성을 표현하기도 하고, 또한 유지 시키는 놀라

---

1) 김상근, 『기독교의 역사』, 63.
2) Stephen C. Neill, *A History of Christian Missions*, 53.

운 도구가 대회의를 통해 발전되었다. 3) 안디옥(터키)과 알렉산드리아(이집트), 그리고 로마제국에는 감독들이 임명되어 약간의 지위와 권위의 유지 관계 때문에 복잡한 일이 있었다. 하지만 전체 세계의 기독교인들은 서로 하나라고 하는 느낌이 들었다. 4) 따라서 기독교 교회가 계속 전진하여 사람이 거주하는 세계 속에 자리 잡아 나갔던 유럽에서의 세계선교사에 대하여 살펴보고자 한다.

1. 아일랜드의 복음화와 콜룸바

전통에 따르면, 아일랜드의 복음화는 노예에서 선교사가 된 영국 출신의 가장 위대한 선교사 패트릭(Patrick, 389~460)에 의해서 시작되었다. 흥미로운 것은 복음화된 아일랜드가 중세 암흑기에 먹구름 속에서 빛나는 등대와 같은 역할을 담당하였다. 6세기부터 8세기에 이르기까지 주요 선교 중심지로서 아일랜드는 서유럽에서 가장 발전한 나라였다. 아일랜드는 야만족의 무자비한 침략을 받지 않았고, 당시 최고의 교육을 자랑하는 영국과 대륙의 학자들을 친절하게 받아드려 교육 수준이 높은 편이었다. 이처럼 그 원인을 살펴보면, 기독교를 통한 수도원 학교의 교육 덕분이라 할 수 있겠다. 5)

세계선교사의 관점에서 보면, 아일랜드의 선교사는 선교에 있어 열정적인 교회였다. 그래서 전 세계는 아리안(Aryan) 인종의 일파로 켈트족(Celt)6)

---

3) 조귀삼, 『복음주의 선교신학』, 113.
4) 조귀삼, 『복음주의 선교신학』, 113.
5) J. Herbert Kane, 『세계 선교역사』, 53.
6) 켈트족은 현재 아일랜드, 웨일즈, 스코틀랜드에 거주한다.

기독교에 빚을 지고 있다고 언급하였다. 웨일즈에서 시작한 것으로 보이는 켈트 기독교는 6세기와 7세기를 통하여 세계선교사에서 가장 뛰어난 선교교회 중 하나가 되었다. 해박한 성경에 대한 지식과 성령의 능력을 힘입어 아일랜드의 선교사들은 기독교 유럽을 뒤흔들고자 위협하고 있던 이방 종교에 대항하기 위해 놀라운 열정을 쏟아부었다. 그들을 통해 스코틀랜드의 사나운 픽트족(Picts)과 영국의 야만적인 앵글로족(Angles)과 색슨족(Saxons), 그리고 네덜란드의 프리시안족(Frisians)은 복음을 받아드렸다. 아울러 그들은 심한 박해와 순교 가운데서도 골 지방과 독일, 그리고 스위스, 북부 이탈리아까지 복음을 전했다.[7]

아일랜드 수도원은 교회에 대단한 도전을 주었으며, 유럽 사회에 무시하지 못할 영향력을 행사하였다. 아일랜드 수도원은 초기 기독교의 순수성으로 돌아갈 것을 강조하였다.[8] 아일랜드의 수도원들은 선교활동의 중심지로 작동하면서 바닷길을 복음 전하는 통로로 자주 사용하였다. 이런 선교사의 유형을 가장 잘 보여주는 사례가 콜룸바라고 하겠다.[9] 스코틀랜드의 위대한 사도로 불렸던 2세대 켈트 기독교 선교사였던 콜룸바(Columba, 521~597)는 42세 때 국내 사역에서 해외선교에 헌신하여 563년 아이오나(Iona) 수도원을 세워 선교본부로 정했다. 여기서는 기도와 금식, 그리고 묵상과 성경 공부와 일상적인 노동을 할 수 있는 수도원을 세웠을 뿐만 아니라 복음을 전파하여 교회를 세우고, 다른 수도원을 세울 수 있는 선교사들도 훈련하였다.[10]

---

7) J. Herbert Kane, 『세계 선교역사』, 53-54
8) Paul Johnson, 『기독교의 역사』, 272.
9) Alister E. McGrath, 『기독교의 역사』, 166.
10) 콜룸바는 그의 동료들과 함께 유럽 곳곳에 40여 개의 수도원을 세우는 등 프랑스와 이탈리아, 그리고 알프스 등지에 켈트 수도원을 확산시키는 데 결정적인 역할을 하였다. 르베, 쥐미에주, 생갈, 보비오, 퐁트넬, 셀, 마르무티에, 코르비에, 생오메르, 생베르탱, 르미르몽, 오빌리에르, 몽티레랑데르, 생발레리쉬르솜, 솔리냑, 퐁텐과 뤽세유 등이 그들이 세운 수도원이다. Paul

그는 간간이 아이오나 섬을 나와 스코틀랜드 내지로 들어가 고지에 사는 픽트족의 왕인 브루드(Brude)를 개종시킴으로써 그 공동체가 온전히 복음화되었다.[11] 콜롬바의 선교사역은 위대했지만 다른 곳에서 온 많은 선교사의 희생이 큰 공헌을 하였다. 영국과 중부 유럽의 복음화는 열정적이고 헌신적이었던 켈트 교회 수도사들의 기여가 절대적이었다.[12] 콜롬바의 뒤를 이어 활동한 유명한 3세대 아이오나 수도원의 수도사였던 아이단(Aidan, ?~651) 선교사는 노섬브리아(Northumbria)의 오스왈드(Oswald) 왕을 개종시킴으로써 노섬브리아를 중심으로 수도원을 세워 활동하였다.[13] 그는 가난한 자들을 돌보고 복음을 전했으며, 많은 사람에게 감동을 주었다. 아일랜드의 선교사를 통해 후대 교회에 많은 선의 교훈과 선교적 통찰력을 제공해 주고 있다.

총신대학교 선교학 교수 김성태는 켈트 선교사의 선교전략에 대하여 말하기를, "첫째, 힘의 충돌(power encounter)의 선교전략이다. 선교사는 힘의 충돌에 대한 예비 훈련과 영적 전생에 대한 여러 성경적 원리들을 배워서 건강한 교회 성장을 이루어야 할 것이다. 둘째, 토착화의 선교전략이다. 콜롬바는 토착어 성경 번역과 찬송가 번역, 그리고 작곡 등으로 선교지에서 토착 생활에 적응하며 기동력 있게 활동하였다. 이런 점에서 교회와 선교단체는 선교사역의 특수성을 인식하고 선교사로 하여 토착어와 토착 문화를 익히는 데 집중해야 할 것이다. 셋째, 수도원 중심의 독립적 선교전략이다. 이러한 수도원의 공동체 생활은 선교의 구심력으로 작용하였다. 그리고 수도원은 모든 것을 자급자족하는 독립적인 선교를 실시

Johnson, 『기독교의 역사』, 272.

11) Stephen C. Neill, *A History of Christian Missions*, 69.

12) Stephen C. Neill, *A History of Christian Missions*, 69-70

13) Stephen C. Neill, *A History of Christian Missions*, 70.

하였다. 넷째, 교육의 선교전략이다. 선교사들은 수도원 안에 학교를 세워서 원주민들을 교육하며 선교하였다. 교육 선교는 단순한 지식 전달과 기술 전수가 아니라 성경의 전인격적인 교훈 속에서 인간 심성의 근본적인 변화와 가치관의 재창조 그리고 토착인들의 세계관의 복음적 변혁 속에서 이루어져야 할 것이다"라고 하였다. [14] 유럽의 선교사에서 아일랜드를 복음화시켰던 켈트 교회의 공헌은 위대한 선교사로 남을 것이다.

2. 수도원 운동과 선교

초기 기독교 안에서 일어난 가장 중요한 발전 가운데 하나는 수도원 제도의 등장이었다. 대개 수도원 운동(Monasticism)은 멀리 이집트의 구릉지역과 시리아 동부지역에서 시작되었다. 상당히 많은 기독교인은 인구가 많아 온갖 산만한 소동이 일어나는 도심지를 떠나 이런 지역에 그들의 집을 짓기 시작하였다. 죄악이 넘쳐나고 산만한 세상에서 물러난다는 것이 이런 공동체들에게 아주 중요한 주제가 되었다. 한편에는 수도원 제도를 고독하고 금욕하는 삶이라는 관점에서 바라본 이들이 있었다. 다른 한편에서는 수도원 제도를 공동체라는 관점에서 바라본 이들이 있었다. [15]

수도원 운동의 배경은 기독교의 세속화를 꼽을 수 있다. 점차 교회는 제도화되고 조직화 되면서 그 생동력과 순수성을 잃어가기 시작하였다. 수도원 운동은 교회의 세속화에 항거하여 구별된 성결의 생활을 추구하

---

14) 김성태, 『세계 선교 전략사』 (서울: 생명의말씀사, 1994), 26-35.
15) Alister E. McGrath, 『기독교의 역사』, 82.

기 위해 일어났다. 그들의 선교는 방문 혹은 바르게 고쳐주고 개종하는 것이 아니라 회복 그 자체였다.[16) 이러한 수도원 운동은 교회가 가진 선교의 사명을 수행하는 데 매우 중요한 역할을 감당하였다. 그리고 수도원 운동은 학문연구의 중심이기도 했으며, 당시 교육을 이끄는 교육 선교기관의 기능 또한 담당했다.[17) 수도원 운동의 선구자 역할을 했던 사람은 금욕적인 생활을 강조했던 이집트의 안토니우스(Antonius, 215~356)와 높은 기둥 위에 올라가서 수행한 것으로 유명한 시메온 스타일라트(Simeon Stylite), 그리고 수도원에서 깊은 학문 활동을 하면서 〈불가타 성서〉를 만든 제롬(Jerome) 등이 널리 알려져 있다.[18) 당시 선교의 훈련기지이자 파송의 진원지였던 수도원은 유럽 선교와 로마 가톨릭의 선교, 그리고 종교개혁 시대에 선교사를 파송하고 선교하는 일을 감당했다.

3. 영국의 선교사들

영국 선교사는 그 기원이 잘 알려지지 않았다. 정확하게 누가 전했는지를 알 수 없으나 3세기에 영국 교회가 존재하였다. 314년 남부 프랑스에서 열렸던 알츠 공회(Council of Arles)에 참석했던 런던과 뉴욕, 그리고 링컨에서 온 3명의 주교가 참여한 기록을 통해 알 수 있다.[19) 구체적으로 영국의 선교사들은 1세대인 콜롬바(Columba, 521~597)와 아이단(Aidan of Lindisfarne, ?~651), 그리고 쿠트버트(Cuthbert)의 공헌으로 시작되었다. 그 뒤를 이어

---

16) 안재은, 『현대선교신학』(서울: 총신대학교 선교대학원, 1995), 11.

17) 최수일, 『간추린 기독교 선교 역사』(서울: 예영커뮤니케이션, 2003), 79-83.

18) 최수일, 『간추린 기독교 선교 역사』, 83.

19) J. Herbert Kane, 『세계 선교역사』, 54.

세계선교사에서 중요한 인물인 베네딕트(Benedict)[20] 수도회 출신의 그레고리 1세(Gregory, 590~604)가 로마 교회의 감독이 된 후에 영국의 복음화가 시작되었다. 그는 선교 정책의 강력한 지지자였고, 첫 번째 선교팀을 파송한 것 또한 그의 고집스러운 추진력 때문이었다. 그는 수도사로서 복음을 로마제국 이외의 이방인들에게 전하기를 소망하였다. 로마 교회의 감독이 되자, 그는 선교의 비전을 구체적으로 실행하였다. 한 번은 그레고리가 노예시장에서 영국에서 잡혀 온 노예 소년들이 매매되는 것을 보며 사랑의 마음과 선교의 필요성을 깨닫게 되었다.[21] 그래서 미국 트리니티 복음주의신학교와 칼빈신학교 선교학 교수를 지낸 루스 터커(Ruth A. Tucker)는 그레고리에 대하여 말하기를, "기독교가 안정을 되찾고 다시 선교사역을 할 만큼 회복되기까지는 로마의 그레고리 1세와 같은 유능한 인물이 필요했다"라고 하였다.[22]

596년에 그레고리는 아우구스티누스(Augustinus, 505~605)를 지도자로 세워 40여 명의 선교사를 영국에 파송하였다. 영국을 향해 가는 중 앵글로색슨족의 야만성에 관한 무서운 이야기를 들은 아우구스티누스의 선교팀 일행은 두려움에 골(Gaul) 지방으로 돌아왔다. 그러나 교황은 그들에게 가든 길을 가라고 다시 명령하였다.[23] 하지만 아우구스티누스의 선교팀 일행 40명 중 33명은 행방을 감추었고, 7명만이 영국의 켄트(Kent)에 상륙하였다. 에텔버트(Ethlbert) 왕은 기독교인인 아내 베타(Bertha)를 통해 복음의 문이 열려 있는 상황에서 아우구스티누스의 선교팀 일행을 맞이하게

---

20) 베네딕트수도회는 서유럽 전역에 수도원을 설립하는 데 중요한 기여를 하였다. 베네딕트회의 영성은 공동 예배와 영적 독서, 그리고 공동체라는 맥락 속에서 행하는 노동의 중요성을 강조하였다.

21) Stephen C. Neill, *A History of Christian Missions*, 67.

22) Ruth A. Tucker, 『선교사 열전』, 18.

23) J. Herbert Kane, 『세계 선교역사』, 57.

되었다. 그리고 왕은 자신의 나라에 새로운 종교인 기독교 선교를 허락하였다.[24)

영국의 선교사들을 통한 선교전략은 조직적이고 계획적인 선교 정책이 사용되었다.[25) 첫째, 그레고리 주교를 통한 팀(Team) 선교 사역자들의 파송이다. 팀 중에는 돌을 다루어 물건을 만드는 석수와 농업 기술자, 그리고 성가를 가르칠 음악사와 교회 교육을 위한 교사도 있었다. 선교는 어느 영웅적인 개인 선교사에 의해서 좌우되는 것이 아니라 팀 사역을 통해 이루어져야 하며, 선교사로 파송되기 전에 팀 사역의 정신과 훈련을 철저히 받아야 할 것이다. 둘째, 사람들의 집단(people group)의 대량 개종 운동이다. 특히 아우구스티누스는 켄트의 에텔버트 왕을 개종시켜 그의 인솔하에 10만여 명의 켄트인들을 메드웨이(Medway) 강가에서 세례를 받게 하였다. 셋째, 토착 지도자 양성이다. 로마 교회의 영국 선교는 신학교를 세우고 현지 토착 지도자를 양성하는 데 심혈을 기울였다. 넷째, 문화인류학적인 상황화 선교전략이다. 로마 교회의 주교인 그레고리는 아우구스티누스에게 특별한 선교 지침을 내렸다. 그것은 선교의 대상이 되는 브리톤(Briton) 족이나 골(Gaul) 족의 토착 언어를 존중하고 결혼식이나 장례식 같은 풍속과 절기, 그리고 행사를 무시하지 말고 교회를 설립할 때 토착 문화적인 특성을 고려하라는 것이었다. 다섯째, 중보기도다. 보니페이스는 선교사역에서 기도의 중요성을 인식하였다. 그의 생애는 금식과 기도가 그치지 않았다. 선교는 영적 전쟁의 최전방에서 이루어지는 사건이다. 선교사를 통해 볼 때 성공적인 사역의 결실에서 선교사들은 끊임없이 기도하였다.

---

24) 조귀삼, 『복음주의 선교신학』, 115-116.
25) 김성태, 『세계 선교 전략사』, 37-47.

4. 태국의 선교

자유의 땅이라는 의미를 가진 태국의 최초로 기독교의 전래는 아마도 동방 시리아 교회, 즉 네스토리우스파에 의해 6세기경으로 본다. 찰스 로빈슨(Charles H. Robinson)의 저서인 『기독교 선교 역사』(History of Christian Missions)에서는 535년 코스마스(Cosmas)가 실론, 갠지스, 통킹, 그리고 현 태국이라 불리는 시암(Siam)을 방문했을 때 기독의 교회들을 발견할 수 있었다고 한다. 26) 태국의 기독교 선교는 미얀마의 아도니람 저드슨 선교사의 아내인 앤 저드슨(Ann H. Judson, 1789~1826) 선교사에 의해 1819년 미얀마 군대에 의해 포로로 잡혀간 태국인을 만나게 되었고, 그들로부터 태국어를 배워 신앙 교리문답과 마태복음 등을 번역하고 인쇄하여 한 번도 밟아보지 못했던 태국 땅으로 보냈다. 그리고 1828년 제이콥 톰린(Jacob Tomlin, 1793~1880)은 런던선교회의 파송으로, 같은 해 칼 귀츨라프(Karl F. A. G tzlaff, 1803~1851)는 네덜란드선교회의 소속으로 태국에 함께 입국하였다. 그들은 태국의 라마 3세의 통치 기간(1824~1851)에 활동한 최초로 상주한 기독교 선교사였다. 1834년 귀츨라프는 누가복음을 번역했으며, 1842년에는 찰스 로빈슨(Charles H. Robinson)에 의해 사복음서가 번역되었고, 존 존스(John T. Jones)는 1843년 신약성경 전체를 모두 번역하였다. 27)

---

26) Charles H. Robinson, *History of Christian Missions* (New York: Charles Scribner's sons, 1915), 65.
27) 김홍수 · 안교성, 『잊혀진 우리 이야기, 아시아 기독교 역사』 (서울: 대장간, 2021), 93-95.

5. 네덜란드의 윌리브로드 선교사

네덜란드의 선교사는 692년에 노덤브리아 출신의 수도사인 윌리브로드 (Willibrord, 658~739)가 아일랜드의 리폰(Ripon)과 에그버트(Egbert)에서 윌프리드의 지도하에 훈련받은 뒤 11명의 동료와 함께 북해를 건너가 프리시아인들에게 복음을 전하는 최초의 선교사가 되어 교회가 설립되어 성장하였다.[28]

6. 독일의 보니페이스 선교사

독일의 선교사는 아일랜드와 영국 수도사들이 기독교를 전해함으로써 시작되었다. 그런 보니페이스(St. Boniface, 680~754)는 영국의 데번셔 (Devonshire)에서 태어나 30세 때 베네딕트 수도사로 시작해 중년기에 독일로 들어가 40년 이상 선교했던 가장 위대한 선교사였다.[29] 그는 평화스럽고 안정된 수도원에서 거주하는 것이 아니라 오히려 복음을 듣지 못한 지역과 기독교가 들어갔으나 뿌리를 내리지 못한 어렵고 험난한 선교사의 길을 택하였다. 그래서 교황 그레고리 2세에게 독일의 선교사로 임명받아 719년부터 윌리브로드와 협력하여 3년 동안 헌신적으로 선교활동을 펼쳤다. 3년이 지나 그 지역이 어느 정도 복음이 뿌리내렸으면, 그는 다시 복음이 들어가지 않은 지역을 목표로 하여 그 지역의 이교도들을 상대로 선교하였다.[30] 722년에 그는 선교를 통해 이교도들이 숭배하던 헤

---

28) J. Herbert Kane, 『세계 선교역사』, 58-59.
29) 최정만, 『다시 써야 할 세계 선교 역사』 (서울: 쿰란출판사, 2007), 61-70.
30) 최수일, 『간추린 기독교 선교 역사』, 79-83.

세(Hesse)의 가르스말(Geismer)에 있는 '우뢰의 신'이라고 부르는 '도르'(Thor)라는 큰 참나무를 찍어 버림으로써 수많은 개종자를 얻었다.[31]

그 후, 보니페이스는 그 나무를 벤 자리에 성 베드로교회를 세웠고, 그곳에 많은 선교사의 열매를 거두게 되었다. 또한 그는 선교지의 교육 선교를 위해 제자와 함께 독일 사제들의 교육센터가 될 베네딕트파의 위대한 풀다(Fulda) 수도원을 세웠다. 이 수도원에서 그는 많은 교육자를 양성하여 프랑크 교회의 불규칙적이며 침체한 교회 제도를 개혁시켜 교황청의 권위를 증대시켰다. 그리고 성직자가 세속에 물들지 않도록 노력을 기울였으며, 사제들의 결혼을 정죄하고 엄격한 성직 훈련을 강화하는 등의 독일교회에 큰 영향을 주었다. 754년 6월 5일 신앙고백을 위한 예식을 준비하는 중에 그는 성난 폭도들에게 50여 명의 동료와 함께 순교 당함으로써 유럽의 기독교 선교에 귀한 밀알과 같은 존재가 되었다.[32] 이것은 독일의 선교사에서 영적 전쟁의 승리라고 볼 수 있겠다. 772년에 그는 황제 그레고리 2세로부터 독일 감독으로 위임받았다. 그는 독일 선교사의 기초를 마련했으며, 독일의 사도라고 불릴 정도였고, 1517년에는 종교개혁자 루터를 낳게 만드는 신앙의 원동력이 되었다.

7. 덴마크의 복음화와 안스가르

스칸디나비아반도의 선교는 정치와 군사 이해와 밀접한 관계가 있다. 처음으로 이 반도에 기독교가 들어간 것은 상인들에 의해서다. 덴마크

---

31) J. Herbert Kane, 『세계 선교역사』, 59.
32) 미주크리스천헤럴드, 『기독교 100대 이벤트』 (서울: 크리스천헤럴드, 1996), 178.

의 선교사는 스칸디나비아 여러 국가 중에 최초로 복음을 받은 나라다. 826년이 되자, 덴마크 왕 해롤드(King Harold of Denmark)는 아내와 신하들, 그리고 군사들과 함께 그의 궁전에서 프랑스 제국의 군사원조를 기대하고 집단으로 세례를 받았다. 덴마크 왕이 개종한 후, 곧바로 안스가르(Ansgar, 801~865)는 복음을 전하기 위해 덴마크에 들어갔다. 하지만 추방되어 어려움을 겪다가 결국 그는 왕의 신임을 얻게 되자 첫 교회를 설립하였다.[33]

그러나 10세기 초에 덴마크의 고름(Gorm) 왕이 교회를 파괴하고 사제들을 학살함으로써 엄청난 핍박을 받았다. 그러나 그의 후계자인 아들 헤럴드 불루투스(Herald Bluetooth)는 덴마크를 기독교화하려고 노력했으나 마침내 크누크Ⅰ(Cnut I)세에 이르러 기독교가 정착되었다. 그는 나이가 들수록 더욱 경건한 삶을 살았으며, 자신의 영지를 기독교 국가로 만들려고 최선을 다했다. 또한 그는 기독교 세계의 법률들을 기초로 나라의 법률을 제정했으며, 동로마제국처럼 교회와 국가의 연합을 위해 노력하였다.[34] 그러나 완전히 덴마크가 복음화된 것은 1018년에서 1035년 사이에 영국의 기독교인 왕이었던 유명한 카누테(Canute) 시대로 보인다. 11세기 말, 영국의 12명 수도사 선교사들은 왕의 초청으로 덴마크에서 수도원을 설립하였다. 이렇게 덴마크의 선교사는 1104년 대주교 제도가 설립됨으로써 완성되었다.[35]

---

33) Stephen C. Neill, *A History of Christian Missions*, 102.
34) Stephen C. Neill, *A History of Christian Missions*, 102.
35) J. Herbert Kane, 『세계 선교역사』, 62-63.

8. 노르웨이의 선교사와 학콘 왕의 헌신

노르웨이의 선교사는 덴마크로부터 복음을 받아들인 것이 아닌 영국으로부터 전해졌다. 선교사들이 아닌 왕들에 의해서 엄청난 폭력을 사용하여 기독교가 전파되었다. 영국에서 자라 기독교 신자가 된 노르웨이의 학콘(Hakon) 왕은 기독교를 노르웨이에 최초로 소개하였다. 백성들과 상위계층으로부터 상당한 반대에 부딪히자 조심스럽게 전도하였다. 올라프 트릭바슨(Olaf Tryggvason, 963~1000)의 치하에 그의 열렬한 지원을 받아 기독교는 노르웨이에 확고히 뿌리를 내렸다. 그의 후계자인 울라프 헤럴드슨(Olaf Haraldson)에 이르러 11세기 초 이후에 기독교를 노르웨이의 종교로 만들었다.[36] 울라프는 바이킹의 전사였지만 990년경에 한 은자로부터 감동을 받고 그의 손에서 세례를 받았다. 그는 왕이 되어 노르웨이를 기독교화하는 데 많은 힘을 기울였다.[37]

9. 스웨덴의 선교사와 울라프 스코트코눙 왕의 기독교 지원

노르웨이의 경우처럼 스웨덴의 선교사는 영국에서 복음이 들어왔으며, 어느 정도는 덴마크를 통해 들어온 것으로 본다. 10세기에 여러 선교사가 스웨덴에서 활동하였다. 올라프 스코트코눙(Olaf Scotkonung, 993~1024) 왕은 최초로 기독교 신앙을 고백하고 복음을 증거 하는 선교사역을 지원하였다. 울라프 왕은 기독교인들을 얻기 위해 다른 왕들과는 달리 무력

---

36) J. Herbert Kane, 『세계 선교역사』, 63.
37) Stephen C. Neill, *A History of Christian Missions*, 106.

으로 사용하지 않았다. 울라프 왕의 아들인 아눈드 야코프(Anund Jakob, 1024~1066)도 아버지를 따라서 오랜 정치 기간에 기독교는 스웨덴 전 지역까지 복음이 전파되었다. [38]

10. 불가리아의 복음화

850년대 신흥국가로 떠오른 불가리아는 카롤링거 황조와 비잔틴 제국 사이에서 고민하다가 결국 친프랑크 노선을 취하려 하였다. [39] 불가리아의 선교사는 민족의 개종으로 시작한 865년 보리스(Boris) 왕이 기독교를 받아 드리고 세례받은 후에 급성장했다. [40] 그전에는 불가리아인들이 기독교인들을 배척하고 심지어 죽였다. 보리스 왕이 기독교를 받아들인 것은 무엇보다 그의 여동생의 역할이 컸다. 보리스 왕의 여동생은 한때 콘스탄티노플에 인질로 잡혀 있었는데, 당시 고국 불가리아로 돌아올 때는 열정적인 신앙인이 되어 돌아왔다. 그녀가 불가리아로 돌아온 후 고국에는 엄청난 기근이 찾아왔고, 그녀는 백성들에게 하나님께 기도하자며 왕실에 탄원서를 올렸다. 엄청난 기근 앞에서 왕실은 그녀의 탄원서를 받아들였고, 기도 후 기근이 그치면서 기독교를 향한 왕의 시각이 열리기 시작하였다. 그녀는 뛰어난 기독교 예술가들을 구하여 '최후의 심판'의 모습을 왕궁에 장식했는데, 그 그림을 본 보리스 왕은 그림이 너무나 생생하여 그 자리에서 기독교로 개종할 것을 결단하고 865년에 세례를 받았

---

38) J. Herbert Kane, 『세계 선교역사』, 63-64.
39) Paul Johnson, 『기독교의 역사』, 332.
40) 최수일, 『간추린 기독교 선교 역사』, 97.

심판의 날

다.[41]

　이후 그는 기독교 문화의 빛나는 중심지였던 수도원을 건립하였다. 그의 아들 시므온(Simeon)을 콘스탄티노플로 보내어 수도사로 교육받도록 하였다. 그 후 그는 한 유명한 선교사인 클레멘트(Clement)를 마게도니아로 보내어 그곳에 선교사 양성대학을 세웠다. 907년 그가 죽었을 때 불가리아 혹은 슬라브 지역에 기독교 지도자들이 확약하게 되었다. 그의 아들 시므온 왕은 주교들에게 불가리아교회를 자립하도록 그 우두머리 감독을 하나 세우도록 하여 새로운 선교사를 창조하였다. 불가리아로부터 시작한 기독교의 선교사는 오늘날 유고슬라비아와 러시아에 전파

---

41) 최수일, 『간추린 기독교 선교 역사』, 97.

되었다. [42)]

중국 선교사요, 미국 예일대학교 종교학과 교수였던 케네드 라토렛
(Kenneth S. Latourette, 1884~1968)[43)]은 오늘날 세계선교사에 영향을 미치고 있
는 기독교 문명의 최초의 공헌자였던 콘스탄티누스와 메소디우스에 대하
여 말하기를, "가장 위대한 선교사들 가운데 속한다"라고 하였다. [44)]

11. 러시아의 복음화

러시아는 유럽과 아시아 사이에 위치해 세계의 종교들과 친숙하였다.
기독교 전파 이전에 러시아는 미신 형태의 다신교에 머물러 있었다. 이런
러시아에서 기독교로 개종한 사람은 키예프(Kiev)에서 가장 높은 정치적
영향을 행사했던 여왕 올가(Olga, 945~963)로, 그녀는 955년 복음을 받아들
였다. 그 후 러시아 기독교의 시작은 회심자였던 그녀의 결정적인 역할로

---

42) J. Herbert Kane, 『세계 선교역사』, 65-66.

43) 라토렛은 극동 아시아 역사가와 기독교 확장사의 최고 전문가, 그리고 침례교 목사였다. 미국
오레곤주 오레곤시에서 출생하여 1910년경 학생자원자운동(SVM)에 자원하여 중국 선교사가
되었으며, 건강 때문에 선교사를 사임하고 교회 역사가의 길을 가게 되었다. 40권 이상의 기독교
확장 연대기를 집필하였다. 대표적인 저서로는 A History of the Expansion of Christianity,
7 volumes Christianity in A Revolutionary Age, 5 volumes 등이 있다. 그의 제자인 연세
대학교 초대 총장이었던 백낙준(白樂俊, 1895~1985)은 예일대학교 라토렛 교수 밑에서 1927
년에 교회사로 박사학위를 마쳤다. 그의 논문 《한국개신교회사》(The History of Protestant
Missions in Korea 1832~1910)는 한국 교회사 연구에 기념비적인 토대가 되었다. 그는 서구 역
사의 실증적 역사 방법론과 선교 신학적 해석을 종합하였다. 그의 역사관은 그의 스승 라토렛
의 가르침을 따라 "선교사(宣敎史)는 (인문)과학의 한 영역이며, 교회사는 본질적으로 선교사"
라고 보았다. 교회사를 선교역사로 보는 그의 연구 경향성은 1970년대까지도 지속되었고, 현재
에도 영향을 끼치고 있다. George Paik, The History of Protestant Missions in Korea, 1832-
1910 (Pyengyang: Union Christian College Press, 1929), 1. 백낙준, 『한국개신교사: 1832-
1910』 (서울: 연세대학교 출판부, 1973), v.

44) Kenneth S. Latourette, The Thousand Tears of Uncertainty (New York: Haper and
Brothers, 1938), 166.

젊은 손자였던 980년부터 1015년까지 재위했던 블라디미르 1세(Vladímir Ⅰ, 980~1015)라고 할 수 있다. [45)]

블라디미르 1세가 기독교인이 되자 비잔틴 황제 바실리우스 2세의 여동생 안나와 결혼하게 되었다. 이러한 기독교 배경으로써 블라디미르 1세는 러시아 복음화에 크나큰 기여자가 되었다. 당시 주요 종교였던 이슬람교, 유대교, 로마 기독교, 헬라 교회의 대표들을 초청한 결과 로마 가톨릭교회와 동방정교회 가운데 하나를 선택하는 것이 좋겠다며 마음을 먹고 사절단을 로마와 콘스탄티노플에 파견하였다. 그러자 콘스탄티노플에서 돌아온 사절단으로부터 "도대체 우리가 천상에 있었는지, 이 세상에 있었는지 알 수가 없었습니다. 도저히 그 모습을 인간의 언어로 묘사할 수는 없으나 바로 그곳에 하나님께서 인간들과 함께 거하신다는 것은 분명한 사실입니다"라는 말을 듣고 블라디미르 1세는 동방정교회를 러시아의 공식종교로 삼았다. 그리고 그 예식에 따른 세례를 단체로 거행할 것을 명령하였다. [46)]

그 후, 그는 러시아 기독교를 위해 백성들을 집단으로 세례를 받게 했으며, 신앙 성장을 위해 사제들, 성자들의 유골, 성스러운 그릇, 성스러운 물건들을 수입하기도 하였다. 그리고 교회 법정이 세워졌고, 교회 십일조 세금도 제정되었고, 산 위에 수도원들을 세웠으며, 백성들은 민간신앙인 벼락과 번개의 신이었던 페룬(Perun)을 버렸다. 물론 저항은 있었으나 그는 무력으로 기독교 신앙을 강요하지 않았고, 그 대신 기독교 학교를 세우고 의무적인 교육을 통해 젊은 세대들을 신앙으로 이끌었다. 그가 사망하기 전에 그의 대부분 국민은 기독교 신자였다. [47)]

---

45) William R. Canon, 『중세교회사』, 서영일 역 (서울: CLC, 2007), 192-193.
46) William R. Canon, 『중세교회사』, 192-194.
47) William R. Canon, 『중세교회사』, 194.

또한 그는 목회자들을 다른 지역으로 파송하여 콘스탄티노플 총주교의 간섭에서 독립하였다. 이처럼 블라디미르 1세는 선교의 좋은 본이 되었다. 본래 그는 상당히 호전적이며 음식과 술을 좋아하는 항상 부유한 자들을 초대하여 파티를 열었고, 많은 부인을 두어 자식도 많았다. 하지만 그는 개종하여 현재 성 블라디미르성당 자리에서 988년 1월 6일에 세례를 받고 이후부터 완전히 변하여 고아나 가난한 자, 그리고 병자들을 돌보며 보호했으며, 노인과 병자들을 위한 수용소를 세웠다. 당시 중세 유럽에서 이렇게 체계적인 복지행정을 펼친 국가는 없었다. 가장 두드러진 모습은 죄인에 대한 그의 태도로서 그의 광대한 영지에서 사형제도를 폐지하였다. [48] 이러한 과정에서 블라디미르 1세와 그의 승계자들에 의해서 기독교는 러시아에 더욱 확장되었고, 훗날 기독교는 러시아의 다른 지역으로도 계속해서 확장될 수 있었다. [49] 블라디미르 1세는 지금까지도 러시아 정교회의 아버지로 추앙받고 있다. [50]

***

결론적으로, 유럽에서의 세계선교사에 대해 살펴보았다. 유럽의 세계 선교사는 각 나라의 왕이 먼저 기독교로 개종하여 그의 영향으로 인하여 백성들이 기독교로 개종하는 경우가 많았다. 이러한 왕들의 헌신을 통해 복음화에 큰 공헌을 하였다. [51] 혹독한 시련 가운데 기독교는 선교의 사

---

48) Timothy Ware, 『동방정교회의 역사와 신학』, 이형기 역 (서울: 한국장로교출판사, 1999), 100.
49) 안승오, 『한 권으로 읽는 세계 선교 역사 100장면』, 91.
50) Joseph Early Jr, 『기독교의 역사』, 177.
51) 안승오, 『한 권으로 읽는 세계 선교 역사 100장면』, 94.

명을 잊지 않았다. 기독교는 선교사들을 파송함과 동시에 수도원 운동을 중심으로 지속적인 선교사역을 확장했으며, 일찍이 로마제국의 지역에서 정착했던 북쪽 침략자들이 기독교라는 이름을 가지게 되었다. 기독교인의 신앙은 유럽뿐만 아니라 아시아에 이르기까지 놀라운 선교적 역할을 감당했던 것이다. [52]

---

52) 안승오, 『한 권으로 읽는 세계 선교 역사 100장면』, 96.

5장

이슬람교의 출현과 기독교의 세계선교사

600년에 이르자, 기독교는 북아프리카 서쪽 해안 지역을 포함하여 중동 지역의 많은 부분에서 확고히 자리를 잡았다. 기독교의 세계 선교는 로마제국 동쪽으로도 뻗어가 페르시아에 자리를 잡게 되었다. 이곳에서는 네스토리우스파로 알려진 기독교 형태가 영향력을 얻었다. 그러나 이슬람교가 등장하면서 이런 상황은 크게 변하였다. 복종, 또는 항복이라는 뜻으로 태동한 이슬람교는 창시자 무함마드(Muhammad, 570~632)의 가르침에 기초한 종교적 믿음 체계로서, 즉 꾸란[1]은 아랍인들에게 새로운 종교의 정체성을 제공하였다.[2] 622년부터 세계적인 종교로 발전한 이슬람교는 아라비아반도에서 시작된 무서운 종교로 빠른 속도전으로 기독교 중심지를 함락시키고 말았다.[3] 635년에 그들은 다마스쿠스(Damascus)와 인근 도시들을 점령함에 따라서 636년에 안디옥(Antioch)을, 638년에 예

---

1) 꾸란은 유대교와 기독교를 크게 의존하고 있으며, 기독교 신약성경보다 약 2/3 분량이며, 111개의 장으로 구성되었다. 예수와 아브라함, 그리고 모세와 같은 성경의 인물은 선지자들이었다고 가르쳤다. 예수는 동정녀에서 낳으나 하나님은 아니며, 십자가에서 죽은 것이 아니었다고 말한다. 무함마드는 가장 위대한 마지막 선지자로 추앙받았다. Joseph Early Jr, 『기독교의 역사』, 163-164.
2) Joseph Early Jr, 『기독교의 역사』, 168.
3) Kenneth S. Latourette, 『기독교사 (상)』, 윤두혁 역 (서울 생명의말씀사, 1979), 440-441.

루살렘(Jerusalem)을 점령하였고, 640년에 가이사랴(Caesarea)를 빼앗았다. 마침내 642년에는 알렉산드리아 등지가 함락되었다.[4] 결국 650년에는 고대 페르시아 제국이 이슬람교에 의해 멸망 당했다. 697년에는 기독교의 거점이었던 카르타고(Carthago)[5]를 함락시켰고, 715년에는 스페인 지역 대부분이 이슬람교의 수중에 들어갔다.[6] 그러나 동로마제국의 수도였던 콘스탄티노플은 717~718년에 이슬람교의 침입을 견뎌내었다.[7]

732년에 이슬람교는 프랑스의 심장부인 투르(Tours) 전쟁에서 찰스 마텔(Charles Martel)의 저지로 인해 여지없이 패배하였다.[8] 이것은 유럽을 이슬람교로부터 지켜준 중대한 승리로 평가된다.[9] 그러나 846년에는 로마 제국이 공격받아 약탈당했고, 902년에는 시칠리아(Sicilia)가 이슬람화가 됨에 따라 이탈리아 남부 해안이 그들의 본거지가 되었다. 동로마제국인 콘스탄티노플이 결국에 1453년 투르크 손에 함락되었다. 이러한 이슬람교의 정복은 기독교 세계선교사에 일대 재앙이 되었다.[10] 그래서 이슬람교의 출현과 기독교의 세계선교사에 대한 시기를 600년부터 1200년까지로 보고 있다.

20세기를 대표했던 미국 문명사학자이자 철학자 윌 듀란트(Will Durant, 1885~1981)는 이러한 이슬람교의 출현에 대하여 말하기를, "아라비아반도를 폭발시켜 지중해 세계의 절반가량을 회심시킨 사건은 중세사의 가장 특출나는 사건이다"라고 하였다.[11] 세계선교사에서 이슬람교의 출

---

4) Rodney Stark, 『기독교 승리의 발자취』, 316.
5) 카르타고는 현재의 튀니지아의 수도 튀니스다.
6) J. Herbert Kane, 『세계 선교역사』, 70.
7) Kenneth S. Latourette, 『기독교사 (상)』, 440-441.
8) J. Herbert Kane, 『세계 선교역사』, 70.
9) 안승오, 『한 권으로 읽는 세계 선교 역사 100장면』 (서울: 평단문화사, 2010), 65.
10) Stephen C. Neill, *A History of Christian Missions*, 49-50.
11) Will Durant, *The Age of Faith* (New York: Simon & Schuster, 1950), 155.

현은 기독교가 만난 최대의 위협이었다. 전투적인 종교로 알려진 이슬람교는 오늘날까지도 기독교의 최대 위협이기도 한다. 유일하게 기독교보다 오래되지 않은 세계 3대 종교 가운데 하나로 이슬람교는 세계적인 종교가 되었다. 그들의 포교 열정과 세계 포교 활동에서는 기독교를 바짝 뒤따르고 있으며, 아프리카의 어느 지역에서는 기독교보다 훨씬 많은 개종자를 얻고 있다. 무엇보다 7세기 세계선교사에서 기독교가 가장 손실을 본 것은 북아프리카였다. 왜냐하면 기독교인 숫자가 많았을 뿐만 아니라 북아프리카의 교회들은 초기 기독교 세계선교사에 빛나는 3명의 위대한 지도자와 신학자를 배출했기 때문이다. 2세기에는 뛰어난 기독교 변증가였던 터툴리안과 3세기에는 열정의 교회 설립자였던 키프리안, 그리고 바울 이후 최고의 기독교 신학자였던 4세기에 아우구스티누스이다. 이러한 위대한 지성인이고 영적인 거장들을 배출함으로 북아프리카 교회는 약 500여 교구를 관리하였다. 당시 전 세계 기독교의 1/4에 해당하는 것이다.[12] 따라서 이러한 근거로 하여 이슬람교의 출현 이후 기독교 세력이 상당한 침체를 겪었으므로 이슬람교의 출현과 기독교의 세계선교사에 대하여 살펴보고자 한다.

1. 이슬람교의 출현

2001년 9월 11일 테러 사건과 미국 부시 대통령의 악의 축 발언(Axis of Evil) 이후, 서방세계와 이슬람 국가들의 관계가 날로 약화 되었다. 이스라엘과 팔레스타인 간에 계속되고 있는 끊임없는 테러와 보복의 악순환

---

12) J. Herbert Kane, 『세계 선교역사』, 72.

이슬람교 사우디아라비아 메카의 카바신전

또한 서방세계와 이슬람 국가들의 갈등과 반목을 부추기고 있다. 이러한 끊임없는 갈등의 배후에는 정치적이고 경제적인 이유가 산재해 있다. 그러나 이 뿌리 깊은 갈등의 또 다른 이면에는 기독교와 이슬람 간의 종교적 대립의 역사가 자리 잡고 있음을 부정할 수 없다. 미국 하버드대학교 교수였던 새뮤얼 헌팅턴(Samuel P. Huntington, 1927~2008)은 기독교와 이슬람의 갈등에 대하여 말하기를, "동서 냉전 시대 이후의 국제 갈등은 이념적인 대결보다 종교와 문화권 간의 갈등으로 나타날 것이다"라고 하였다. 13)

이슬람교의 출현은 기독교 역사에서 대단히 중요한 사건이다. 유럽의

---

13) Samuel Huntington, *The Clash of Civilizations and the Remaking of World Order* (New York: Simon & Schuster, 1996).

기독교 지역들이 에스파냐와 터키에서 이슬람교가 보여준 냉혹한 팽창을 보며 그들의 안전을 두려워하기 시작했다는 점이다. 십자군 운동이 탄생한 원인은 여러 이유가 있겠지만 기독교 문화권의 안전에 관한 우려가 점점 커지고 있었다.[14]

기독교의 몰락은 이슬람교의 침략이 그 요인에 있다. 기독교는 로마제국의 종교라는 의식에 비하면, 이슬람교는 중동인 자민족 종교라는 동질의식이 작용하였다. 비잔틴 제국의 피해자라는 의식은 국민 사이에 팽배하였고, 세금은 무거웠으며, 행정은 부패하였다. 이러한 요인으로 인해 관용적 태도를 가진 정복자인 이슬람교 세력은 나쁘게 느껴지지 않았기 때문이다.[15]

기독교 지역에서 이슬람교의 침략은 심한 전쟁 중에서 인명피해가 적었다. 그리고 기독교의 문화가 너무나 급속하게 붕괴하였다. 이러한 기독교의 몰락을 통해 세계의 선교전략은 달라졌고, 기독교는 유럽 속의 종교로 남을 수밖에 없었다. 결국 이슬람교의 출현은 세계를 양분화시키고 말았다.[16] 결국 8세기경에 이르러 이슬람교는 당시 세계의 최강국으로 변모하였다. 그들은 칼로 한 지역을 점령한 후 무슬림과 비무슬림에 대한 차별화된 세금정책 등을 통해 이슬람교 제국을 건설하였다. 이러한 이슬람교의 확장은 그 어느 종교의 성장보다 급격하고 광범위하였다.[17] 현재 지구상에서 사람들 다섯 명 가운데 한 명은 이슬람교다. 최소 20만 명을 넘는 무슬림들이 한국에 살고 있다. 하지만 한국인 무슬림이 포함된 이 수치는 아직 한국 전체 인구의 0.4% 수준에 불과하다. 현재 이슬

---

14) Alister E. McGrath, 『기독교의 역사』, 169.
15) 조귀삼, 『복음주의 선교신학』, 118.
16) Stephen C. Neill, *A History of Christian Missions*, 81.
17) 안승오, 『한 권으로 읽는 세계 선교 역사 100장면』, 65.

람교를 믿는 종교 인구가 전 세계 인구의 23%를 차지하고 있어 그 세력
이 대단할 정도다. 2021년 이슬람교는 19억 명에 달하고 있으며, 앞으로
2100년에는 세계 제일의 종교로 올라설 것이라는 전망이다.

2. 십자군 운동

세계선교사에서 기독교와 이슬람교가 대면하는 사건은 1095년
과 1272년 사이에 일곱 차례나 반복해서 십자군 운동(The Crusades)[18]
이 일어났다. 십자군 운동의 원인은 동로마제국의 미카엘 7세(Michael VII,
1071~1078) 황제가 교황 그레고리 7세(Gregory VII)에게 셀주크에 대항하는 지
원을 요청하는 데서 비롯되었다. 1074년 교황 그레고리의 원정 계획은
서임권 투쟁(Investiture Controversy)으로 좌절되었다. 하지만 교황 우르반
2세(Urban II, 1088~1099)에 의해서 실행되었다.[19]

1095년에 교황 우르반 2세는 교회 회의를 소집하였는데, 이 일은 비잔
틴 황제인 알렉시우스(Alexius, 1048~1118)의 서방세계를 향한 요청에 근거한
것이었다. 이때 비잔틴은 이슬람교로부터 수없는 공격을 받았다. 전쟁
을 결심한 교황은 성지 회복을 위하여 "이것은 거룩한 사업이요, 하나님
을 기쁘시게 하는 일이다. 십자군에 참여하는 자는 모든 죄가 용서받을
것이다"라고 외쳤다. 이렇게 시작된 십자군 전쟁은 예루살렘 성지를 향해
진격하였다. 결국 십자군은 일곱 차례 원정 가운데 두 차례만이 예루살렘

---

18) 1차 십자군 원정(1996~1099), 2차 십자군 원정(1145~1149), 3차 십자군 원정(1188~1192), 4
차 십자군 원정(1202~1204), 5차 십자군 원정(1217), 6차 십자군 원정(1228~1229), 7차 십자
군 원정(1249~1252), 8차 십자군 원정(1270).
19) 조귀삼, 『복음주의 선교신학』, 119.

십자군 운동

을 입성하였다.[20] 그러나 1272년까지 약 180년 동안 8차례에 걸쳐서 십자군 전쟁이 계속되었지만 제1차 십자군 전쟁 이후 성지를 탈환하고자 하는 십자군의 목표는 끝까지 이루지 못했다. 오히려 예루살렘과 십자군의 본거지는 대부분 이슬람의 수중으로 넘어갔다.[21] 특히 제4차 십자군 원정대는 십자군에 반대하는 동방 황제에 의해 콘스탄티노플에 갇히게 되자 콘스탄티노플에 있는 기독교 형제자매들을 살해하는 등 갖가지 만행을 저지름으로써 서방교회(로마 가톨릭교회)와 동방교회(희랍정교회)가 영원히 갈라지게 되는 한 원인을 제공하였다.[22] 이러한 과정에서 문제를 일

20) 조귀삼, 『복음주의 선교신학』, 119.
21) 이형기, 『세계교회사 I』(서울: 한국장로교출판사, 1994), 481.
22) 박은봉, 『세계사 100장면』(서울: 가람기획, 1992), 109. 교회사에서 동방교회와 서방교회를 구분하는 요소에는 지역적 구분과 더불어 사용하는 언어에도 있다. 동방은 알렉산더 대제의 동방 정복 이후 헬라어 문화권에 속하였고, 서방은 로마의 언어인 라틴어 문화권에 속하였다. 이러한 언어상의 상이점은 학문적 신앙적 발전에 있어서 상당한 차이를 보이면서 1054년에 여러 이유로 교회가 동방과 서방으로 분리되기까지 독자적 발전을 이루게 했다. 정교회는 지중해 동쪽 지역에 세워진 초대 그리스도인 공동체의 기원을 두고 있다. 이들 지역에서 기독교는 콘스탄티누스 1세에 의해 로마에서 콘스탄티노플로 왕국의 수도가 이전(330년) 됨으로써 형성되었다. 이

으켰던 것은 그들이 유대인들을 무참히 죽이고, 무슬림들의 배를 가르기도 하며, 인육을 먹고, 같은 종교 간의 싸움뿐만 아니라 동료들까지 해쳤다.[23]

과테말라 선교사며, 미국 윌리엄캐리국제대학교(William Carey International University) 총장을 지낸 랄프 윈터(Ralph D. Winter, 1924~2009)는 십자군 전쟁에 대하여 말하기를, "기독교 선교 역사상 가장 거대하고 잘못된 전쟁이다"라고 하였다.[24] 십자군 원정대가 갖고 있던 신앙은 너무나 무모하고 단순하였다. 그들은 전능하신 하나님을 위한 대의명분을 가지고 시작한 전쟁이기에 당연히 하나님이 그들의 손을 들어주실 거라 기대하였다. 그뿐만 아니라 십자군 원정에 참여해 수많은 국가와 민족이 성지탈환 외에 자국의 이기적인 요소와 천박한 욕구를 가졌다. 확실한 십자군 전쟁은 교회의 부끄러운 역사였다. 많은 부정적인 결과를 낳았지만, 긍정적인 결과가 전혀 없었던 것은 아니다.[25]

그러면 십자군 전쟁이 기독교에 남긴 유일한 점은 무엇인가? 첫째, 동방 세계의 발달 된 문물이 서방세계로 유입되었다. 둘째, 헬라에 사라센의 예술과 과학, 그리고 발명 등이 서방세계로 유입되었다. 셋째, 육상과 해상로를 넓힘으로 지중해 연안 도시들의 무역업이 발전되었다. 마지막

지역에서 기독교 역사의 초기 8세기 동안 기독교 교회 안에서 지적이고 문화적이고 사회적인 발전을 이뤄졌다. 예를 들면, 그 시대의 모든 에큐메니컬 공의회들은 콘스탄티노플 혹은 그 인근에서 개최되었다. 이후 콘스탄티노플부터 오는 선교사들은 슬라브 민족과 동유럽의 다른 민족들을 기독교로 개종시켰고(불가리아 864년, 러시아 988년), 성경과 예배문서들은 각기 다른 지역의 언어들로 번역되었다. 콘스탄티노플의 예전, 전승, 그리고 관습이 모든 지역에서 수용되었고 현대 정교회의 기본적 경향들과 정신들이 형성되었다. 박찬희, 『박찬희 교수가 쉽게 쓴 동방정교회 이야기』, 37.

23) 박은봉, 『세계사 100장면』, 109.
24) Ralph D. Winter & Steven C. Hawthorne, *Perspectives on the World Christian Movement*, 150.
25) 안승오 『세계 선교 역사 100장면』, 101.

으로 넷째, 자본주의의 발흥으로 봉건주의가 몰락하고 중앙 집권의 군주 지배 아래 민족 국가가 형성되었다.[26] 그러나 십자군 전쟁으로 인해 이슬람교 세계에 남긴 영향도 매우 컸다. 십자군의 원정 결과는 이슬람교 세계와의 격리였다. 십자군 원정대의 인명 살상의 극악성은 그리스도의 이름을 빙자한 것으로서 이슬람교에 지울 수 없는 상처로 남았다. 기독교 세계에서는 십자군 사건이 잊혀진 것으로 생각하지만 중동의 이슬람교는 처참한 과거가 쉽게 잊어버리지 않게 되었다. 이것은 오늘날에도 서방세계의 기독교 세력과 중동 아프리카의 이슬람교 간의 극한 대결에서 볼 수 있겠다.[27] 한편 십자군 전쟁의 책임 문제는 성지가 본래 유대교와 기독교의 지역이지만 이슬람이 무력으로 빼앗았다. 당시는 국제법이 없었기에 빼앗긴 성지를 탈환하는 방법은 전쟁밖에 없었다. 십자군 전쟁의 책임을 기독교에만 지우는 것은 공정하지 못하다.[28]

3. 최초의 이슬람 선교사 프란시스코

앗시시 프란시스코는 이탈리아 앗시시에서 출생하여 "작은 겸비한 형제단"(Minor or Humble Brethren)을 창설하였다.[29] 그는 기독교의 단순성과 기쁨의 회복을 위해 힘쓰면서, 극빈자 구제, 수도원 운동을 펼치면서 중세시대에 "선으로 악을 이기라"는 성경 말씀을 실천하며 선교전략으로

---

26) Stephen C. Neill, *A History of Christian Missions*, 53-54.
27) 조귀삼, 『복음주의 선교신학』, 120.
28) 안승오, 『한 권으로 읽는 세계 선교 역사 100장면』, 102.
29) Thomas Celano, 『아씨시 성프란치스꼬의 생애』, 프란치스꼬의 한국관구 역 (서울: 분도출판사, 1986), 92.

프란시스코

이슬람 선교에 헌신하였다. [30]

　제5차 십자군 전쟁 중 이집트 원정대와 함께 앗시시 프란시스코 (Francesco of Assisi, 1182~1226)는 동행하였다. 하지만 그는 군사적인 일들과는 거리를 두고 복음을 전하기 위해 노력하였다. 처음과 두 번의 선교사역은 실패로 끝났으나 그는 병으로 인해 스페인 무슬림들에게 선교하지 못했지만, 1219년 그는 이집트의 술탄[31] 앞에 서게 되었을 때 언어의 장벽이 가로막고 있었지만 어렵게 복음을 증거 할 수 있었다. 비록 이를 통해 직접적인 회심의 역사는 일어나지 않았으나 그는 무슬림들에게 평화적

---

30) Williston Walker, 『기독교회사』, 이형기 역 (서울: 한국기독교문화원, 1978), 267.

31) 술탄은 아랍어로 지배자를 의미한다. 원래 칼리프가 임명하는 정치적 지배자로 세속 군주를 뜻한다. 11세기 이후 셀주크 투르크의 술탄이 이슬람 전역을 지배하게 되자 칼리프는 종교적 지위만을 갖게 되었다. 점차 술탄은 유명무실한 존재가 되었다.

으로 복음을 전할 수 있도록 가능성을 열어주었다. 몸소 실천한 사랑의 원리로 그는 후대 이슬람교 문화권에서의 선교사들에게 중요한 선교전략의 기준을 제시하였다.[32] 프란시스코처럼 순교를 각오한 프란시스코회[33] 선교사들의 선교는 오늘날의 이슬람권 선교를 위한 중요한 통찰력과 방향을 제시한다. 이러한 선교전략의 접근 시도는 특히 분쟁 지역에서 논리적으로 지적인 도미니크회[34]의 접근 방법보다 가장 효과적인 방법임이 입증되었다.[35]

　프란시스코의 선교 운동은 다음과 같다.[36] 첫째, 가난한 삶을 모토로 하는 역동성의 선교였다. 그는 수도회 영성운동의 특징인 수도원을 짓고 거기에서 안주하는 영성 수련에만 매달리는 것이 아닌 전통을 깨고, 민중들 속에서 들어가 직접 그들의 도움을 통해 삶을 영위하는 탁발수도회 운동을 일으켰다. 둘째, 프란시스코는 기존의 교회조직과의 협력을 통한 선교를 하였다. 그는 수도회칙을 정하고 그 회칙을 교황청에 의뢰하여 승인을 얻었다. 셋째, 프란시스코는 공동체를 통한 선교를 수행하였다. 그리고 그는 사막의 수도사들처럼 혼자서 은둔하며 수도 생활을 하거나 혼자서 전도하는 데 머무르지 않았다. 그에게 모여드는 많은 수도사를 위해 수도회칙을 정하고 그들과 함께 공동체의 선교를 수행하였다. 마지

---

32) 안승오, 『한 권으로 읽는 세계 선교 역사 100장면』, 107. 1221년 제정된 프란시스코 회의 첫 번째 규율은 이슬람교 지역에 살 때 어떻게 행동해야 할지에 대해 지침을 제공하였다. 첫째, 프란시스코 회원들은 평화롭게 살아야 하며, 심한 토론이나 논쟁을 피할 것을 강조한다. 둘째, 복음을 전하는 것이 하나님의 뜻인지 분별한 다음 그런 판단이 설 경우 준비를 잘해서 전도할 것을 강조한다. 셋째, 기꺼이 예수 그리스도를 위해 자신의 신체를 포기하면서 적에게 스스로를 노출할 것을 주문한다.
33) 프란시스코회는 감성적 주지주의, 비조직, 비규율, 실천적 삶, 아리스토텔레스적 사고의 관점을 가지고 있다.
34) 도미니크회는 학문적 주지주의, 지성, 조직력, 규율, 도시, 학문적인 삶, 어거스틴적 사고의 관점을 가지고 있다.
35) 안승오, 『한 권으로 읽는 세계 선교 역사 100장면』, 108.
36) 안승오, 『한 권으로 읽는 세계 선교 역사 100장면』, 108.

막으로 넷째, 프란시스코는 실천적인 삶을 통한 선교를 수행하였다. 그의 네 가지 삶의 원리는 겸손, 단순함, 청빈, 기도라고 볼 수 있다. 한 마디로, 그는 주님의 말씀에 그대로 순종하며 따랐다.[37]

그는 말씀을 전할 때도 "행함으로 설교하라"(preach by your deeds)라는 두 가지 방법을 통해서 온전한 말씀을 전달하려고 하였다. 이러한 프란시스코의 선교 운동은 세계선교사의 새로운 지평을 연 것으로 선교를 할 때 적대적인 환경에서도 십자군 전쟁처럼 무력이 아닌 말과 행함으로 기독교 신앙을 전해야 한다는 중요한 선교 방법을 보여주었다.[38] 이후 프란시스코의 동료들은 이슬람권인 아프리카 튀니지를 포함하여, 모로코, 프랑스, 그리스로 선교사들을 파견하였다.

4. 동방교회와 중국인 수도사 사우마와 마르코스의 선교

바울이 선교의 진로를 서쪽으로 확정한 이후, 기독교는 주로 서방, 즉 로마제국 경계 안에서 성장한 후 국교가 되었다. 기독교는 일반적으로 서방교회로 인식되었다.[39] 그러나 동방교회는 오순절 강림 당시 동방으로 간 개종자들과 다른 사도들과는 달리 동방을 선교지로 삼은 사도 도

---

37) Richard Humpidge J. Moorman, *A History of the Franciscan Order Form Its Origins to the Year 1517* (Oxford: The Clarendon Press, 1969), 3.

38) 이용원, "성 프란체스코와 선교", 「선교와 신학」 2 (1998), 77-85.

39) 고대 아시아 교회사를 연구하는 장로회신학대학교 교회사 교수 서원모는 동방 시리아 기독교 전통을 바라보는 한국 기독교의 인식에 대하여 말하기를, "우리나라에서는 시리아 교회의 역사가 통합적으로 서술되지 못하고, 아시아 교회로서 시리아 교회가 남긴 유산에 대해서 폭넓은 논의가 이루어지지 못하고 있다. 이는 바울을 중심으로 한 그리스도교의 서전(西傳)에 대해서는 잘 알고 있지만, 동전(東傳)에 대해서는 무지하기 때문이요, 시리아 교회를 네스토리우스파(네스토리오스파) 교회라는 이름으로만 알고 있어 교회사의 주류에서 벗어난다고 생각하기 때문이다"라고 하였다. 서원모, "아시아교회사의 첫 장으로서 시리아 교회", 「장신논단」 46 (2014): 91.

마와 다대오, 그리고 고대 기독론 논쟁 시기 이후 서로마와 동로마 국경 너머 시리아, 아르메니아, 메소포타미아, 페르시아, 중앙아시아의 대초원과 몽골, 급기야 중국까지 진출한 수도사들과 사제들, 상인들의 숨겨진 선교적인 흔적들이 오래도록 담겨 있다.[40]

13세기, 실존 인물로 중국인 기독교 수도사 두 명은 스승 사우마와 제자 마르코스는 원나라 수도 대도(베이징)에서 예루살렘으로 순례를 떠났다가 뜻밖에도 제자는 동방 시리아 교회의 수장 총대주교가 되고 스승은 예루살렘 너머 콘스탄티노플(이스탄불), 로마, 파리까지 서방세계마저 순례하게 된다. 1228년, 사우마는 동방교회에서 가장 큰 주일날이라고 부르는 부활절을 교황과 함께 로마에서 맞이하며 미지의 서방 라틴 기독교 전통을 온몸으로 체험한다. 서방 라틴 교회는 외계 문명권 중국에서 온 순례자를 통해 단절되고 잊혀진 동방 시리아 교회 전통과 조우하게 된다.[41]

마르코스 수도사는 1280년 그의 나이 35세에 존귀한 덴하 총대주교로부터 카타이(북중국)와 온구트 지역을 다스리는 대주교로 임명받았다. 스승 사우마 수도사는 축복 속에 대주교를 수석 보좌하는 총대사로 임명받았다.[42] 서방 라틴 교회의 교황에 비견될 동방 시리아 교회의 수장, 야발라하 3세 총대주교 역시 사우마와 같은 튀르크계 몽골인(중국)이었다. 사도 도마가 튀르크인과 몽골인, 그리고 중국인의 사도라는 신념은 이 지역 출신인 사우마의 개인적 신념만이 아닌 동상 시리아 교회 전체의 보편적이고 전통적인 인식이었다. 14세기 다마스쿠스(시리아) 주교 엘리아스는 사도 도마가 다른 사도들과 제자들과 함께 인도를 지나 동방의 녹

---

40) 곽계일, 『동방수도사 사유기 + 그리스도교 동유기』, 10.
41) 곽계일, 『동방수도사 사유기 + 그리스도교 동유기』, 18-19.
42) 곽계일, 『동방수도사 사유기 + 그리스도교 동유기』, 55.

해 지역까지 복음을 전했다는 기록을 남긴다. 그것은 바로 사도 바돌로매와 도마는 칠십인 제자에 속한 다대오(앗다이), 그리고 마리와 함께 니시빈, 메소포타미아, 모술, 바빌로니아, 갈대아, 아라비아, 그리고 페르시아에 복음을 전하고 가르쳤다. 그리고 인도와 중국 너머까지 이르렀다는 것이다.[43]

5. 탁월한 이슬람 선교사 레이먼드 룰

200년 동안 계속되었던 십자군 전쟁(1095~1291)은 수만 명의 생명을 앗아갔다. 십자군들의 만행은 기독교에 대한 이슬람의 뿌리 깊은 증오심과 선교에 커다란 장애가 되었다. 그리고 이슬람과 기독교인과의 대화 통로가 완전히 상실되었다. 그래서 기독교는 이슬람에 대한 선교가 대단히 어렵게 되었다.[44] 이러한 상황에서 이슬람에 대한 선교는 기독교 역사상 13세기 스페인 왕의 신하였던 레이먼드 룰(Raymond Lull, 1232~1315)에 의해 시작되었다. 그는 스페인 서해안에 있는 마요르카섬, 팔마에서 귀족 집안에서 태어나 궁정에서 집사로 일하며 젊은 시절 허랑방탕한 삶을 살다가 30세에 그리스도의 십자가 환상을 본 사건으로 자신의 죄를 고백하고 재산과 특권을 포기하고 헌신의 삶을 살기로 결단하였다. 이후 그는 이슬람과의 전쟁 대신 그들의 복음화를 위해 관심을 기울였던 유일한 사람이 되었다.[45]

그는 온 유럽을 위한 선교사 훈련기지를 세우고자 하는 꿈을 가지고

---

43) 곽계일, 『동방수도사 사유기 + 그리스도교 동유기』, 149-150.
44) 차종순, 『교회사』 (서울: 대한예수교장로회총회출판국, 1992), 205.
45) Stephen C. Neill, 『기독교 선교사』, 홍치모 · 오만규 역 (서울: 성광문화사, 1993), 163.

1276년 마요르카섬에 아랍어와 시리아어로 선교사들을 양성할 프란시스코회 부설로 대학을 설립하였다. 그리고 그 후 파리로 가서 공부하며 자신의 학문을 발전시켰으며, 파리대학과 몽펠리에대학에서 이슬람과 동방 언어와 선교 방법을 강의하였다. 또한 그는 이슬람을 위한 복음 전도를 구체적으로 실천하면서 수없는 핍박을 당하고 돌에 맞기도 하였다.[46]

시인이자 전문적인 스콜라 사상가로서 당대 모든 철학과 신학적인 체계에 정통했던 룰은 기독교의 참된 진리를 논리적으로 불신자들에게 증거할 수 있는 선교 방법을 개발하였다. 그는 이슬람 선교를 위해 선교학교를 세워 자기 자신도 이슬람교에 강의하였다.[47] 이슬람에 대한 그의 기독교적 변증은 이슬람 선교사역의 효과적인 한 방안으로 평가된다. 룰은 이슬람교의 지식인층과 토론을 벌여 논리적으로 설득하려고 하였다. 그런 그가 즐겨 택한 주제는 신성에 대한 것이었다. 즉 하나님 아들의 성육신과 삼위일체의 세 위격, 그리고 은혜 가운데의 연합 등에 대한 그들과 토론하였다. 또한 기독교의 진리를 변증하기 위해 그는 문서선교의 중요성도 강조하였다.[48] 무엇보다 룰은 선교 교육을 위한 언어의 중요성을 강조하였고, 사라센 언어에 대한 폭넓은 정확한 지식을 요구하였다. 그리고 그는 필수적인 언어로 히브리어와 그리스어, 그리고 아랍어, 시리아어 등을 꼽았다. 실제로 그는 비엔나 회의에서 아비뇽, 옥스퍼드, 살라망카, 볼로냐 등 유럽의 대학들에 그리스어와 히브리어, 그리고 갈대아어, 아랍어 과목을 설치하도록 요청함으로 기독교와 이슬람교 간에 의사소

---

46) Ruth A. Tucker, 『선교사 열전』, 60-61.

47) Samuel M. Zwemer, *Raymond Lull: First Missionary to the Moslems* (New York: Funk & Wagnalls, 1902), 63-64.

48) 안승오, 『한 권으로 읽는 세계 선교 역사 100장면』, 114.

레이먼드 룰

통을 가능하게 만드는 계기를 마련했다. [49] 룰의 인생과 선교사역은 세계 선교사의 가장 암울한 시대에도 복음주의적으로 진리를 언제나 살아 있음을 보여주었다. 로마 가톨릭은 대부분 그와 그의 불타는 선교 사명에 관심을 기울이지 않았고, 오히려 이단으로 정죄하였다. 그럼에도 불구하고 룰은 그리스도의 복음을 전파하는 일에 자신의 사명을 한사코 잊은 적이 없었다. [50] 무엇보다 룰은 개종자들과 공동체 삶을 살았다. 실제로 그는 생애 마지막인 82세의 노령에도 불구하고 이슬람권인 북아프리카 뒤니지에서 담대하게 복음을 전파하다가 성난 군중들의 돌에 맞아 순교하였다.

무슬림들을 위해 일한 선교사 룰은 "사랑하지 않는 자는 살아 있지 않

49) Philip Schaff, 『교회사전집 제5권』, 이길상 역 (서울: 크리스찬다이제스트, 2004), 390.
50) Ruth A. Tucker, 『선교사 열전』, 66-67.

은 것이다"라고 하였다. 그들을 위해 사는 것이 사랑하는 것이며, 사랑이 없다면 인격은 붕괴 될 것이다. 모든 사람이 진정한 사랑의 관계를 찾는 이유는 바로 이것 때문이다.[51]

6. 존의 중국 선교활동

중국에서 성공적인 선교사역을 수행한 사람은 몬테코르비노의 존(John of Monte Corvino, 1247~1328)이었다. 프란시스코 수도회는 1290년경에 동양 선교를 위해 두 개의 교구를 북타타르와 동타타르에 조직하였다. 동타타르에 파송 받은 존은 인도를 경유 약 1년 동안 머무르는 동안 백 명을 개종시켰다. 그 후, 1292년 바다를 건너 중국에 도착했고, 1294년 북경에 도착하였다. 그 해는 칭기즈칸의 손자 쿠빌라이 칸(Kublai Khan, 1215~1294)의 사망 직후여서 그의 손자로 새로운 황제가 된 티무르(Timur, 1336~1405)는 정중하게 그를 맞이하였다.[52] 당시 북경에 인접한 산시성(山西省)에는 네스토리우스파인 경교도(景敎徒)들이 살고 있었다. 그런데 존을 향한 그들의 태도는 매우 배타적이었다. 그것은 로마 가톨릭이 네스토리우스파 교회를 이단으로 생각했기 때문이다. 그리고 로마 가톨릭으로 돌아와야 한다고 강조했기에 양자는 늘 갈등이 존재하였다. 그러나 존은 열심히 선교했고, 그 결과 몽고제국 내에서 가장 높은 지위의 경교 신자였던 왕이 조지라는 세례명을 가지고 가톨릭으로 개종하기에 이르렀다. 그러나 경교 신자들은 존이 교회의 사절이 아니라 첩자로 마술사와 백성

---

51) John R. W. Stott, 『제자도』, 김명희 역 (서울: IVP, 2013), 30.
52) Stephen C. Neill, 『기독교 선교사』, 168.

들을 미혹케 하는 자라고 말했다. 존의 선교 초기 5년은 매우 힘들고 어려웠다. [53)]

그런 존의 사역은 점차 많은 열매를 맺어 1299년 북경에 교회를 설립할 수 있도록 허락을 받았다. 조지 왕은 그를 위해 왕실과 같은 수준으로 성대한 교회를 짓도록 하였다. 그다음 해에 존은 두 번째 교회를 설립했으며, 붉은 십자가가 높이 세워졌다. 그리고 그는 작은 학교를 세웠고, 그 학교를 통해 7세에서 11세 사이의 아이들 150여 명을 모아 그들에게 영세를 주고 라틴어와 미사와 찬송가를 가르치기 시작하였다. 1328년 그의 나이 83세에 사망하자 장례식에는 수많은 신도와 비신도가 참여하였다. [54)]

***

결론적으로, 이슬람교의 출현과 기독교의 세계선교사에 대하여 살펴보았다. 이슬람교 통치하의 기독교인들은 개종을 강요받았다. 이런 상황에서 개종했고, 일부는 배교를 피해 그리스와 이탈리아, 그리고 스페인 등 대륙의 내부지역으로 떠났다. 이밖에 피신하지 않고 개종도 하지 않은 사람들은 여러 가지 불합리한 규제를 참을 수밖에 없었다. 이슬람교 체제 아래에서는 태어나면서부터 교인인 경우 외에는 교회에 접근하는 것이 법적으로 제한되었다. 또한 기독교인의 개종은 허용되었지만 무슬림이 개종하는 것은 사형에 해당하였다. 그리고 교회를 건축하는 것도 금지했

---

53) 안승오, 『한 권으로 읽는 세계 선교 역사 100장면』, 116-117.
54) Stephen C. Neill, 『기독교 선교사』, 159-160.

고, 남자 기독교인들에게는 인두세, 즉 납세 능력의 차이를 고려하지 않고 각 개인에게 일율적으로 매기는 세금을 부과하였다. 선교의 행위는 당연히 금지되었을 뿐 아니라 심지어 교회에서 종소리조차 크게 낼 수 없었다. 기독교인들의 행동을 감시하기 위해 특수한 의복과 표지를 달고 다닐 것을 강요하였다. 이러한 규칙과 행정제도는 결국 교회들을 정적이고 폐쇄적인 소수로 전략화시키는 결과를 초래하였다. 55)

이러한 원인으로 인해 아랍에서는 10세기 이전에 기독교 세계가 많이 소멸한 것으로 추측한다. 그리고 11세기 말에는 북아프리카의 대주교를 임명할 감독 세 사람을 찾을 수 없어 로마제국에 의탁할 정도였다. 과거 터툴리안과 키프리안, 그리고 아우구스티누스 등 위대한 교부들을 배출한 북아프리카의 교회가 이슬람교의 침입 앞에 힘없이 무너졌다. 56) 그러나 이슬람교 발흥 시기에 세계선교사는 토착 언어, 즉 현지 언어를 활용해 선교해야 한다는 점이 선교적 교훈으로 남아 있다. 당시 선교사들의 신념과 모든 민족의 언어는 하나님 앞에서 동등하다는 확신, 그리고 최선을 다해 복음을 전해야 한다는 선교사의 열정은 2000년 세계선교사에 길이 빛날 선교적 유산일 것이다. 57)

---

55) Kenneth S. Latourette, 『기독교사 (상)』, 440-441.

56) 안승오, 『한 권으로 읽는 세계 선교 역사 100장면』, 65-66.

57) Anthony-Emil N. Tachiaos, *Cyril and Methodius of Thessalonica: The Acculturation of the Slavs* (New York: St. Vladmir's Seminary, 2001).

6장
로마 가톨릭에서의 세계선교사

　당시 전 세계에서 가장 오래된, 그리고 크고 영향력 있는 조직체가 로마 가톨릭이다. 신성 로마제국하에 최전성기를 자랑했을 당시 로마 가톨릭은 유럽의 정치, 경제, 문화, 종교 등 전반에 걸쳐 완전히 장악하고 있었다. 그러므로 로마 가톨릭의 크나큰 손실은 신교의 종교개혁으로 유럽의 많은 지역이 로마 가톨릭으로부터 떨어져 나갔다. 그러나 로마 가톨릭은 유럽에서 그 후 몇 세기 동안 선교활동을 통해 아시아와 아프리카, 그리고 신대륙 등지에서 세력을 확보하였다. 유럽의 신교교회들이 그들의 세력을 확장해 나가고 있는 동안 로마 가톨릭은 비기독교 세계의 선교에 전념하였다.[1]

　로마 가톨릭의 선교활동은 포르투갈과 스페인의 해외 정복 활동 시기와 그때를 같이한다. 프란시스코 선교사들은 포르투갈 탐험대원들을 따라 1420년에 마디라(Madeira), 1431년에 아조레족(Azores), 1450년에 케이프 버드 제도(Cape Verde Islands)에 이르기까지 진출하였다. 1498년에 삼위일체설을 주장하는 선교사들은 바스코 다 가마(Vasco da Gama)와 함께 인

---

1) J. Herbert Kane, 『세계 선교역사』, 77.

이그나티우스 로욜라

도로 항해해 갔다. 1500년에 프란시스코 선교사들은 카브랄(Cabral)과 함께 브라질에 도착하였다. 1537년에 교황 바울 3세는 신대륙의 인디언들에게 하나님의 말씀을 전파하고 선한 삶의 본을 보여줌으로 그리스도에게 인도하라고 명령하였다.[2] 따라서 1300년부터 1700년 기간 동안 로마 가톨릭에서의 세계선교사에 대해서 살펴보고자 한다.

1. 선교대학 설립

시간이 지남에 따라 가톨릭 선교는 전 세계적으로 퍼져나갔다. 1628년

---

2) J. Herbert Kane, 『세계 선교역사』, 77-78.

에는 로마를 중심으로 한 신학교였던 선교대학(College of Propaganda)을 설립함으로써 전 세계 선교지에서 온 현지인 성직자들을 훈련하였다. 이에 로마 가톨릭은 수많은 종교 자체의 명령체계 안에서 어떤 종류의 봉사도 해낼 수 있도록 준비된 헌신적인 구성원들이 많았다. 순종과 금욕생활을 위한 그들의 서약은 봉사와 유동성을 요구하는 선구적인 선교사업에 가장 적절한 자격이 되었다. 그래서 교회가 복음을 이방 세계에 전할 결정을 하게 되었을 때 지원자를 모집할 필요가 없었다.[3] 로마 가톨릭에서 선교사란 황제의 칙령이나 교황의 명령으로 쉽사리 일꾼들을 모집하여 전 세계의 지역으로 파견할 수 있었던 것이다.[4]

2. 선교와 선교단체

특별히 헌신 된 가운데 선교사역의 짐과 영광을 짊어진 4개의 선교단체가 선교사업의 책임을 나누어 가지도록 부름을 받았다. 첫째, 앗시시의 프란시스코가 설립한 프란시스코 수도회, 스페인 출신 수도승 도미니크(Sanctus Dominicus, 1170~1221)가 세운 도미니크 수도회, 1256년 교황 알렉산더 4세가 창립한 아우구스티누스 수도회, 1540년 스페인의 귀족 이그나티우스 로욜라(Ignatius Loyola, 1491~1556)가 세운 예수회였다.[5] 당시 유럽의 가톨릭은 가장 많은 숫자의 선교사들을 배출하였다. 특히 로마 가톨릭의 일부 지역에서는 아우구스티누스 수도회 출신이었던 루터와 같은 측면을 강조했던 반종교개혁(Counter Reformation) 운동이 일어났다. 이그나티

---

3) J. Herbert Kane, 『세계 선교역사』, 78-79.
4) 조귀삼, 『복음주의 선교신학』, 121.
5) J. Herbert Kane, 『세계 선교역사』, 79.

우스는 예수회가 성육신 영성에 나타난 예수님의 모범을 따라 복음적 가치관에 맞는 구체적 행동을 해야 한다고 단언하였다.[6]

3. 중국 선교사 마테오 리치

1294년 유럽을 제외한 지역에서 로마 가톨릭의 선교는 프란시스코 수도사 몬테 코르비노의 요한이 중국에 도착하면서 시작되었다. 수도사 요한은 교황을 통해 동양에서 가장 역사가 깊고 큰 나라에 파견되기 이전에 페르시아에서 큰 성공을 거두었다. 중국의 선교를 반대했던 사람은 중국인들이 아니라 오히려 당나라 시대 때 200년 동안 중국을 번창하게 했던 네스토리우스파 교회의 성도들이었다. 그런데 요한은 중국 황제의 신임을 얻어 북경에서 교회를 개척하여 수천 명의 사람에게 세례를 주었다. 그리고 그는 11년 동안 단독으로 150명의 중국인 신학생들을 훈련시켰다. 이후에 그는 교황 클레멘트 5세를 통해 최초로 북경의 대주교로 임명되었다.[7] 1330년 수도사 요한이 죽었을 때, 중국은 약 10만 명의 신도들이 있었다. 이러한 중국 선교는 몽고족 중국 왕들의 보호와 후원으로 일어났다. 1368년 한족이 다시 왕위에 오르자 명나라 지배층은 선교사들을 몰아내었고, 기독교는 사라지게 되었다.[8]

200년 후, 중국에 로마 가톨릭을 보급 시키는 두 번째 시도가 있었다. 이때 지도자가 예수회 소속 마테오 리치(Matteo Ricci, 1552~1610)였다. 당시 포르투갈의 식민지 마카오를 거점으로 하여 리치는 길고도 힘든 육로를

---

6) John Amalraj 외 2인, 『영성훈련』, 임윤택 역 (서울: CLC, 2021), 21.

7) J. Herbert Kane, 『세계 선교역사』, 81.

8) J. Herbert Kane, 『세계 선교역사』, 81.

마테오 리치

통한 여행을 20년 이상 계속한 후 북경에 도착하였다. 그는 중국인들의 호감을 얻기 위해 그들의 문화를 받았을 뿐만 아니라 유학자로 활동하였다. 유럽산 시계를 지방 관리들에게 선물함으로써 그는 북부로 여행을 할 수 있는 허락을 얻어 관뚱, 난창, 난찡 등지에 선교본부를 설립하였다.[9]

1601년 북경 수고에 입성하여 리치와 그의 동료들은 황제의 공식 시계 조립 전문가로 활동함으로써 지식인들이 그를 위대한 학자로 인정하여 많은 이들이 개종하였다.[10]

많은 중국인으로부터 존경을 받은 리치는 하나님의 진정한 사역자라는 평가를 받았다. 특히 리치는 선교로 많은 지식인을 회심시켰다. 그중 한 사람이 서광계(徐光啓, 1562~1633)라는 사람으로, 그는 중국의 가장 저명

---

9) J. Herbert Kane, 『세계 선교역사』, 81-82.
10) J. Herbert Kane, 『세계 선교역사』, 82.

한 학자 중 한 사람으로 한림원(翰林院)의 학사였다. 이런 리치로 인한 중국의 개종자 숫자는 전체 중 인구에 비하면 많은 수는 아니나 사회적으로 높은 신분의 사람들이 많았기에 중국 선교에 적지 않은 영향을 끼쳤다.[11)

이러한 리치의 영향력으로 다른 예수회 소속 선교사들이 광대한 중국에서 여러 지방을 여행할 수 있도록 허락을 받았고, 1650년에 25만 명이 개종하였다. 프란시스코와 도미니크 출신의 후대의 선교사들은 예수회 선교사들이 유교를 승인하여 이방 관습과 타협했다고 고발함으로써 예수회 선교사들과 논쟁하였다. 예수회는 공자가 부른 천(天)이라는 호칭을 선호하였다. 이 문제는 로마 교황청에 의뢰되어 교황은 하늘에 계신 주님이라고 부르는 천주로 결정하였다. 중국 황제는 화를 내었으며, 1700년 이후 모든 선교사는 리치와 예수회가 그어 놓은 선을 따르든지 아니면 중국을 떠날 것을 명령하였다. 네 명의 주교와 많은 선교사는 이에 응했으며, 그 외 모든 선교사는 축출되었다. 1724년과 1736년에는 교회를 박해하는 명령이 발표되었고, 다시 한번 교회는 중국에서 큰 패배를 맛보게 되었다.[12)

4. 영국 종교개혁의 선구자 존 위클리프

영국 옥스퍼드대학교의 신학자였던 종교개혁자 존 위클리프(John Wycliffe, 1320~1384)는 영국 사람들이 그들의 모국어로 성경을 읽을 권리를 갖고 있

---

11) 황순환, 『선교와 문화』 (서울: 담론사, 1998), 227-229.
12) J. Herbert Kane, 『세계 선교역사』, 82.

존 위클리프

으며, 이들에게 성직자들이 들려주고 싶은 이야기만 들을 것을 강조해서는 안 된다고 보았다.[13]

그는 사제의 중요한 임무는 성례 시행이 아닌 설교와 가르치는 것이라고 주장하였다.[14] 성경은 교회의 소유이며, 오직 교회만이 성경을 정확하게 해석할 수 있다고 주장하였다. 또한 성경을 소유한 교회는 모든 택함을 받은 자들로 이루어진 몸이며, 성경은 바로 이들이 이해할 수 있는 언어의 체계로 해석되어 그들의 손에 들어가야 한다고 확신하였다. 이 신념을 통해 그와 추종자들은 5세기 초에 라틴어로 된 〈불가타 성경〉(Vulgata)을 최초로 영어로 번역하였다.[15] 그리고 14세기에 성경 전체가 영어로 출

---

13) Alister E. McGrath, 『기독교의 역사』, 260.
14) 권현익, 『16세기 종교개혁 이전 참 교회의 역사』 (서울: 세움북스, 2019), 130.
15) 이형기, 『세계교회사 I 』, 698.

판된 것이다.

위클리프는 순회설교자들을 파송했는데, 그들은 가난한 사제들과 무식한 사제들, 그리고 방랑하는 설교자들이라 일컬어졌다. 그들은 스스로 예수님의 제자들처럼 신발이나 돈지갑을 갖지 않은 채 지팡이를 들고 복음을 전했다. 이렇게 그들은 주의 기도와 십계명 및 일곱 가지 대죄 등을 영국의 내지 언어로 가르쳤다.[16] 그들은 신앙지도를 위해 소책자와 설교 요약, 그리고 성경 풀이 등을 제공하였다. 그만큼 그들은 성경을 원래 일반 대중들에게 속한 것이기에 돌려주어야 한다고 확신했기 때문이다. 성직자들은 세속관직을 겸할 수 없으므로 성상의 사용이나 성직자들의 독신제도와 순례 등은 신성 모독적 행위라고 믿었다. 이러한 측면에서 위클리프는 기독교 종교개혁의 선구자였다고 볼 수 있는 것이다.[17]

5. 체코의 종교개혁자 얀 후스

얀 후스(Jan Hus, 1369~1415)는 1402년 체코 프라하에 있는 '베들레헴의 거룩한 자들 교회'의 총책임자로 설교자가 되었다.[18] 설교자로 임명될 때, 그는 오직 하나님의 말씀만을 설교해야 한다는 요청을 기꺼이 수용하였다. 후스는 사제의 가장 중요한 임무가 설교라고 생각하였다. 나중에 로마 교회로부터 설교 금지를 당했을 때도 그 금지 조치가 하나님의 명령에 어긋나는 것으로 판단하고 설교를 중단하지 않았다. 1402년부터 1412년 동안, 그는 3,000번 이상 설교했었는데 자국어 설교는 지식층을 포함

---

16) 이형기, 『세계교회사 I 』, 698.
17) Justo L. Gonz lez, 『중세교회사』, 서영일 역 (서울: 은성, 1995), 207.
18) 이형기, 『세계교회사 I 』, 700.

얀 후스

한 다양한 대중들을 포용할 수 있었고, 프라하 시민들의 삶에 큰 영향력을 발휘하였다. [19]

후스가 가장 좋아하는 표현은 암브로시우스의 말을 인용한 것으로 "기도와 눈물은 사제의 무기다"라고 하였다. 이는 당시 교회 지도자들을 향한 그의 간절한 호소이기도 하였다. 그리고 당시 평신도들은 예배에서 방청객처럼 늘 소외당했으나 그는 평신도들이 예배의 관람자가 아닌 참여자가 되도록 노력하였다. 그중에 하나는 대중 전체가 찬송하는 것으로 당시에 찬송조차도 사제들이나 특정한 사람들이 독점하고 있었기 때문이다. 그는 모든 사람이 성경을 읽을 수 있는 권리를 가질 수 있도록 1406년에 신구약 성경을 개정하여 대중들이 쉽게 읽을 수 있게 하였다. [20]

---

19) 권현익, 『16세기 종교개혁 이전 참 교회의 역사』, 131.
20) 권현익, 『16세기 종교개혁 이전 참 교회의 역사』, 131-132.

후일에 그는 프라하대학교(University of Prague) 총장을 역임하였다. 그는 라틴어와 체코어로 설교하면서 교회와 교구 사제들과 교황의 부정부패를 질책하였다. 그리고 교회의 초석은 베드로가 아니라 예수 그리스도라고 역설했으며, 많은 교황은 결코 오류가 없는 것이 아니라 이단들이라고 고발하였다. 그는 과격한 신학적이 혁명보다 교회적 혁명보다 도덕적 개혁을 추진하였다.[21] 교황 요한네스 23세는 나폴리 왕을 공격하기 위해 전쟁을 일으켰는데, 이 전쟁을 지원하기 위해 프라하에서 면죄부를 팔게 하였다. 그런데 그는 이 같은 교황의 행동에 "적그리스도"라고 칭하면서 면죄부 판매에 항거하였다. 콘스탄츠 공의회는 후스를 공식적으로 파문했으며, 프라하에서 모든 활동을 금지당하였다. 그와 위클리프의 작품을 공식적으로 정죄하고 화형을 선고하였다.[22] 결국 후스는 화형을 당하게 되었는데, 그의 머리에는 면류관이 씌워졌고, 그의 이마에는 "이 사람은 이단의 괴수다"라는 글자가 씌어 졌다. 후스는 무릎을 꿇고 앉아 "주님, 주님의 손에 내 영혼을 부탁하나이다"라는 말을 반복하였다. 후스의 거룩한 순교는 유럽 전체에 지대한 영향을 주었고, 독일의 종교개혁과 모라비안 운동, 그리고 교황과 중세의 혼합사상에 대항한 국민주의의 신장에 핵심적인 불쏘시개가 되었다.[23]

21) 이형기, 『세계교회사 I』, 700.
22) 이형기, 『세계교회사 I』, 702.
23) 안승오, 『한 권으로 읽는 세계 선교 역사 100장면』, 124.

6. 구텐베르크의 인쇄술과 선교

오늘날 데이터 처리와 전송 분야에서 일어난 여러 기술 발전은 현대 생활의 많은 측면에 혁명을 가져왔다. 15세기 말 유럽에서도 활자를 사용하는 인쇄술이 발명됨으로써 현대화와 비슷한 상황이 벌어졌다. 인쇄술은 기독교와 가톨릭교회의 양 진영의 사상을 더 넓게 활용할 수 있도록 크게 공헌하였다.[24]

요한네스 구텐베르크(Johannes Gutenberg, 1398~1468)의 인쇄술 발명의 동기는 지극히 현실적인 이유로 그의 돈독한 관계로 유지했던 니콜라우스 쿠사누스(Nicolaus Cusanus, 1401~1464) 추기경의 의뢰로 면죄부를 제작하는 데서 시작되었다. 당시 면죄부는 교황청의 재원을 마련하기 위해 고안되었기 때문에 대량생산이 가능하였다. 면죄부가 손으로 필사해서는 대량생산이 불가능했으며, 손으로 조잡하게 만들면 그 효과를 제대로 발휘할 수가 없었다. 따라서 인쇄술의 발달로 모든 조건이 충족되었기에 이렇게 해서 만들어진 면죄부가 종교개혁의 결정적인 도화선이 되었다.[25]

구텐베르크는 면죄부뿐만 아니라 〈42행 성서〉는 새로운 전기를 맞게 되었다. 당시 성서는 수도사들이 양피지에 필사하고 온갖 화려한 장식이 붙여 만든 상당한 고가품으로 일반인들이 구입하기란 어려운 사치품이었다. 그런 상황에서 위클리프와 후스가 "성서로 돌아가자"라는 외침은 먹혀들기가 어려웠다. 일반인들은 여전히 교회가 해석하는 하나님의 말씀에 의존할 수밖에 없었다. 그런데 인쇄술의 발명으로 불과 50년 만에 유럽 전역 수십 곳에 인쇄소가 세워졌고, 성서가 대량으로 값싸게 출판되

---

24) Alister E. McGrath, 『기독교의 역사』, 276.
25) John Man, 『구텐베르크 혁명』, 남경택 역 (서울: 예지출판사, 2003), 5-9.

구텐베르크의 초기 인쇄기

어 종교개혁의 중요한 배경이 되었다. [26] 구텐베르크의 인쇄술 발달은 다양한 언어로 성경이 대량으로 인쇄되기 시작하였다. 인쇄기는 사상을 국경 너머까지 전달할 수 있는 잠재력을 갖고 있다. [27] 이에 따라 마틴 루터 (Martin Luther, 1483~1546)가 1522년에 독일어 성경을 출판하였다. 그 뒤를 이어 여러 나라의 언어로 번역된 성경들이 번역되었다. 16세기 말에는 유럽의 주요한 언어로 번역본들과 개정 번역의 성경들이 등장하였다. [28]

이처럼 자국으로 번역된 성경은 대량생산으로 과거와는 달리 대중들에게 읽히기 시작함으로써 선교에 큰 공헌을 하게 되었다. 선교에서 성경의 보급은 그 어떤 선교사역보다 중요하다. 예를 들어, 한평생 인도의 선교

---

26) John Man, 『구텐베르크 혁명』, 9.

27) Alister E. McGrath, 『기독교의 역사』, 278.

28) William R. Estep, 『르네상스와 종교개혁』, 라은성 역 (서울: 그리심출판사, 2002), 235-236.

사였던 '현대 선교의 아버지'(Father of Modern Missions) 윌리엄 캐리(William Carey, 1761~1834)와 그의 동료 선교자이자 작가와 번역가인 윌리엄 워드(William Ward, 1769~1823)는 전문적인 인쇄기술자였고 북인도에서 최초의 선교출판소를 운영하였다. [29] 세계선교사를 살펴보면, 선교 현장에 도착한 선교사들은 제일 먼저 성경을 번역하는 일이었다. 구텐베르크의 인쇄술 발달은 지금까지, 그리고 앞으로 세계 선교에서 성경 번역과 기독교 문서 출판, 그리고 여러 나라 언어로 된 전도 책자를 출판하는 일일 것이다.

7. 인도 최초의 선교사 프란시스 사비에르

태양의 나라로 불리는 스페인 귀족 출신으로 1506년 4월 7일 나바레에서 태어나 16세기 유럽 지성인들의 산실 프랑스 파리대학[30]에서 이그나티우스 로욜라를 만나 생애의 전환점을 맞은 프란시스 사비에르(Francis Xavier, 1506~1552)는 복음을 전하는 수도자의 삶을 살기 시작하였다. [31] 역사상 최고의 선교사로 알려진 로마 가톨릭의 사비에르는 이그나티우스 로욜라의 친구로서 예수회를 설립한 일곱 명 중 하나로 1540년에 선교단체인 예수회의 선교사역을 시작하였다. 1542년에 그는 예수회의 첫 번째 선교사로 임명되어 당시 이교도의 땅 인도 서부 해안 포르투갈의 식민지

---

29) William R. Estep, 『르네상스와 종교개혁』, 236
30) 당시 파리대학의 재학생은 4,000여 명에 이르렀으며, 새벽 4시에 일어나 10시까지 오전 수업을 수강하고 아침 겸 점심을 한 다음 오후 1시까지 그리스 철학자들의 책을 중심으로 한 인문학 교육을 받았다. 오후 시간은 각자 선택에 따라 공부할 수 있었고, 저녁 식사가 제공되는 오후 6시까지 자율학습을 했다. 사비에르는 파리대학에서 11년간을 공부하였다.
31) 김상근, 『프란치스코 하비에르』(서울: 홍성사, 2010), 20-27.

였던 고아(Goa)[32]에 상륙하였다. [33]

인도에 도착한 후 첫 5개월 동안 그는 고아에서 병원과 감옥을 찾아다니며 어려운 처지에 놓인 사람들을 섬겼고, 원주민을 위해서는 새로운 선교방식으로 언어의 한계를 넘어설 수 있는 사역의 모델을 찾고자 노력하였다. [34] 그는 남부 인도의 언어인 타밀어로 교리 문답서를 만들어 사람들을 교육하며, 봉사와 헌신의 모범을 보이며 선교활동을 펼쳤다. 사비에르의 선교전략은 깨끗하고 순수한 어린이들에게 먼저 복음을 전하고 그들을 통하여 부모들에게 복음을 전하는 방법이었다. 그리고 그는 신분이 낮고 가난한 사람들에게 집중적으로 복음을 전했다. 상위계급이었던 브라만은 복음에 대해 적대적이었지만 낮은 계층의 사람들은 개종해도 더는 나빠질 것이 없어 비교적 쉽게 개종하였다. [35]

세례를 받는 사람들이 너무 많아 사비에르는 피곤하여 팔이 움직일 수 없을 정도였다. 그는 개척자의 정신으로 여러 지역을 다니며 복음을 증거해 12개가 넘는 기독교 마을을 만들었으며, 그가 떠난 자리에는 예수회 선교사들이 뒤이어 들어와 선교하였다.

인도에 도착한 1542년부터 중국 광동성 해안의 상천도에서 눈을 감은 1552년까지, 그는 인도의 고아, 코친, 인도 동남부 해안의 진주 해변, 실론(1972년부터 스리랑카로 나라 이름 바꿈), 말라카(말레이시아), 몰루카제도(인도네시아), 일본의 가고시마, 히라도, 야마구치, 후나이, 중국의 상천도 등지에서 12년 동안 예수 그리스도의 신앙을 아시아인들에게 전했다. [36] 그는 자

---

32) 고아는 사비에르의 유해가 안치된 곳이다.

33) J. Herbert Kane, 『세계 선교역사』, 82-83. 사비에르가 탄 산티아고 호는 인도의 새 총독으로 부임한 알폰소 디 소자까지 지휘하는 다섯 척의 선단에 포함되어 있었으며, 이 선단에는 약 700명의 선원과 무역상, 군인, 죄수들이 동승하였다. 김상근, 『프란치스코 하비에르』, 70.

34) 김상근, 『프란치스코 하비에르』, 79.

35) 안승오, 『한 권으로 읽는 세계 선교 역사 100장면』, 146.

36) 김상근, 『프란치스코 하비에르』, 8.

신이 복음의 개척자로 생각했으며, 어느 곳에서나 예수회 회원들이 선교할 수 있도록 징검다리 역할을 함으로써 최선을 다했다.[37]

8. 말레이시아 선교

말레이시아의 선교사는 흔히 경교(景敎)라고 불리는 동방 시리아 교회, 즉 네스토리우스파 기독교인들이 7세기에 접촉했을 가능성이 높은 것으로 보인다. 그러나 본격적인 기독교 선교는 1545년 예수회 선교사였던 사비에르가 말라카에서 선교를 시도하였다. 이후 말레이시아에는 포르투갈(1505~1552), 네덜란드(1641~1786), 영국(1786~1842) 등과 같은 소위 기독교 국가들의 식민지 지배와 더불어 기독교 선교는 지속되었다. 네덜란드 식민지 지배 당시였던 1662년 멜라유 언어로 신약성경이 번역되었다. 혹자는 14세기부터 전래 된 이슬람교가 말레이시아에서 국가종교로 융성하게 된 이유를 기독교 혹은 가톨릭 국가들의 식민지 지배와 무관하지 않다고 보고 있다.[38]

영국 성공회는 1847년 보르네오 교회선교회(Borneo Church Mission)를 조직하였고, 프랜시스 맥두걸(Francis Thomas McDougall, 1817~1886)을 사라왁(Sarawak) 지역을 위해 첫 번째 선교사로 파송하였다.[39] 1860년대에는 영국 성공회 해외복음전도협회(The Society for the Gospel in Foreign Parts)는 인도를 거점으로 활동하던 동인도회사의 사목들을 통해 단기선교 태로 주로 말레이시아에 거주하던 유럽인들을 상대로 선교활동을 펼쳐 나갔다.

---

37) 안승오, 『한 권으로 읽는 세계 선교 역사 100장면』, 147.
38) 김흥수 · 안교성, 『잊혀진 우리 이야기, 아시아 기독교 역사』, 76.
39) Charles J. Bunyan, *Memoirs of Francis Tomas McDougall* (London: Longmans, 1889).

1860년대에는 싱가포르 성공회와 장로교 교회들로 인해 말레이시아 선교가 진행되었다. [40] 1942년부터 1945년까지 말레이시아는 잠시 일본의 지배에 놓이게 되었는데, 일본의 패망으로 영국은 또다시 말레이시아를 차지하려고 시도했을 때, 공산주의자들은 반대를 표명하였고, 이로써 말레이시아는 1960년대까지 혼란기를 겪게 되었다. 이 시기에 말레이시아에서 다양한 해외 선교단체들은 미국 루터교, 미국 남침례교, 영국 성공회 교회선교회, 1964년 현재 OMF로 명칭을 바꾼 중국내지선교회 등이다. [41]

2010년 통계자료에 의하면, 말레이시아 총인구 28,334,135명 중에 이슬람교 17,375,794명(61.3%), 불교 5,620,483명(19.8%), 기독교 2,617,159명(9.2%), [42] 힌두교 1,777,694명(6.3%), 유교-도교-중국 전통 종교 356,718명(1.3%), 무응답 271,765명(1%), 기타종교 111,759명(0.4%), 무교 202,763명(0.8%)이라고 한다. [43]

9. 프란시스 사비에르와 일본 선교

선교의 열정에 사로잡힌 그는 한 지역에 머물지 않았다. 아시아 선교의 아버지라 불리게 된 사비에르는 1547년 인도 고아에서 야지로라는 일본인을 만났다. 그런데 야지로는 "왕과 귀족들, 그리고 모든 현명한 사람들은 이성을 존중히 여기고 합리적이기 때문에 모두가 쉽게 기독교인이

---

40) 김홍수 · 안교성, 『잊혀진 우리 이야기, 아시아 기독교 역사』, 76-77.
41) 김홍수 · 안교성, 『잊혀진 우리 이야기, 아시아 기독교 역사』, 77-78.
42) 기독교 통계 안에는 로마 가톨릭 약 850,000명(3%), 감리교 509,844명(1.7%), 성공회 171,632명(0.6%), 장로교 10,550명(0.03%)이다.
43) 김홍수 · 안교성, 『잊혀진 우리 이야기, 아시아 기독교 역사』, 78.

될 것입니다"라는 말을 함으로써 사비에르에게 일본에서 선교해야 함을 설득하였다. [44]

1547년 12월 말, 사비에르는 야지로와 그의 시종 두 명을 대동하고 일본이 아닌 인도로 향했다. 그것은 야지로에게 기초적인 기독교 교리와 신학 체계를 포르투갈어로 가르쳐 장차 일본 선교의 통역사로 활동하기 위함이었다. 아시아 선교의 본부이자 포르투갈의 아시아 수도라고 할 수 있는 고아에서 야지로의 존재를 통해 일본 선교의 필요성과 가능성을 널리 알리겠다는 것이다. 그래서 야지로는 고아의 성바울신학교로 보내졌다. 그는 고아에서 포르투갈어를 배우고, 기독교 신앙과 전례 일반에 대한 신학적 지식을 습득했을 것이다. [45]

결국 일본 열도에 유럽 선교사가 도래한 것은 사비에르가 처음이었다. 1549년 4월 25일에 일본을 향해 고아를 떠나 5월 31일에 말레이시아 말라카에 도착했으며, 8월 15일 두 명의 예수회 회원과 일본 가고시마(鹿兒島)에 입국하였다. 이때부터 일본에서는 기독교 신자를 가리켜 포르투갈 발음으로 '기리시탄'(吉利支丹)이라고 불렀다. [46] 27개월 동안 일본에 머물렀던 그는 히라도섬(平戸島)과 교토(京都), 그리고 야마구치(山口), 후나이 등 주로 규슈(九州)와 혼슈(本州) 서부 지역에서 선교활동에 집중하였다. 초창기 불교문화와 전통에 젖은 일본인들은 사비에르 일행을 인도에서 온 천축승(天竺僧)으로 알았다. 그리고 사비에르 역시 불교의 용어를 사용하여 일본인들에게 교리를 설명하였다. 그는 서양의 새로운 자연과학을 일본에 전달함으로써 그들의 호감을 얻었고 큰 영향을 주었다. [47]

---

44) 안승오, 『한 권으로 읽는 세계 선교 역사 100장면』, 147-148.
45) 김상근, 『프란치스코 하비에르』, 179.
46) 안승오, 『한 권으로 읽는 세계 선교 역사 100장면』, 148.
47) 안승오, 『한 권으로 읽는 세계 선교 역사 100장면』, 148.

1962년 지어진 나가사키 26 성인 순교기념관

　당시 피폐한 신도(神道)와 부패한 불교(佛敎)는 오히려 기독교 신앙을 갖는 데 유리한 분위기를 조성해 주었다. 1581년 일본에는 약 200개의 교회와 15만 명의 성도들이 있었다. 불교 승려들과 신도 승려, 그리고 학자와 사무라이, 일반 백성들이 기독교를 수용함으로써 신하들에게 기독교를 믿든지 아니면 유배를 명령할 정도였다. 그래서 16세기 말 기독교 성도는 약 50만 명을 헤아리게 될 정도였다. [48]

　그러나 1597년, 26성인 순교 사건이 벌어졌다. 이 사건은 1596년 12월에 교토 오사카(大阪)에 있는 프란시스코의 신부 6명과 일본인 신자 17명, 그리고 예수회 일본인 수사 3명 등 모두 26명을 체포하여 전국에 구경거리로 끌고 다니다가 1579년 2월에 나가사키에서 십자가에 매달아 죽인

---

48) J. Herbert Kane, 『세계 선교역사』, 83.

사건이다.[49]

1606년 반기독교 칙령 이후, 모든 외국 선교사는 축출되었고, 일본 기독교인들은 신앙을 부인하거나 순교하도록 강요되었다. 마침내 1638년 약 37,000명의 기독교인이 시마바라(島原)의 고성에서 최후의 저항을 하다가 무참하게 대학살 당하였다. 230년 동안 일본은 외부 세계와 단절된 채 은둔의 국가로 남게 되었다.[50]

이후 1800년대 중반 처음으로 일본 선교를 시작한 기독교 선교사들은 일본의 각 지역을 거점으로 선교활동을 시작하였다. 장로교 계열로는 1859년에 선교에 착수한 미국 북 장로회 해외 선교부와 미국 네덜란드 개혁교회 선교부, 감리교 계열로는 1873년에 선교에 착수한 미국 북 감리회 선교부와 캐나다 감리회 선교부, 미국 남 감리회 선교부 등이다. 그 밖에 회중 교회 선교부로 일본의 조합교회를 설립 지원한 아메리칸 보드(미국 해외 선교부)가 1869년에 활동을 시작했고, 성공회 계열로는 미국 성공회 해외선교회가 1859년에, 그리고 영국 성공회 복음주의파의 교회선교회가 1869년에 각각 일본 선교에 착수했고, 영국 성공회 고교회파의 복음선교회는 1873년에 일본 활동을 시작하였다. 1896년 이전까지의 통계에 의하면, 일본에 선교사를 파송하거나 활동 근거를 마련한 기독교 선교단체는 31개 단체에 이른다.[51]

2012년 〈일본 문화청의 종교연감 통계〉에 의하면, 일본 전 국민 중 기독교인 비율이 신구교를 포함하여 1%로 되어 있다. 일본 기독교 교단의 공식 통계에 의하면, 2012년 3월 31일 산하 통 17개 교구에 교회 및 전도

---

49) 안승오, 『한 권으로 읽는 세계 선교 역사 100장면』, 154.

50) J. Herbert Kane, 『세계 선교역사』, 83.

51) H. Ritter, *A History of Protestant Missions in Japan* (Tokyo: Methodist Publishing House, 1898), 350-353.

소가 1,716개소, 교역자 2,107명, 신도 수가 178,676명이다. 아울러 기독교계 대학이 55개, 대학원 43개, 단기대학 24개, 전문학교 6개, 고등학교 93개, 중학교 76개, 초등학교 33개인데, 이는 일본 전체 사립학교의 가장 중요한 역할과 위치를 차지하고 있다. 일본 기독교에 있어서 교육 중시의 역사와 그 현황을 미루어 살필 수 있는 통계가 아닐 수 없다. [52]

9. 인도네시아의 선교활동

인도네시아는 13,677개 섬으로 이루어진 도서 국가로서 사람이 거주하는 섬은 약 6,000여 개이고 나머지는 아직도 사람이 살지 않는 작은 섬이다. 1522년에 최초의 프란시스코 수도단이 포르투갈인들과 함께 스파이스 섬에 상륙하였다. 1534년에 그들은 할마헤라와 그 밖의 지역에서 많은 사람을 기독교로 개종시켰다. 프란시스 사비에르도 인도네시아에서 짧은 기간 체류한 적이 있다. 1605년에 네덜란드인들이 포르투갈인들을 쫓아낼 때 약 3만 명의 기독교인들이 새로운 정복자인 네덜란드인의 신앙을 따라 기독교 교인이 되었다. 1727년에는 인도네시아에 약 5만 5천 명의 세례 교인이 있었다고 추정하며, 179년 네덜란드 동인도회사의 통치가 끝날 무렵까지 기독교인 수는 더 이상 증가하지 않았다. [53]

네덜란드 식민 정부는 선교사들과 그들이 세운 교회를 엄격히 통제하였고, 극렬 이슬람교도들이 사는 수마트라섬 아쩨, 힌두교들이 사는 발리 등 정치적으로 분쟁이 있는 지역은 선교활동을 금지시켰다. 또한 그들

---

52) 김흥수·안교성, 『잊혀진 우리 이야기, 아시아 기독교 역사』, 57-58.
53) 김흥수·안교성, 『잊혀진 우리 이야기, 아시아 기독교 역사』, 63-64.

의 경제적 수탈을 목적으로 발리섬을 20세기 낙원으로 선전하며 관광객을 유치하며 힌두 문화를 보호한다는 구실로 1939년에는 발리섬에 사는 기독교인들을 브림빙사리 지역으로 유배시키기도 하였다. 이러한 네덜란드 정부의 압제에도 불구하고 교회는 계속해서 세워졌으며 성장을 거듭하였다. 54)

16세기에 포르투갈의 식민 지배와 17세기 이후 네덜란드의 지배로 인도네시아 기독교는 이슬람교와 기독교의 충돌과 갈등이라는 아픔의 역사가 이어지고 있다. 19세기부터 식민주의가 끝나는 20세기 중반까지 약 15개의 선교회가 인도네시아에서 사역하였으며, 독일의 라인선교회가 1835년에 칼리만탄 남부에 교회를 개척하였다. 1862년에는 수마트라 북부지방 바탁에 선교사역을 시작으로, 네덜란드 선교사협의회(NZG, Nedelandische Zendeling Genootschap)가 가장 오래된 선교 기관으로 술라웨시 북부지방인 미나하사에서 1831년에, 동부 자바에서 1849년에, 북부 수마트라 지역인 카로 바탁에서 1890년에, 그리고 슬라웨시 중부에서 1892년에 사역하였다. 네덜란드 선교사협의회 소속의 대표적인 요셉 캄(Joseph Kam, 1769~1833) 선교사는 인도네시아 동쪽 지역 군도인 "말루꾸의 사도"로 불릴 정도로 말루꾸 교회의 부흥에 공헌하였다. 55)

19세기 전반부에 영국과 미국의 선교사들이 인도네시아에 선교사역을 시작하였는데, 수도인 자카르타(당시 바타비아)에서 런던선교회와 침례선교회가, 남부 수마트라에서 침례선교회와 미국 해외선교회가, 말루꾸에서 침례선교회와 서부 칼리만탄에서 네덜란드개혁교회가 선교사역을 시작하였다. 그러나 일정 기간 모든 선교회가 중단되었다가, 1900년 이후에

---

54) 김흥수 · 안교성, 『잊혀진 우리 이야기, 아시아 기독교 역사』, 64.
55) 김흥수 · 안교성, 『잊혀진 우리 이야기, 아시아 기독교 역사』, 64-65.

영국과 미국계 선교회만 선교사역을 재개하였고, 다양한 교파 중심의 미국계 선교회는 감리교, 오순절, C&MA(기독교연합선교회) 등이었다. [56] 20세기에 들어오면서 인도네시아 선교는 지역교회에 뿌리를 내렸다.

인도네시아 정부 공식 통계에 의하면, 2010년에 이슬람교 87.2%, 기독교 6.9%, 가톨릭 2.9%, 힌두교 1.7%, 불교 0.7%, 유교 0.05%에 이른다. [57] 인도네시아 기독교의 최신 정보에 의하면, 기독교인 비율로는 2020년 통계를 기준으로 12.2%인 것으로 나타났다. [58] 따라서 고난 속에서 성장하는 선교적 교회로서 인도네시아 기독교는 미래 아시아 선교에 큰 공헌을 할 것으로 기대한다.

10. 필리핀의 선교활동

1521년 포르투갈 출신의 항해가며 탐험가였던 마젤란(Magellan, 1480~1521)의 세계 일주 기간에 발견된 나라가 필리핀이다. 레가스피(Miguel Lopez de Legazpi) 신부와 아우구스티누스 수도사들에 의해 조직적인 선교활동은 1564년에 시작되었다. 그 후, 1577년 프란시스코 수도회와 1587년 도미니크 수도회, 그리고 1591년 예수회 수도회를 통한 선교사들은 그의 뒤를 따라 필리핀인들에게 기독교와 문명의 기술을 가르쳤다. 여성들에게 기독교적인 가정이 무엇인지를 소개함으로써 실제적인 노예 상태에서 해방되었다. 이러한 선교활동의 영향력으로 교회와 병원, 그리고 학

---

56) 김홍수 · 안교성, 『잊혀진 우리 이야기, 아시아 기독교 역사』, 65-66.

57) 김홍수 · 안교성, 『잊혀진 우리 이야기, 아시아 기독교 역사』, 71.

58) Kenneth R. Ross, Francis Alvareze, Todd M. Johnson, *Christianity in East and Southeast Asia* (Edinburgh: Edinburgh University Press, 2020), 201.

교를 세우게 되었다. 필리핀에 교회설립은 인도네시아로부터 이슬람교의 포교전략을 막을 수 있었다. [59]

한편 선교사들의 활동을 보면, 그들은 성경 공부를 기초로 하여 교회를 성장시키며 예배당을 지어주며, 학교 사업과 장학사업, 그리고 성경공부반 등을 통해 선교사역을 추진하였다. 이러한 선교사역을 통해 현지인들은 신앙훈련과 문맹 퇴치, 그리고 지역개발에도 큰 도움을 받았다. [60] 무엇보다 이러한 복음은 큰 축복이 아닐 수 없다. 물론 복음을 전하는 과정에서 현지 문화를 무시하거나 일방적인 선교를 수행하며 식민주의자들의 착취 등에 가담한 사실은 심각한 문제가 아닐 수 없다. 이것은 오늘의 선교에서 철저히 배제해야 할 점이다. [61] 결과적으로 복음의 확산을 위해 선교사들이 자기의 삶을 전적으로 드리며 헌신한다면 필리핀의 기독교 선교는 전혀 방해받지 않고 복음을 전파할 수 있는 것이다.

11. 베트남의 선교활동

베트남에서 선구적인 선교활동을 펼쳤던 선교사는 프랑스 예수회 소속인 알렉산더 드 로데(Alexander de Rhodes, 1591~1660)다. 그는 베트남 초기 선교활동을 통해 당시 개종자들 가운데 200여 명의 불교 승려들이 그의 성경학교에서 공부하였다. 그들은 신학뿐만 아니라 병자들을 돌보는 방법을 로데에게 배워서 가가호호 방문하여 전도하였다. 이러한 선교 방법을 통해 그는 베트남에서 짧은 기간에 걸쳐 30만 명의 개종자들을 얻었

---

59) J. Herbert Kane, 『세계 선교역사』, 83-84.
60) 황태연, 『필리핀 문화와 선교』 (서울: 요나미디어, 1996), 228-229.
61) 안승오, 『한 권으로 읽는 세계 선교 역사 100장면』, 152.

다.[62]

이후 앨버트 심슨(Albert B. Simpson, 1843~1919)이 창립한 기독교연합선교회(Christian & Missionary Alliance)는 1911년 봄에 제프리(R. A. Jaffray), 호슬리(Paul M. Hosler), 휴즈(G. L. Hughs)를 베트남에 개척 선교사로 파송하였다. 그들은 베트남 중부의 큰 항구 도시인 다낭에 정착하여 프랑스어와 베트남어를 배우는 것으로 선교사역을 준비하면서 복음서와 전도지를 전달하며, 6명을 전도하여 3명에게 세례를 베풀었다. 1914년 3월 30일에 다낭에 첫 번째 베트남 교회가 설립되었다. 그리고 1914년부터 베트남어로 신약성경의 번역으로 시작하여 1925년에 구약성경까지 번역이 완성되었다. 이를 통해 다낭, 하노이, 하이퐁, 랑손, 달랏, 호아빈에 새로운 선교지부가 개설되었으며, 1940년까지 베트남 기독교인 가운데 세례교인이 2만 명이 넘었다.[63] 1972년에는 전체 교인 수는 127,287명이며, 세례교인이 45,287명이었다. 설립된 교회는 490개이며, 424명의 공식 목회자가 활동하였다. 2000년에는 베트남 기독교인의 수가 60만 명에 육박하였다.[64]

12. 아메리카 신대륙의 선교사들

아메리카 최초의 선교사들은 프란시스코와 도미니크 수도사들이었다. 1500년 프란시스코 수도사들은 카브랄과 함께 브라질에, 그리고 2년 후에는 아이티에, 또한 1523년 멕시코에 도착하였다. 아울러 도미니크 수도회원들은 1510년 아이티에서, 그리고 1512년 쿠바에서, 1531년 콜롬

---

62) J. Herbert Kane, 『세계 선교역사』, 84-85.
63) 김홍수 · 안교성, 『잊혀진 우리 이야기, 아시아 기독교 역사』, 129-130.
64) 김홍수 · 안교성, 『잊혀진 우리 이야기, 아시아 기독교 역사』, 132-133.

비아에서, 1532년 페루에서 선교활동을 시작하였다. 1549년 예수회가 브라질에 도착하여 시작하였다. 1555년 로마 가톨릭 선교사들은 서인도 제도, 멕시코, 중앙아메리카, 콜롬비아, 베네수엘라, 에콰도르, 페루, 칠레, 브라질에서 선교활동을 하였다.[65] 당시 가장 유명한 도미니크 선교사였던 바돌로뮤 드 라카사스(Bartholomew de Las Casas, 1474~1566)는 원주민들의 억압 문제를 탄원하기 위해 일곱 차례나 스페인에 항해하였다. 예수회 소속 선교사들 가운데 성 피터 클레버(St. Peter Claver, 1581~1654)는 44년 동안 노예들을 위해 사역하였다. 그는 30만 명의 흑인을 가르치고 세례를 베풀었다. 교황 레오 13세는 그를 전세계에서 흑인들을 위해 사역하는 모든 선교사역의 후원자로 삼았다.[66]

1514년 도미니크와 프란시스코 수도사들은 동북부 베네수엘라의 쿠나마 선교지에 도착하였다. 선교사 중에 특출한 활동으로 예수회 소속 사무엘 프리츠(Samuel Fritz, 1654~1724)로 아마존강 인디언들의 사도라고 불렸으며, 아마존 지역을 탐험하고 정글 인디언들에게 마을 생활의 예의를 받아들이도록 설득하면서 40년을 선교지에서 보냈다. 오늘날 볼리비아 동부지방에 카코(Chaco) 변방 선교지는 예수회와 프란시스코 수도사에 의해 설립되었으며, 초기 선교사 중에는 현지인에게 살해당하기도 하였다.[67] 이처럼 로마 가톨릭의 선교활동은 남아메리카에 제한되지 않았고, 오늘날 미국과 캐나다 지역에서까지 광대한 선교활동이 행해졌다. 당시 영혼 구원을 위한 선교사들의 활동과 위험을 무릅쓴 그들의 용기, 그리고 그들의 인내와 핍박들에 대한 그들의 끝없는 선교사들의 사랑은 세계 선

---

65) J. Herbert Kane, 『세계 선교역사』, 87.
66) J. Herbert Kane, 『세계 선교역사』, 87-88.
67) J. Herbert Kane, 『세계 선교역사』, 89.

교 역사상 가장 위대한 인물로 평가받아야 할 것이다. [68]

13. 아프리카의 복음화

1454년 교황 니콜라스가 후원제도를 마련함으로써 포르투갈은 아프리카를 복음화할 책임을 지게 되었다. 1484년 포르투갈의 탐험가 디오고 카오(Diogo Cao)가 콩고에 도착하였다. 4년 후, 바르톨로메우 디아스(Bartolomeu Dias, 1451~1500)가 희망봉을 발견하였다. 그리고 서부 해안의 콩고와 앙골라, 동부 해안의 모잠비크, 로데시아, 마다가스카르에 선교기지가 설립되었다. [69]

콩고의 선교사는 디오고가 포르투갈에 끌고 간 최초의 기독교인인 포로들로 기독교 교육을 받고 세례도 받았다. 이후 1491년 5명의 선교사는 콩고에 도착했고, 왕으로부터 따뜻한 영접을 받았다. 왕과 그의 부인, 그리고 아들 한 명이 기독교를 받아들였고, 세례도 받았다. 그러나 왕의 개종은 표면적이었다. 왕의 아들은 형과 다른 사람들의 반대에도 불구하고 꾸준히 신앙을 지켰다. 그는 변함없이 기독교인으로 살면서 선교사업을 지원, 교회설립, 더 많은 선교사를 초청하였다. [70] 콩고의 선교는 마탐바의 여왕 징가(Zinga)가 심각하게 타락한 이후에 1655년 진실하게 회개하고 정신적으로 물질적으로 선교활동을 지원해 활기를 되찾았다. 17세기 중엽에 콩고에서의 선교는 성직자의 부족으로 점차 사라지게 되었다. [71]

---

68) J. Herbert Kane, 『세계 선교역사』, 92-93.
69) J. Herbert Kane, 『세계 선교역사』, 93.
70) J. Herbert Kane, 『세계 선교역사』, 93.
71) J. Herbert Kane, 『세계 선교역사』, 94.

앙골라의 선교사는 1520년에 왕과 백성들이 기독교인이 된다는 조건으로 포르투갈에 의해 무역이 시작되었다. 최초 선교사는 콩고에서 온 사제로 왕을 개종시켰으나 후에 이방 종교로 되돌아 갔다. 포르투갈 왕은 여러 사제를 파송하였으나 선교활동이 실패하여 귀국하였다. 1560년 콩고 선교가 쇠퇴하자 네 명의 예수회 수도사들이 앙골라로 들어가 담비 국왕을 개종시키려고 했으나 사제들을 투옥시켰다. 그 후 새로운 왕과 신하들이 개종함으로써 상황은 역전되었다. 16세기 말엽 로안도(Loabdo)와 마사간(Massagan)에는 2만 명의 기독교인들이 존재하였다. 17세기 중엽이 되자, 예수회 수도사들이 로안도에 돌아왔을 때 네 개의 수도원들이 성바울 교구와 관련되어 설립되었다.[72]

기니의 선교사는 일찍이 14세기에 베닌(Benin)에 선교기지가 설립되었지만 쇠퇴하였다. 17세기 초, 예수회 수도사들은 선교활동을 재개했을 때 여러 명의 왕이 전도 받기를 원했다. 그들 중 몇 명은 그들의 신하들과 함께 세례를 받았다. 이후 이 선교활동은 상류 가나에 카르멜파(Camelites) 수도사들이 하류 기니에 카푸친회 수도사들이 도착하면서 증대되었다. 17세기 중엽에 이러한 선교활동은 감비아(Gambia)와 시에라리온(Sierra Leone)까지 확대되었다.[73]

모잠비크의 선교사는 최초의 선교사들이 고아 지방으로부터 파견되었다. 그들은 통가(Tongue)까지 강을 따라 올라가 인함반(Inhanmbane)의 왕 감바(Gamba)와 400명의 신하에게 세례를 베풀었다. 1577년 도미니크 수도사들이 모잠비크에 들어가 내륙을 횡단하면서 가는 곳마다 이슬람교 사원들을 불태웠다. 이전의 개종자들은 이방 종교로 되돌아감으로 인해

---

72) J. Herbert Kane, 『세계 선교역사』, 94.
73) J. Herbert Kane, 『세계 선교역사』, 95.

아무런 도움이 되지 못했다. 1624년에 24명의 선교사 중에 12명은 모잠비크대학에서 활동하였다. 이 시기에 도미니크 수도회에서는 13개의 선교기지와 25명의 선교사가 있었다.[74]

마다가스카르의 선교사는 아프리카 전 지역에서 가장 선교하기 어려운 나라였다. 1648년 최초로 빈센틴회 수도사들은 전도단에 의해 파견되었다. 두 명의 선교사가 포트도핀(Fort Dauphin)에 도착한 지 몇 달 만에 순교하였다. 몇 년 후 두 번째로 도착한 세 명의 선교사들도 같은 운명을 맞이하였다. 세 번째 시도 또한 마침내 허사로 돌아갔으며, 1674년에 겨우 25년간의 헛된 노력으로 마다가스카르 선교는 붕괴하였다.[75] 그래도 오늘날 마다가스카르의 종교를 살펴보면, 토착 종교 55%, 기독교 40%, 이슬람교 5%이다. 19세기 기독교는 전통 종교 사이의 갈등으로 라나발루나 1세 여왕이 선교사들을 추방하고 기독교인들을 핍박하여 많은 기독교인이 순교하는 사건이 일어났다. 그러나 라나발루나 여왕 2세가 왕권을 잡으면서 기독교는 왕가의 종교가 되었다.[76] 사실 18세기 중엽 아프리카에서 로마 가톨릭 선교사의 흔적은 찾아볼 수가 없다. 이러한 실패의 원인은 다음과 같다. 첫째, 활동하기 어려운 환경적인 요인의 기후다. 둘째, 근대적인 의약품의 부족으로 선교사들의 사망 원인이다. 셋째, 모든 선교사가 포르투갈 출신으로 무자비한 노예무역으로 인해 기독교에 나쁜 인상을 준 점이다. 넷째, 교회교육과 토착교회를 위한 지도자 양성의 실패다. 다섯째, 아프리카 여러 나라의 불안정은 정치적 상황이다. 여섯째, 아프리카 종족 간의 전쟁 때문이다. 마지막으로 일곱째,

---

74) J. Herbert Kane, 『세계 선교역사』, 95-96.

75) J. Herbert Kane, 『세계 선교역사』, 96.

76) 울선교회, "선교지 소개, 마다가스카르", http://www.bauri.org/index.php?mid=board_VfnZ09&category=3525&document_srl=3531.

선교사들의 조급하게 현지인에게 세례를 주는 방식인 피상적인 선교 방법 때문이다.[77]

14. 미얀마의 선교활동

미얀마의 기독교 기원은 13세기로 추정되며, 몽골 미얀마 전쟁에 참여한 몽골군 중 동방 시리아 기독교인을 통해 전해진다. 미얀마 왕 석굴 벽돌 벽화에 그려진 연꽃 위의 십자가라는 경교 십자가의 무늬를 통해서 확인되었다.[78] 본격적인 기독교 미얀마 선교는 1807년 영국 침례교 선교사들의 양곤 도착으로 시작되지만 본격적인 선교사업은 영국-미얀마 식민지전쟁 개시 이후부터이다.[79] 미얀마에 선교사는 미국 침례회 선교부 소속 아도니람 저드슨(Adoniram Judson, 1788~1850) 선교사로 1813년에 양곤에 도착하여 소수의 미국 침례교 선교사들이 미얀마 선교에 합류하였다. 1820년대 후반 까레인 고타부가 첫 현지인 목회자가 되었다. 까렌족에 알려진 복음은 1867년 산족, 1878년 까친족, 1899년 친족에게 전해졌다. 1854년 영국 성공회, 1879년 미국감리교가 하부 미얀마 선교에 착수하였다.[80]

1816년 저드슨의 마태복음 번역을 시작으로 버마역 성경이 출판되고, 영어-버마 영어사전이 완성되었다. 미국 침례교는 1820년 양곤에 첫 남녀

---

77) J. Herbert Kane, 『세계 선교역사』, 96.
78) Mark A. Lamport, *Encyclopedia of Christianity in Global South* (New York: Rowman & Littlefield, 2018), 562.
79) Vuta Khawl Thang, *A Brief History of the Church in Burma* (Ph.D. dissertation, Fuller Theological Seminary, 1983): 39-50.
80) 김홍수·안교성, 『잊혀진 우리 이야기, 아시아 기독교 역사』, 83-84.

공학 학교를 이후 여자 기숙학교와 까렌족을 위한 학교를 세웠다. 1845년 물메인에 까렌신학교를 세워 원주민 목회자를 양성하였다. 1872년 양곤에 침례교대학[81]을 설립하여 까렌 청년들을 교육하였다. 성공회는 1863년 양곤에 최초의 고등교육기관인 성 존스 대학과 1898년 기독교 교사를 양성하는 사범대학을 설립하였다. 2004년 통계에 의하면, 미얀마는 다종교 국가로 전체 인구 4천 8백만 가운데 90%가 불교, 5%가 기독교, 4%가 이슬람교, 1%가 힌두교나 정령신앙을 신봉하고 있다. 2020년 미얀마 기독교의 최신 정보에 의하면, 기독교인 비율은 총인구 대비 8.04%로 1970년대 5.1%보다 성장하였다.[82]

***

결론적으로, 로마 가톨릭에서의 세계선교사에 대하여 살펴보았다. 로마 가톨릭의 선교활동은 오랜 역사 속에서 자라온 고대문화의 기존 고등종교들로 인해 개종하기가 힘들었다. 그러나 프란시스 사비에르와 마테오 리치와 같은 선교사들을 통해 세계의 복음화에 많은 기여가 되었다. 특히 예수회의 선교적 헌신은 세계 어느 곳이든 장소를 가리지 않고 선교현장으로 나갔으며, 그 결과 유럽에서의 잃어버린 신도들보다 훨씬 많은 방대한 남미의 여러 나라를 가톨릭화 하는 데 성공하였다. 1556년에 이그나티우스가 죽었을 때는 약 1천 명의 예수회 수도사들이 이미 유럽과 아시아, 아프리카, 신대륙 전역에서 걸쳐 활동하고 있었다. 또한 1626년

---

81) 침례교대학은 1909년 저드슨대학으로 개명하고 1920년 양곤대학교의 일부가 되었다.
82) 김홍수·안교성, 『잊혀진 우리 이야기, 아시아 기독교 역사』, 84-88.

경에는 예수회 수도사들의 수가 1만 5,544명이었고, 1749년에는 그 수가 2만 2,589명에 달했다. 이런 점에서 예수회의 설립은 로마 가톨릭의 선교사에 가장 중요한 사건이라 평가받았다.[83] 세계선교사를 통해 오늘날 기독교는 분별력을 가지고 로마 가톨릭에서의 선교사를 통해 과거에 일어났던 여러 가지 선교적인 모범과 실수들로부터 배워 나가야 한다. 그것은 과거의 유산을 맹목적으로 따르기 위함이 아닌 세계선교사를 통한 고유의 기독교 신앙을 더 잘 이해하고 효과적으로 발전시켜 나가야 할 것이다.[84]

---

83) 안승오, 『한 권으로 읽는 세계 선교 역사 100장면』, 145.
84) Tony Lane, 『기독교 인물 사상 사전』, 박도웅 · 양정호 역 (서울: 홍성사, 2016), 11.

7장

종교개혁자들의 세계선교사

지난 2000년의 세계선교사는 수많은 감염병으로 인해 수 없는 고난과 죽음의 공포를 극복해 온 역사다. [1] 초기 기독교 기독교인들이 한 일은 2-3세기에 심각한 질병이 마을을 덮치자 부자들은 산으로 피신하였다. 그러나 기독교인들은 떠나지 않고 사람들을 돌보았고, 그러다가 병에 걸려 죽기도 하였다. [2] 코로나19(COVID-19) 감염병으로 인해 전 세계가 신음하고 있는 이때, 기독교 세계선교사에서 나타난 감염병에 대한 종교개혁자들인 루터의 선교적 반응, 츠빙글리의 선교적 반응, 칼빈의 선교적 반응, 불링거의 선교적 반응, 베자의 선교적 반응에 대해서 살펴보고자 한다.

1. 루터의 선교적 반응

1511년과 1512년, 독일 아우구스부르크(Augsburg)에서는 감염병으로

---

1) 박응규, "복음과 인간, 그리고 코로나19 전염병", 「개혁신학회」 51(2020): 2.
2) N. Tom. Wright, 『하나님과 팬데믹』 이지혜 역 (파주: 비아토르, 2020), 16-17.

마틴 루터

약 1,800명이 사망하였다. 신분을 가리지 않고 찾아온 갑작스러운 죽음
에 사람들은 왜 이런 감염병을 경험해야 하는지 궁금하였다. 당시 많은
사람은 감염병의 원인을 무엇보다 불신앙과 불순종, 그리고 감사하지 않
음에서 오는 죄라고 믿었고, 거대한 두려움과 함께 하나님의 은혜를 구
하는 회개와 갱신 운동이 일어났다.[3]

　1527년 7월, 독일 종교개혁자 마틴 루터(Martin Luther, 1483~1546)가 거주
하는 비텐베르크(Wittenberg)에도 감염병이 발생했을 때, 8월 2일 비텐베르
크대학교는 예나(Jena)로 학생들을 피신시켰다. 하지만 루터는 가족과 몇
몇 교회 사역자들과 함께 비텐베르크에 남아 목회자로서 강의와 설교,
그리고 사역을 중단하지 않았다.[4] 그리고 그는 감염병 환자들을 집에서

---

3) N. Tom. Wright, 『하나님과 팬데믹』, 126-127.
4) 주도홍, 『처음 시작하는 루터와 츠빙글리』 (서울: 세움북스, 2019), 104.

돌보기도 하였다.[5] 6남매를 두었던 루터는 감염병으로 고아가 된 여섯 아이를 입양하기도 하였다.[6] 하지만 이후 한 자녀를 감염병으로 잃기도 하였다.[7]

루터는 양 떼를 돌볼 다른 목회자가 있다면 굳이 불필요한 위험에 노출되지 않도록 위험지역을 떠나는 것도 잘못된 행동이 아니라고 조언하였다. 루터는 순교를 각오한 강한 믿음의 사람들이 감염병에 맞서 이웃을 돌보고 살피는 것은 매우 훌륭한 일이지만 모든 사람에게 강요하거나 그렇게 하지 못하는 연약한 믿음의 소유자를 정죄하는 것은 잘못된 것이라고 말했다. 루터는 감염병조차도 하나님의 작정 안에 있는 것이지만 그것을 퍼뜨리는 것은 마귀의 행동이라고 하였다.[8] 루터는 감염병 가운데 있는 이웃을 위로하고 섬기고 치료하는 일이야말로 바로 그리스도를 섬기는 일로 거기에서 말씀 가운데 있는 주님을 진심으로 만나게 된다고 가르치면서, 이와 반대되는 모습은 병중에 있는 우리 주님을 내팽개치는 일로 참으로 수치스러운 도주와 공포로 마귀의 비웃음을 받게 된다고 경고하였다.[9]

루터는 무서운 감염병이 하나님이 주신 메시지일 수도 있지만, 그에 대한 적절한 접근법을 실제적이고 믿을 수 있어야 한다고 말했다.[10] 그리고 그는 사람은 먼저 하나님께 긍휼히 여기고 병을 물리쳐 달라고 기도해야 한다고 말했다. 루터는 감염병의 기본 대처 요령을 일인칭을 써서 제

---

5) 안명준 외 17인, 『전염병과 마주한 기독교』 (군포: 도서출판 다함, 2020), 127.

6) 이상규, "유럽을 깨운 루터", 2020년 11월 28일 접속, 해당 싸이트: http://www.futurekorea. co.kr/news/articleView.html?idxno=43728.

7) 안명준 외 17인, 『전염병과 마주한 기독교』, 151.

8) 임성빈 외 12인, 『재난과 교회: 코로나19 그리고 이후를 위한 신학적 성찰』 (서울: 장로회신학대학교 출판부, 2020), 73-74.

9) 안명준 외 17인, 『전염병과 마주한 기독교』, 135.

10) N. Tom. Wright, 『하나님과 팬데믹』, 111.

시하였다. 곧 남의 문제가 아니라 자신이 할 일이라고 다음과 같이 강조하였다.[11] 첫째, 나는 연기를 피워 독을 소독할 것인데, 이로써 공기를 깨끗이 정화한다. 둘째, 나는 병에 필요한 약을 전해주며, 그 약을 먹는다. 셋째, 나는 오염된 장소와 병든 사람들을 멀리한다. 그렇지만 내 이웃이 어떤 모습이든지 도움을 요청할 때, 기꺼이 나는 그에게 갈 것이며, 그들을 도울 것이다. 루터는 이러한 모습이야말로 하나님을 두려워하는 바른 신앙이라 하였다. 기독교 사회를 살았던 16세기 루터는 교회와 사회의 지도자 역할을 넉넉히 감당하였다. 특히 인상적인 것은 루터가 요한복음 3장 16절을 예로 들어, 목숨을 버려 세상을 구원한 주님의 모습을 감염병을 퇴치하기 위해 싸우는 사람들의 모델을 제시하는 점은 과연 구원이 무엇인지를 생각하게 하였다. 이처럼 감염병에 대한 루터의 선교적 반응을 통해 한국교회는 지역사회를 배제하지 않고 함께 육체, 정신, 사회, 신앙, 영적인 면에 이르기까지 최선을 다해 성육신적 리더십, 즉 전형적인 예수님의 선교적 리더십을 보여주어야 할 것이다.

2. 츠빙글리의 선교적 반응

루터와 거의 같은 시기에 태어난 스위스 종교개혁자 울리히 츠빙글리 (Ulrich Zwingli, 1484~1531)는 1518년 12월 27일 취리히에서 가장 큰 교회였던 그로스뮌스터(Grossmünster)교회 담임목사로 청빙 되었다.[12] 1519년 9월 초, 불행하게도 그는 무서운 감염병에 걸렸으나 다행히 1520년 초 극

---

11) 안명준 외 17인, 『전염병과 마주한 기독교』, 136-140.
12) 오주철, 『종교개혁자들의 삶과 신학』(서울: 한들출판사, 2017), 159. 조기연, "개혁교회의 예배와 성만찬에 관한 연구", 「신학과 실천」 28 (2011): 7-28.

울리히 츠빙글리

적으로 살아났다.[13] 그는 목회지에 남아 사람들을 신실하게 도왔다. 사실 죽어가는 수많은 사람을 위해 자신의 목숨까지 아끼지 않는 츠빙글리의 모습에서 사람들은 깊은 감동을 받았다.[14] 그는 하나님의 은혜와 성령의 능력을 온몸으로 체험하면서 감염병을 이겼다. 당시 중세 시대 유럽을 휩쓴 감염병으로 유럽 인구의 3분의 1이 사망했으며, 스위스 취리히도 예외가 아니었다.[15]

1517년, 유럽대륙에서 발병한 감염병은 1519년 스위스 전역으로 퍼져 그해 8월 취리히에서 감염자가 최고치에 육박했으며, 1520년 2월 초까지

---

13) 주도홍, 『처음 시작하는 루터와 츠빙글리』, 148.
14) G. W. Bromiley, 『츠빙글리와 불링거』, 서원모 김유준 역 (서울: 두란노아카데미, 2011), 24.
15) 안명준 외 17인, 『전염병과 마주한 기독교』, 141-142.

사라지지 않았다. 16) 당시 취리히 인구는 약 7천 명이었는데, 감염병으로 약 25%의 인구가 감소하였다. 1520년 11월에 그의 형제 앤드류가 감염병으로 죽게 되자, 그에게 이 사건은 중대한 영향을 미치게 되었다. 이때, 그가 간절하게 부르짖었던 기도는 〈전염병 찬송〉(plague song)이라는 제목으로 지금까지 스위스와 독일 개신교회 찬송가집에 수록되어 있다. 츠빙글리는 철저한 감염병과 사투를 통해 신앙의 진리를 깊이 체험했으며, 병마와의 사투 속에서 그는 하나님께 "저는 당신의 그릇입니다. 만드시든지 아니면 부수어 버리소서!"(Din hat bin ich, Mach gantz ald brich!)라고 부르짖으며 치유하시는 하나님을 만났다. 17) 이처럼 감염병에 대한 츠빙글리의 선교적 반응을 통해 한국교회는 기독교인들이 감염병과 싸우며 치료하시는 하나님을 체험하도록 감염병에 대한 임의적인 성경해석을 하지 않고, 하나님의 백성인 동시에 모범적인 시민의식을 가지고 살아가도록 훈련해야 할 것이다.

3. 칼빈의 선교적 반응

감염병은 기독교 역사에서 큰 아픔이었다. 존 칼빈(John Calvin, 1509~1564)에게도 예외가 아니었고, 죽음의 사자인 감염병은 그의 삶과 목회 현장에 일평생 따라다녔다. 18) 칼빈은 유럽의 문화적 유산 속에서 감염병이 무서운 공포의 대상으로 존재했던 1509년 7월 10일에 태어났다. 6살 때 그를 낳아 키운 어머니 잔 르프랑이 감염병으로 세상을 떠났을 때 처음으

---

16) 오주철, 『종교개혁자들의 삶과 신학』, 161.
17) 안명준 외 17인, 『전염병과 마주한 기독교』, 142-149.
18) 안명준 외 17인, 『전염병과 마주한 기독교』, 151-152.

로 감염병과 대면하였다. 그는 어머니의 죽음으로 감염병의 공포라는 심리적 압박을 받으며 자랐다. 14살 되던 해 1524년, 그의 고향에도 감염병이 퍼졌다.[19]

칼빈은 1536년 8월 1일 『기독교 강요』 (Institutes of the Christian Religion) 서문에 프란시스 1세 헌정사에서 감염병이라는 용어를 처음 사용하였다. 그는 감염병을 죄와 인간의 부패 된 관습에 관계된 것으로 보았다. 그후, 칼빈은 파렐(Guillaume Farel)과 함께 1538년 부활절에 불경건한 자들에 대한 성례식 불참을 주장하자 이에 시의회가 그들을 제네바에서 추방하였고, 종교개혁자 마르틴 부처(Martin Bucer)가 목회하는 스트라스부르 (Strasbourg)로 가게 되었다. 그는 그곳에서 설교와 강의, 그리고 결혼도 했지만 주변의 많은 사람들이 감염병으로 죽게 되어 슬픔을 경험하였다.[20] 1538년, 칼빈은 바젤에서 감염병에 걸린 파렐 조카의 장례를 치르고 비용을 지불한 후에는 돈이 부족해서 아끼는 책을 몇 권 팔았다. 칼빈이 스트라스부르에서 목회할 때 리제 출신의 재세례파 '장스또르데'라는 장인이 있었다. 그가 1540년 봄에 감염병으로 죽게 되었고, 그의 아내 이델레트 드 뷔레(Idelette de Bure)와 두 명의 아이를 남겼다.[21] 1540년 8월 6일, 칼빈은 제자인 베자의 소개로 만난 두 아이를 가진 미망인이며 6살 연상인 이델레트와 결혼식을 올렸으며, 결혼식 후 2주 만에 둘 다 몹시 아팠다.[22] 1541년 4월에 감염병이 스트라스부르(Strasbourg)로 무섭게 퍼져 많은

---

19) Hermam J. Selderhuis, *John Calvin* (Downers Grove: IVP, 2009), 25.

20) 임경근, "고신뉴스KNC", 임경근 목사의 역사 이야기(106) 행복한 스트라스부르 생활 (2016년 12월 28일), 2020년 11월 20일 접속, 해당 싸이트: http://kosinnews.com/news/view.html? smode=&skey=%BF%AA%BB%E7+%C0%CC%BE%DF%B1%E2&x=0&y=0&page=2&section=2&category=10&no=8329.

21) 안명준 외 17인, 『전염병과 마주한 기독교』, 153-154.

22) 오주철, 『종교개혁자들의 삶과 신학』, 212.

존 칼빈

지인이 죽었는데, 친구와 제자, 그리고 지인의 아들이 숨졌다. [23]

심지어 칼빈은 자기의 가족 중 두 사람이 감염병에 걸렸다는 소식을 들었다. 이 여파로 그의 아내 이델레트가 집을 떠나야 했으며, 칼빈은 깊은 슬픔과 우울함으로 자신의 걱정에 대해 "내가 없는 가운데 무엇을 해야 할지 모르는 부인에 대한 염려로 밤낮을 지냅니다"라고 토로하였다. 이런 상황에서도 칼빈은 슬픔을 당한 가족들을 위로하고, 하나님이 인간의 삶을 인도하는 것이 분명하기에 선한 목적으로 이런 일들을 의도하셨다고 말했다. [24] 이런 하나님의 섭리 관점에서 칼빈은 사람들의 아픔을 위로하는 위로자가 된 것이다. 1546년 어떤 심한 병에 걸렸던 칼빈은 치료

23) 장수민, 『개혁교회창시자 존 칼빈 신학과 목회』 (서울: 칼빈아카데미, 2008), 516.
24) Herman J. Selderhuis, 『칼빈』, 조숭희 역 (서울: 대성닷컴, 2009), 237-350.

비가 없어 의회에서 도움을 받아 후에 돈을 갚았다. 그는 자기의 집에서 많은 피난민을 돌보기도 했으며, 1549년 3월 29일 그의 아내가 하늘나라로 가게 되었다.[25] 감염병은 1563년 영국에서 집단 발행해 8만 명이 사망하였다. 1564년 5월 27일에 55세 나이로 칼빈이 죽은 후 1568년부터 이 감염병은 또 다시 시작해 1571년까지 발병하였다.[26] 1571년 9월, 프랑스 말발(Malval)이라는 지역에서 칼빈의 딸이 해산을 위해 가족에게 도움을 요청했지만 무서운 감염병 앞에서 전혀 도울 수가 없었다.[27]

이러한 감염병에 대한 칼빈의 이해는 다음과 같다.[28] 첫째, 칼빈은 다른 개혁자들과 마찬가지로 감염병을 하나님의 심판으로 보았다. 이러한 하나님의 심판에 대해 칼빈은 지극히 지혜로운 하나님께서 모든 사람에게 질병으로 훈련받게 하셨으므로 겸손하게 하나님 앞에 회개하라고 권면하였다. 둘째, 칼빈은 감염병을 하나님의 섭리에서 바라본 종말론적 관점으로 바라보았다. 그래서 칼빈은 더욱 하나님의 말씀을 배우는 데 힘쓰라고 권면하였다. 셋째, 칼빈은 감염병을 통해 병든 자들을 전문적으로 돌보고 양질의 교육 여건을 만들어 사회적 책임에 더욱 정진해야 하는 것으로 보았다. 감염병 공포로 삶의 위협을 느꼈어도, 그는 병원 사역과 교육 사역을 통해 하나님 나라의 확장을 위해 최선을 다했다. 이처럼 감염병에 대한 칼빈의 선교적 반응을 통해 한국교회는 창조주 하나님 앞에서 인간의 회개와 겸손에 대한 강조, 그리고 이 땅에 사는 기독교인들이 하늘의 영원한 소망을 가지고 현실 속에서 사랑과 돌봄을 통하여 하나님의 뜻을 이루어 가야 한다. 오늘날 감염병이 온 세상으로 퍼진 상황 속

---

25) 허순길, 『세계교회역사 이야기』 (광주: 셈페르 레포르만다, 2014), 241.

26) 양신혜, 『베자』 (서울: 익투스, 2020), 212.

27) Scott M. Manetsch, *Calvin's Company of Pastors* (New York: Oxford University Press, 2013), 216.

28) 안명준 외 17인, 『전염병과 마주한 기독교』, 157-164.

에서 기독교인들은 하나님에 대한 경외심과 세상에 대한 진정한 사랑과 책임, 그리고 하나님의 뜻을 따르는 지혜를 구하며 살아가야 할 것이다.

4. 불링거의 선교적 반응

스위스 종교개혁자 츠빙글리가 사망한 후, 그의 후계자 하인리히 불링거(Heinrich Bullinger, 1504~1575)가 사역했을 때, 감염병은 여러 번 취리히를 죽음으로 물들게 하였다. 취리히 교회에서 불링거가 사역하는 동안 1535년, 1541년, 1549년, 1564~1565년, 1569년에 감염병이 만연했으며, 그중 1564년과 1565년에 유행한 감염병이 가장 참혹하였다. 1519년 상황과 거의 유사하게도 이때 취리히 인구의 3분의 1이 감염병을 피하지 못했다. [29]

1564년 말, 불링거는 구사일생으로 살았지만 같은 해 그의 아내 안나와 1565년에 둘째 딸 마가레타와 그녀의 아들 베른하르트가 태어난 지 4일이 되자 감염병을 피할 수 없었다. [30] 대표적으로 취리히학교의 구약 교수였던 테오도르 비블리안더(Theodore Bibliander)가 죽음에 이르렀다. 그리고 1565년 초, 감염병은 큰딸 안나와 셋째 딸 엘리자베스를 가족과 영원히 이별하도록 만들었다. 비극적인 가족사는 그에게 큰 아픔과 상실감을 안겨다 주었으나 그는 가족에 대한 아픔을 밖으로 표출하지 않고 하나님의 뜻을 붙들고 묵묵히 견뎌냈다. 그가 목회자와 위로자로서 모든 사람에게 칭송받은 것은 이런 가족사와 무관하지 않았다. 불링거의 다양

---

29) 안명준 외 17인, 『전염병과 마주한 기독교』, 166.
30) G. W. Bromiley, 『츠빙글리와 불링거』, 52.

하인리히 불링거

한 경험들은 고난에 처한 기독교인들을 위해서 무엇을 실천해야 하는지
를 분명히 알게 되었다.[31]

　당시 감염병에 걸린 것이 확실히 밝혀진 사람은 정부의 방역 조치에 따
라 어떤 특정한 장소에 기본적인 치료 없이 격리되었을 뿐이다. 하지만
사회적 삶의 붕괴 속에서도 위기 극복에 대한 희망을 신앙에서 찾는 일은
계속되었다. 당연히 이 심각한 시기 속에서도 사람들은 교회를 찾았고,
예배는 지속되었다. 다른 지역들과 마찬가지로 취리히도 크게 다르지 않
았다. 16세기 취리히에서 살았던 불링거는 기도를 통해 하나님의 긍휼을
간구하고, 심방을 통해 환자를 격려하며, 예배를 통해 천국의 소망을 더

---

31) G. W. Bromiley, 『츠빙글리와 불링거』, 166-170.

욱 온전히 붙들게 하는 목회적 직무 외에 감염병을 이겨낼 수 있는 위생과 의학 지식 같은 다른 근본적인 대안을 제시할 수 없었다. 이러한 현실에서 불링거는 수많은 사람이 무력하게 죽어가는 것을 지켜보면서 인간적 삶의 종말에 대해 깊이 고민하였다. 그는 기독교인들에게 하나님의 뜻 안에서 허락된 시험으로서 질병과 고통, 그리고 죽음은 저주가 아니라 기독교인의 죽음은 모든 비참함에서 벗어나 하나님의 참된 위로를 얻기 위한 과정이며, 죄인이 예수 그리스도 안에서 죄와 사망으로부터 해방되어 참된 영광에 이르는 길이라고 위로하였다. 불링거는 천상의 소망 가운데 있는 죽음을 말하면서도, 감염병과 같은 죽음의 질병에 걸린 환자들이 전능하신 하나님을 의지하며, 의사의 상담과 치료를 받는 것이 당연한 의무임을 잊지 않았다. 이렇게 행하지 않는 것은 하나님을 시험하는 것과 같다고 밝혔다.[32]

이처럼 감염병에 대한 불링거의 선교적 반응을 통해 한국교회는 효과적인 치료를 기대할 수 없었던 블링거 시대 속에서 시도할 수 있는 최상의 방식으로 아직 살아있는 환자에게 가족의 돌봄과 의료적 치료가 반드시 이루어져야 한다는 것을 각인시켜야 한다. 16세기 종교개혁 시대에 감염병과 같은 무서운 질병 앞에서 인간은 너무도 연약하고 무력하였다. 이 감염병을 예방할 수 있는 근본적인 방법은 알 수 없었을 뿐만 아니라 효과적인 치료제도 없었다. 그가 오직 신앙적으로 슬픔을 위로하는 것과 예수 그리스도 안에서 천상의 소망을 붙들며 죽음을 이겨내도록 권면하는 것 이외에 다른 대안과 해결책을 제시할 수 없었다. 당시 감염병으로 가족을 잃은 기독교인들은 불링거의 신앙적 자세를 보면서 위로를 얻었고 인내할 수 있었다. 그리고 취리히에서 죽음의 감염병을 비겨간 사람들

---

32) G. W. Bromiley, 『츠빙글리와 불링거』, 171-177.

은 슬픔과 고통을 이겨내고 살아남은 자의 몫을 다시금 감당하였다. 감염병 이후, 취리히 교회는 신자들로 가득 찼으며, 일터로 다시 일상의 풍경으로 돌아갔다. 오늘날 감염병 속에서 살아가는 우리의 삶과도 이와 크게 다르지 않았다. [33]

5. 베자의 선교적 반응

프랑스 종교개혁자 테오도르 베자(Theodore Beza, 1519~1605)는 종교개혁사에서 칼빈의 뒤를 이어 제네바교회를 이끈 후계자 정도로 낯선 인물로만 알고 있다. 그가 하나님의 사명을 받은 기독교인으로서 어떻게 살았는지는 잘 알지 못한다. 그는 프랑스의 위그노와 스위스의 제네바에서 발생한 감염병으로 고생하는 목회자와 기독교인들을 위해 눈물로 기도하며, 실제적인 도움을 준 목회자였다. [34]

1568년부터 1571년에 걸쳐, 제네바에 감염병이 다시 돌아 3,000명의 사람이 목숨을 잃어 당시 제네바 인구의 1/4이 희생되었다. 이때, 베자도 형제인 니콜라스를 잃었고, 자신이 학장으로 섬기던 최초의 개혁교회 신학교이기도 했던 제네바 아카데미가 문을 닫기에 이르렀다. [35] 1579년, 그는 고난에도 넘어지지 않고 참된 기독교인으로의 삶을 살아가도록 격려하기 위해 『흑사병에 대한 질문들』이라는 책을 출판하였다. [36]

이 책은 아아르베르크(Aarberg)에 있는 개혁교회 목사 크리스토프 뤼타

---

33) G. W. Bromiley, 『츠빙글리와 불링거』, 177-178.
34) G. W. Bromiley, 『츠빙글리와 불링거』, 180.
35) 임성빈 외 12인, 『재난과 교회: 코로나19 그리고 이후를 위한 신학적 성찰』, 78-79.
36) 안명준 외 17인, 『전염병과 마주한 기독교』, 180.

Theodore Beza

테오도르 베자

르트(Christoph Luthard)의 잘못된 신학 때문에 즉 감염병은 하나님의 형벌이기에 예방하거나 피해서는 안 된다는 주장에 대한 논박의 내용을 담고 있다. 이 책에서 베자는 감염병이 만연한 상황에서 목회자가 직무를 올바르게 감당하도록 하였고, 기독교인들에게 위로와 양심의 평화를 주고자 하였다. 그는 비록 감염병이 하나님의 주권에서 비롯된 것이지만 하나님이 허락하신 다른 수단인 약이나 의술과 같은 이차 수단을 통해 치유할 수 있다고 주장하였다. [37] 그리고 감염병은 자연 발생적인 질병이므로 그 자체가 선과 악의 윤리적 판단의 대상이 아니라는 사실은 적어도 베자는 명확하였다. [38]

"감염병을 피해 사역지를 떠난 목회자는 처벌해야 하는가?"에 대한 답

---

37) 임성빈 외 12인, 『재난과 교회: 코로나19 그리고 이후를 위한 신학적 성찰』, 80-81.
38) 안명준 외 17인, 『전염병과 마주한 기독교』, 182.

변을 베자는 감염병을 피해 도망하는 것은 허용될 수 있으며, 오히려 지혜로운 처신이라고 조언하였다. 목사의 의무에 대해서는 무조건 환자를 찾아야 하지만 공적인 직무를 생각한다면 자신을 지키는 것 또한 중요한 덕목이라고 하였다. 베자는 목회자들에게 감염병에 대해서 논쟁하기보다 우리의 죄에 대한 벌로 이 병을 내린 하나님의 뜻이 무엇인지를 생각하며, 기독교인들을 어떻게 회개의 자리로 인도할 것인지, 그리고 하나님께서 주신 그 자리에서 어떻게 다른 사람을 사랑하고 그들에게 자비를 베풀 수 있도록 독려할 것인지에 집중해야 한다고 조언하였다.[39]

이처럼 감염병에 대한 베자의 선교적 반응을 통해 한국교회는 기도와 이웃 사랑을 언급함으로써 인간 본래의 죄에서 돌아서서 하나님의 목적하신 바가 무엇인지를 점검하고 하나님께서 인간을 보내신 목적에 합당하게 살았는지 점검하는 계기로 삼아야 한다. 그리고 각자 개인에게 주어진 다양한 끈 중에서 가족 공동체의 끈이 가장 강하여 윤리적 판단에서 우위를 점하고 있다고 말하면서 감염병과 같은 상황에서 가족 공동체보다 국가 공동체가 부여한 임무를 우선시해야 한다.[40] 기독교인은 성경을 통해서 말씀하시는 하나님께 겸허한 자세로 나아가 무릎을 꿇어야 하며, 하나님의 부르심에 응답하는 자로서 하나님의 뜻을 간구하는 기도의 자리를 잊어서는 안 될 것이다.

---

39) 임성빈 외 12인, 『재난과 교회: 코로나19 그리고 이후를 위한 신학적 성찰』, 81.
40) 안명준 외 17인, 『전염병과 마주한 기독교』, 183-187.

***

결론적으로, 종교개혁자들의 세계선교사를 통해 감염병에 대한 교회의 선교적 반응에 대하여 살펴보았다. 2020년은 무엇보다 재난의 해로 기억될 것이다. 감염병은 사랑하는 자들에게는 슬픈 이별이지만 살아남은 자들에게는 인생의 방향과 하나님의 뜻을 깨닫게 하는 영적 교훈이다. 본 연구자는 이러한 재난이 한국교회에 있어서 신학적인 문제일 뿐만 아니라 목회적인 문제가 되기 때문에 COVID-19 감염병에 있어서 한국교회는 어떻게 선교적 반응을 해야 할지를 다섯 가지로 제안하고자 한다.

첫째, 한국교회는 위기관리(Crisis Management) 공동체가 되어야 한다. 감염병의 재난에 직면한 한국교회는 교회와 이웃을 재난으로부터 보호하는 위기관리가 필요하다. 그리고 한국교회는 자연과학과 의학 분야 전문가들의 견해를 존중하고 그들의 조언을 경청해야 한다. 또한 COVID-19 상황을 극복해 가는 과정에서 한국교회는 상황이 종료된 이후에도 계속해서 개혁과 갱신을 통해 교회의 본질을 회복하며, 세상의 빛과 소금의 역할을 해야 한다. COVID-19 감염병 시대에 교회가 권리만을 주장하여 세상과 고립되지 않고 복음의 기회를 잃지 않도록 노력해야 할 것이다.

둘째, 한국교회는 기독교 세계관(Christian Worldview)의 회복이 필요하다. COVID-19 감염병 시대에 교회와 기독교인의 정체성은 어떤 세계관을 가지고 살아야 하는가에 대한 기독교의 본질에 관한 것이다. 세계관의 본질은 오히려 고통의 이유를 묻지 않고 고통하는 자들과 함께 울어주어야 하며, 그들과 함께 고통을 나누는 것이 예수 정신이라 하겠다. 한국교회가 COVID-19 이후의 대처에서 기독교 본질에 충성스러운 신앙공동체로 회복하기 위해 하나님께서 주신 기회를 놓치지 말아야 할 것이다.

셋째, 한국교회는 이웃 사랑(Neighbor Love)의 실천이 필요하다. 이웃을 사랑하지 않는 것은 하나님의 명령에 불순종하는 것이며, 하나님 나라의 법을 어기는 것이며, 하나님의 권위에 정면으로 도전하는 행위다. 예수님이 제자들에게 선을 행하라고 부르신 것처럼 한국교회 또한 선을 행하라는 부르심을 받았다(마 5:16). 재난 가운데 한국교회와 기독교인들은 교회에서는 신자로서 국가에서는 모범적인 시민으로서의 성숙한 태도로 국가의 방역 대책과 지시에 따라 나를 보호하고 이웃을 사랑해야 한다. 더는 인간의 부주의로 인한 감염병이 확산하지 않도록 최선을 다는 것도 교회와 기독교인의 중요한 사명이자 하나님과 이웃을 사랑하는 것이다.[41]

넷째, 한국교회는 리더십(Leadership)의 회복이 필요하다. 현재 세계 각국의 COVID-19 대응은 확인된 것처럼 최고 의사결정 책임자의 선택과 결정이 대단히 중요하다. 리원량(李文亮)의 최초 COVID-19 발견 보고가 있었음에도 은폐에 급급했던 중국은 전 세계 전염의 원인을 제공하였다. 미국 트럼프는 순간 판단 착오로 대응이 더뎌 미국 시장과 전 세계 시장을 패닉에 빠뜨렸다.[42] 기독교 리더십에서 그리스도와의 사랑 관계는 세속적인 리더십과 엄청난 차이를 낳는다.[43] 한국교회와 기독교인들은 리더십의 회복을 위해 종교개혁자들처럼 일상이라는 실제 상황에서 고통당하고 아파하는 이웃들을 위해 희생하면서 하나님의 은혜와 교훈을 체득하며 신학과 사역, 그리고 삶을 하나님과 이웃에게 헌신해야 할 것이다.

마지막으로 다섯째, 한국교회는 성육신적 선교 목회(Incarnatioal Mission Ministry)가 필요하다. COVOD-19로 인해 갑작스럽게 강도 만난 자들처럼 되어버린 수많은 이웃이 어찌해야 할 바를 모르고 있다. 예수님의 선교

---

41) 박기영, "코로나블루 시대에 필요한 목회적 돌봄", 「복음과 실천신학」 57 (2020): 56.
42) 최현식, 『코로나 이후 3년 한국교회 대담한 도전』 (서울: 생명의말씀사, 2020), 29-31.
43) 안재은, "소그룹 리더십 개발 원리와 훈련방안", 「복음과 실천신학」 27 (2013): 96.

목회는 행동과 언어가 분리되지 않았던 통합적이다. 여전히 성육신적 선교 목회의 모델이신 예수님은 자신을 희생하시며 십자가의 죽음으로 고난을 통해 선교적 사명을 완수하신다. 예수님의 성육신적 선교 목회처럼 한국교회는 COVID-19 감염병으로 상처받은 영혼을 돌봄으로 그들을 위로하고, 복음의 회복, 교회의 회복, 예배의 회복, 세계관의 회복, 사회적 책임과 섬김의 회복을 위한 선행으로 새롭게 복음 증거의 기회를 주신 하나님께 감사의 마음으로 나아가야 할 것이다.

8장
종교개혁 이후에서의 세계선교사

기독교는 그 본질로 보나 역사로 보나 선교적이다. 기독교의 선교 중심에는 우주의 주님이자 근원에 관한 전제와 인간의 공통된 본성, 그리고 예수 그리스도에 대한 증언이 있다. 그런데 그것들은 어느 개인이나 단체나 공동체의 사유물로 전용되지 못한다. 예수 그리스도가 주님이시라는 확신과 그리스도가 다시 사셨다는 증언은 다른 그들과 나누지 못한다면 그렇게 큰 의미가 없다. 그리스도인들의 신앙과 교회의 본질은 더 깊은 의미에서 선교적이며, 선교는 말의 근원인 파송이라는 개념과 아주 밀접한 관련이 있다. 요한복음 20:21에서 예수님은 "아버지께서 나를 보내신 것 같이 나도 너희를 보내노라"라고 말씀하셨다. 기독교는 보내심을 받은 예수의 공동체다. [1] 이러한 관점에서 새롭게 태어난 기독교는 종교개혁 이후 유럽에서 급속히 그 세력이 확장되었다. 유럽에 다시 복음의 씨앗을 뿌렸지만 해외 선교는 다소 소극적이었다. 하지만 기독교는 선교에 있어 손을 놓고 있는 것은 아니었다. 어려운 여건에서도 종교개혁 이후의 선교회와 선교사들은 조금씩 선교에 힘을 쏟았다. 신대륙에 정착한 청교도들

---

1) Andrew F. Walls, 『세계 기독교와 선교 운동』, 483.

은 아메리칸 인디언들을 선교했으며, 경건주의자들과 모라비안들에 의한 선교가 추진되었다.[2] 따라서 기독교 선교를 준비하면서 선교를 시작하는 도약기에 해당하는 종교개혁 이후에서의 세계선교사에 대하여 살펴보고자 한다.

1. 독일 경건주의 운동과 대학 선교

기독교의 종교개혁은 로마 가톨릭의 거짓 교리와 도덕적 타락에 대항했던 운동이었다. 이러한 독일 경건주의 운동은 유럽의 기독교 국가 교회들의 열매 없는 정통주의와 형식주의에 대항하였다. 경건주의의 아버지는 필립 스페너(Philip J. Spener, 1635~1705)였다. 루터교 목사였던 스페너는 영성 개발을 조직적으로 추진하였다. 기도와 성경 공부를 위한 오두막 모임(cottage meetings)을 통해서 그는 주일설교를 보강했고, 성도들에게 교제의 분위기를 돈독하게 하였다.[3]

이러한 경건주의 운동의 신학은 복음 선교의 열정이 없이 선교의 비전이 있을 수 없고, 개인적인 경건의 삶이 없이 복음 전도의 열정이 없이 있을 수 없고, 친밀한 회심의 경험 없이 개인의 경건은 있을 수 없다는 것이다. 경건주의자들의 진실한 종교는 무엇보다 머리에 두는 것이 아니라 가슴에 새겼다. 이처럼 그들은 영성 개발에 중점을 두었다. 이전의 종교개혁자들처럼 스페너는 교권주의자들에게 진노의 대상이 되었다. 당시 정부와 기성교회 권위자들은 그의 운동을 비난하였다. 그러나 반대와 핍박에도

---

2) 안승오, 『세계 선교 역사 100장면』, 174.

3) J. Herbert Kane, 『세계 선교역사』, 102.

할레대학교의 옛모습(Halle University, 1836)

경건주의는 전염성이 강하여 루터교회에서 많은 지지를 얻었다. [4]

　1694년, 베를린에 스페너는 경건주의 운동의 중심지였던 할레대학교 (Halle University)를 세웠다. 이 대학은 독일 전역과 스칸디나비아반도, 그리고 동부 유럽에 경건주의를 전파하였다. 많은 경건주의 지도자들이 이 대학을 거쳐 나갔다. [5] 그리고 할레대학교는 빈민학교와 청소년학교, 고아원, 라틴어 학교 등으로 둘러싸여 있는데 약 6천 명의 성직자들이 독일에서 가장 큰 규모였던 할레대학교의 신학부에서 교육받았다. 이 대학에서 가장 영향력이 있는 영적 작가들 가운데 하나인 요한 프레이링하우젠 (Freylinghausen)은 주요 찬송가 작가였다. 그리고 라인강 하류 지역의 개혁적 경건주의자들조차도 할레대학교에 정기적으로 공헌하였다. 또한 아

4) J. Herbert Kane, 『세계 선교역사』, 102.
5) 김기홍, 『이야기 교회사 (하)』 (서울: 도서출판 두란노, 1992), 150.

메리카의 식민주의 루터파들은 할레대학교의 선교활동을 통해 대부분 복음화되었다.[6]

2. 덴마크 할레선교회

할레대학교에서는 최초의 기독교 선교 기구인 덴마크 할레선교회 (The Danish-halle Mission)가 시작되었다. 이 선교회는 선교사들과 대부분의 지원을 할레대학교에서 받았고, 선교를 위한 초기의 기동력은 덴마크가 그 역할을 하였다.[7] 1960년에 덴마크는 인도의 동해안의 트랭크바르(Tranquebar)에 무역을 위한 최초의 식민지를 개설하였다. 이후 1705년에 코펜하켄의 궁정 목사인 프란쯔 루트켄(Franz Lutkens)이 황제인 프리드리 4세에 의해서 선교사 모집 권고를 받았으나 덴마크에서 실패하였다. 덴마크에서 적당한 선교사를 찾지 못한 루트켄은 결국 스페너와 독일의 프랑케와 상의해 경건주의의 중심지인 할레에서 지원자들의 도움으로 바돌로뮤 지겐발크(Bartholomew Ziegenbalg, 1682~1719)와 하인리히 플뤼차우(Heinrich Plutschau, 1677~1747)를 추천받았다. 그런데 이들은 할레대학교에서 아우구스트 프랑케(August H. Francke, 1663~1727)에게 교육받았다.[8]

독일 선교신학자 구스타프 바르넥(Gustav Warneck, 1834~1910)은 프랑케에 대하여 말하기를, "그가 아니었다면 덴마크 선교는 잠속에 깊이 빠져버렸을 것이다"라고 하였다.[9] 1705년에 지겐발크와 플뤼차우가 선교에

---

6) James H. Nichols, *History of Christianity 1650~1950* (New York: Ronald Press, 1956), 84.

7) 조귀삼, 『복음주의 선교신학』, 125.

8) J. Herbert Kane, 『세계 선교역사』, 103.

9) Gustav Warneck, *History of Protestant Missions* (New York: Revell, 1904), 44.

자원함으로 최초의 기독교 선교회가 설립되었고, 1705년 11월에 출발해서 1706년 7월에 트랭크바르에 도착해서 사역을 시작하였다. 이처럼 어렵게 시작된 선교사역에서 플뤼차우는 5년 동안 사역하고 건강이 나빠져서 본국으로 돌아왔다. 하지만 지겐발크는 15년을 해외에서 선교하는데 현지 교회를 보살피고 수많은 인도 방언 중의 한 언어로, 신약성경 전부와 구약성경 대부분을 번역하는 등의 선교사역을 감당하였다.[10] 지겐발크가 사망했을 무렵 트랭크바르에는 350명의 기독교인 공동체가 존재하였다. 이처럼 덴마크 할레선교회는 지겐발크와 플뤼차우가 선교에 헌신함으로써 경건주의와 복음주의 운동을 통해 해외선교 운동의 흐름을 형성했을 뿐만 아니라 모라비아 선교에 영향을 끼쳤던 것이다.

3. 진젠도르프와 모라비안 선교회

모라비안 선교회(Moravian Missionary Society)의 기원은 핍박을 받으며 종교개혁의 선구자였던 얀 후스를 추종했던 발덴(Wadensians)파와 모라비안(Moravian)파 사람들이 연합형제단(Unitas Fraturm)을 형성했던 1467년에서 시작되었다. 그들은 가톨릭의 반종교개혁 운동과 30년 전쟁 때에 심한 탄압을 받고 뿔뿔이 흩어졌는데, 그들 일부가 박해를 피해 삭소니에 있는 모라비안 운동의 지도자 니콜라스 진젠도르프(Nikolaus L. Zinzendorf, 1700~1760)의 영지로 피난을 왔다.[11]

---

10) J. Herbert Kane, 『세계 선교역사』, 103-104.
11) J. Herbert Kane, 『세계 선교역사』, 104.

니콜라스 진젠도르프

 그러므로 모라비안이란 이때부터 경건주의의 영향과 함께 새로운 선교
방향을 제시한 선교공동체를 일컫는 말이다. 모라비안들과 만난 진젠도
르프는 어릴 때부터 부친의 친구였던 경건주의의 창시자 스페너와 교제가
있었고, 10살 때부터 할레대학교에서 경건주의의 지도자 프랑케에게 교
육을 받았다. 1722년 당시 진젠도르프는 300명이 넘는 모라비안 피난민
들을 그의 사유지에 정착시키고 돌보기 시작하였다. 그들의 신앙은 세계
선교를 가슴에 품고 있었다.[12]

 1737년, 그는 모라비안 선교회의 주교가 되었고, 30년 동안 그는 세
계적인 선교활동을 격려하고 지도하였다. 1732년 최초로 그들은 서인
도 제도의 덴마크령 도마섬에 사는 흑인 노예들을 위해 선교사로 지원

---

12) 조귀삼, 『복음주의 선교신학』, 126.

하였다. 이때 하나님의 부르심에 응답한 모리비안 선교사들은 도공이었던 레온 하르드 도버(Leonhard Dober)와 목수이었던 다비드 니츠만(David Nitschmann) 등이 평신도로서 선교사역을 감당하였다. 이들의 슬로건은 "직공의 도구를 어깨로 메고 세계의 선교지로 어린 양을 따라가자"라 이었다.[13] 진젠도르프의 모라비안 선교회의 선교 목표는 이교도들을 그리스도의 제자로 만드는 제자화에 있었다. 진젠도르프는 내적인 회심인 제자화의 돌봄이 없는 전도는 악마의 사역이라고 말할 정도로 이방인을 주님의 제자로 만드는 사역에 관심을 기울였다. 모라비안 선교회의 선교사들은 양적인 선교 결실의 압박에서부터 벗어나 솔선수범하는 선교사역을 감당할 수 있었다. 그리고 선교를 영적인 목표 수치의 달성보다는 한 명의 진정한 제자를 키워 그가 다시 여러 제자를 양육하게 하는 제자화의 원리가 이루어졌다. 이러한 모라비안 선교회의 제자화 선교는 성경적이면서도 선구적인 선교사역이었다.[14]

그들은 1733년 그린랜드에서, 1734년 서인도 제도의 크로 섬에서, 1735년 수리남과 골드코스트, 1737년 남아프리카에서, 1740년 북아메리카 인디언들에게서, 1754년 자메이카에서, 1756년은 앤티가(Antigua) 등에서 선교하였다. 이처럼 1732년에서 1760년까지 226명의 모라비안 선교사들은 10개의 선교지에서 사역하였다.[15] 그들은 선교사역을 시작한 이래로 20년 동안 영국 성공회와 다른 기독교 선교사들이 이전 200년간 선교했던 것보다 훨씬 많은 선교를 감당하였다. 1930년경 통계에 의하면, 모라비안 선교회는 거의 3,000명의 선교사를 파견했으며, 그들의

---

13) 한인수, 『경건신학과 경건신앙』(서울: 경건, 2003), 166.
14) 한인수, 『경건신학과 경건신앙』, 166.
15) J. Herbert Kane, 『세계 선교역사』, 105.

교인 수와 선교사의 비율이 12대 1 정도였다.[16] 대부분이 평신도였던 모라비안 선교사들은 정규교육이나 신학적인 배경이 거의 전무 하였다. 그러나 그들의 선교 열정만큼은 이러한 약점을 충분히 보완하고도 남았다. 평범하고 단순한 농부나 기술공들이었던 그들은 복음을 듣지 못한 사람들에게 복음을 전했으며, 그 복음을 삶으로 살아내고자 하는 열정이 대단하였다. 선교가 성직자의 전유물이 아니라 구원을 얻은 모든 사람의 당연한 의무라고 생각했던 대부분 선교사는 스스로 선교비를 담당하는 자비량 선교를 하였다.[17] 아울러 1736년 작센(현 독일 동부지역) 정부에서 추방당한 진젠도르프는 아메리카로 건너가 거기에 있는 모라비안들을 중심으로 많은 선교를 수행하였다. 또한 모라비아인들은 감리교를 창시하여 세계 복음화에 공헌한 존 웨슬리에게 큰 영향을 주었다는 것이다.[18]

4. 영국을 복음화한 존 웨슬리

18세기, 산업혁명과 식민지 지배의 확장으로 경제가 부강해지고 계몽주의 사조가 지배하면서 이신론적 사고가 교회의 생명력을 빼앗아 가기 시작하였다. 설교는 메마르고 도덕적 수준에 머물기 일쑤였다. 신자들은 영적인 기갈에 허덕일 때 교회에 활력을 불어넣은 인물들이 있었다. 그 대표적인 인물이 존 웨슬리(John Wesley, 1703~1791)와 조지 휫필드(George Whitefield, 1714~1770)였다.[19]

---

16) Charles H. Robinson, *History of Christian Missions*, 50.
17) Paul E. Pierson, 『선교학적 관점에서 본 기독교 선교운동사』, 403.
18) Paul E. Pierson, 『선교학적 관점에서 본 기독교 선교운동사』, 311-312.
19) 임경근, 『세계 교회사 걷기』, 289-290.

존 웨슬리

1735년 조지아로 몇 사람의 선교사를 파송하고자 했을 때 존 웨슬리는 동생 찰스와 선교사로 지원하였다. 그러나 그들의 선교사역은 안타깝게도 실패로 끝났다. 낙심하여 돌아오는 길에 대서양을 건너 항해하는 동안 웨슬리는 26명의 모라비안 선교사들이 풍랑 중에서 평화롭고 침착하게 행동하는 것을 보고 깊은 감동을 받았다.[20] 그 후, 그는 영국으로 돌아와 모라비안 성도들과 계속 관계를 유지하였다. 1738년 5월 24일 영국 런던의 올더스게이트(Aldersgate)에서 유명한 '올더스케이트 회심 사건'을 체험하게 되었다. 이 사건을 통해 그는 이상하게 가슴이 뜨거워진 경험을 하게 되었다.[21]

---

20) 김상근, 『기독교의 역사』, 183-188.

21) 김상근, 『기독교의 역사』, 188.

그는 모리바안의 교리를 좀 더 이해하기 위해 헤른후트(Hermhut)[22]를 방문하여 진젠도르프와 며칠 동안 대화하였다.[23] 이로써 마음이 뜨거워지는 것을 강조하는 웨슬리의 신학과 감리교회 정신이 태동하게 되었다. 종교개혁자들의 모토였던 '믿음을 통한 구원의 정신'이 형식주의에 젖어 들즈음에 웨슬리는 '마음이 뜨거워지는' 신앙체험을 통하여 영국을 변화시키는 놀라운 영적 운동을 시작하게 되었다.[24]

웨슬리가 활동하던 당시 영국은 농업국가에서 공업 국가로 변모해 가는 과정에서 여러 곳에 큰 도시들이 생겨났고, 국민들의 생활에는 큰 변화가 생겼다. 빈부의 격차는 갈수록 벌어져 공장 경영자는 노동력을 착취하였다. '세계는 나의 교구다"(The World is My Parish)라고 말했던 그는 런던 시내와 시외, 그리고 어디든 설교의 기회가 주어지는 데로 헌신적으로 설교하였다. 그는 순회 전도를 할 때 말을 타고 다녔는데, 그가 여행한 총거리는 25만 마일이 넘었으며, 그가 설교한 횟수만 하더라도 4만 2천 회가 넘었다. 많은 개종자가 생겨 그는 자신의 전도팀을 여러 개의 반으로 나누고, 각반들을 몇 개씩 합하여 구역으로 만들고 각 구역에는 감독을 하나씩 배치하였다. 이것이 후일 오늘날 세계에서 가장 큰 기독교 교파 중 하나이며, 세계선교에 크게 공헌한 감리교회가 되었던 것이다.[25]

---

22) 헤른후트라는 뜻은 독일어로 '하나님의 보호하심'이라는 뜻이다.

23) J. Herbert Kane, 『세계 선교역사』, 105.

24) 김상근, 『기독교의 역사』, 188.

25) Elgin S. Moyer, 『인물중심의 교회사』, 곽안전 역 (서울: 대한기독교서회, 2003), 393-395.

5. 감염병에 대한 존 웨슬리의 선교적 반응

1700년대 감염병은 유럽 사회에서 거의 사라졌다. 유럽사람들의 약 60% 정도는 항체가 생겨 자가면역을 통해 감염병을 이길 수 있게 되었다. 당시 영국은 제임스 와트(James Watt, 1736 1819)의 증기기관 동력과 다양한 기계의 발명으로 급속하게 경제와 사회적 발전에 변화를 가져왔는데, 즉 산업혁명의 변혁기를 맞이한 것이다. 사람들은 더 좋은 직장을 찾아 도시로 모여들었고, 그에 따라 술 취함, 도박, 도둑질, 매춘, 자살로 인한 사회 병폐 현상 또한 뚜렷이 나타나기 시작하였다. 당시 노동자들은 3평 정도 되는 작은 방에 살았고, 화장실이나 부엌은 공동으로 사용하였으며, 하수도가 없어 하수는 거리로 흘러내렸다. 열악한 근로 환경과 극도로 취약한 위생은 장티푸스 같은 감염병을 발병시켰다.26) 기독교 역사상 전환점을 가져온 인물로서 기독교 선교와 근대복음주의 운동에 큰 영향을 주었던 존 웨슬리가 감리회 교단을 세웠고, 성결교회에 영향을 끼친 훌륭한 영성가, 설교가, 신학자, 사회운동가였음을 다들 알고 있다.27)

그러나 웨슬리가 영국에서 최초로 '정전기 치료 기계'(static electricity machine)를 만든 사실은 잘 알려지지 않았다. 그는 일반 사람들이 사용할 수 있도록 런던 전역에 4대의 '정전기 치료 기계'를 제공하였다. 그것은 그가 전기를 통해 실명, 청각 장애, 통풍, 나병, 두통, 치통, 복통, 관절염 등과 같은 50여 가지의 질병을 치료할 수 있다고 생각했기 때문이다. 그

---

26) 연합감리교회 뉴스, "전염병과 교회, 역사에서 배운다", https://www.umnews.org/ko/news/
   covid-19-series2-learning-from-history-pandemic-and-church. 당시 상류층의 평균수명은
   35~38세였고, 노동자의 평균수명은 15~17세였다. 어린이들은 4~5살 때부터 탄광에 들어가 고
   된 노동을 시작했는데, 하루에 15시간씩 일을 하였다.
27) 이수환, 『한국교회와 선교신학』 (용인: 도서출판 목양, 2013), 111.

래서 그는 직접 치료 기계를 고안하여 제작하였고, 매번 50회 심지어 수백 번의 작은 전기충격을 통해 치료하는 방법을 제안하기도 하였다.[28] 1747년에 그는 쉽고 자연적인 방법으로 병을 치료하는 내용을 기록한 『기초 의학』(Primitive Physic)[29]이라는 제목의 책을 출간하였다. 그는 최초의 '무료 병원'(free clinic)을 개설하였고, 냉수욕, 온열 찜질, 허브차, 따뜻한 레모네이드 차를 비롯한 위생 진료 등 자가면역을 통한 질병 치유가 무엇보다 효과적이라고 믿었다. 웨슬리는 사람이 건강하기 위해서는 기본적으로 영양가 있는 음식 섭취와 깨끗한 물을 마시는 것, 건강한 작업 환경과 더불어 적절한 운동이 필요하다고 주장하였다. 또한 신선한 공기를 마시며, 고기보다 야채를 더 많이 섭취하도록 권하기도 하였다. 그리고 그는 또한 바른 몸매를 유지하는 것이 신체 건강에 매우 중요하다는 점을 강조하고, 스트레스를 관리하며, 주변 사람들과 양질의 사회적 상호 교제를 하라고 권장하였다. 이처럼 감염병에 대한 웨슬리의 선교적 반응은 질병과 감염병을 하나님의 심판이나 진노로만 이해하지 않았다. 그는 미신이나 맹신을 거부하고 의학의 전문성을 인정했던 것이다.[30] 웨슬리는 당시 암울했던 시대에 가난한 사람들과 함께 살면서 잃어버린 영혼을 구원하고, 가난한 사람들을 돌보며, 질병을 치유하고, 도덕성과 그들의 삶의 방식을 개혁함으로 사회적 갈등과 빈부의 격차에 대한 화해의 다리(The Bridge of Reconciliation) 역할을 하고자 하였으며, 이를 통해 영국 사회를 개혁하고 변화시키고자 했던 것이다.[31]

---

28) 연합감리교회 뉴스, "전염병과 교회, 역사에서 배운다", https://www.umnews.org/ko/news/covid-19-series2-learning-from-history-pandemic-and-church.

29) 그의 책은 '간단하고 안전하며 효과적인' 900가지 치료법과 288개의 통증 치료법을 소개하고 있다.

30) 연합감리교회 뉴스, "전염병과 교회, 역사에서 배운다", https://www.umnews.org/ko/news/covid-19-series2-learning-from-history-pandemic-and-church.

31) 김윤기, "17-18세기 유럽 경건주의 시대와 한국교회 디아코니아 실천 방안 연구", 「한국실천신학

6. 미국 대각성 운동 주역, 조지 휫필드의 선교사역

1738년 선교사역을 위해 미국으로 오라는 존 웨슬리의 권유로 조지 휫필드(George Whitefield, 1714~1770)는 조지아에 선교사로 갔다. 영원히 선교사로 헌신할 생각이었던 휫필드는 조지아에서 3개월을 머물면서 선교사가 아니라 영국과 미국을 순회하는 설교자가 자신의 선교 사명이라는 것을 깨달았다. 영국 교회 사역의 반대로 그는 1789년 미국을 향해 떠났다.[32]

미국에서 그의 선교사역은 그가 설교할 때 뉴욕에서 1만 2천 명의 회중이 모였고, 1740년 6주간 뉴잉글랜드 순회 전도로 인산인해를 이루었다. 휫필드의 설교를 듣고 제1차 대각성 운동의 주역이었던 조나단 에드워즈는 눈시울을 적시며, 은혜를 받고 회중들과 첫사랑을 회복할 정도였다. 이때 휫필드는 27세였고, 에드워즈는 39세였다. 휫필드는 감정에 호소하는 열정적인 설교와 효과적인 부흥 집회의 운영으로 수많은 회중을 변화시켜 칼빈주의 감리교회의 창시자로 불리기도 하였다.[33] 그는 수없이 많은 사람을 주님 앞에 인도했으며, 대각성 운동의 불을 지폈으며, 세계 선교에 크게 공헌했던 것이다.[34]

회 정기학술대회」 제76회 (2020): 329.

32) 김상근, 『기독교의 역사』, 188.

33) 김상근, 『기독교의 역사』, 188.

34) 안승오, 『세계 선교 역사 100장면』, 227.

***

결론적으로, 종교개혁 이후에서의 세계선교사에 대하여 살펴보았다. 종교개혁 이후의 선교사는 초대교회의 영향의 맥을 이어 교회는 순례적이고, 십자가 밑에서의 선교적 교회이며, 순교자의 교회였다. 모든 선교의 강조점은 전적으로 이방의 회심과 개종에 있었다. 이러한 선교 신학적 견해는 모라비안 선교회와 경건주의자들이 선교를 이해하는데 문화적 변혁에 대해 거의 관심을 기울이지 않았다. 그들은 개인과 그 개인의 영혼에 대한 집중적 관심으로 문화적, 민족적, 사회적 삶을 선교의 범위 밖으로 완전히 밀어 버렸다.[35]

---

35) 안재은, 『현대선교신학』, 16.

9장
기독교 부흥의 세계선교사

    기독교 부흥의 선교사가 새로운 활력으로 나타난 결과는 지리적으로 나타난 선교사업의 신속한 확장이었다. 기독교 선교의 부흥은 윌리엄 캐리의 인도 선교를 1793년 시작으로 아프리카와 아메리카, 그리고 아시아 국가들에서 활발하게 선교가 이루어진 1900년 시기로 잡는다.[1] 이 시기는 기독교의 위대한 세기(Great Century)로 선교의 황금시대라고도 한다. 기독교가 로마 가톨릭보다 선교 후발 주자로 나섰으나 이 시대에 기독교 선교사들이 대거 등장하여 하나님 나라를 확장하였다.[2]

    기독교 역사상 그 어느 때에도 이토록 은하수와 같은 많은 숫자의 거물급 선교사들을 낳은 적이 없었다.[3] 사실 근대선교에 있어서 영국과 미국의 역할은 지대하였다. 선교는 제국주의의 산물이라는 부정적인 평가도 있으나 하나님의 복음을 자신의 국가적 틀을 벗어나 세계에 확산시켰던 이들 국가의 공헌을 잊을 수 없다.[4] 따라서 이들 국가에서 일어났던

---

1) 조귀삼, 『복음주의 선교신학』, 128-129.
2) 안희열, 『세계선교역사 다이제스트 100』 (대전: 하기서원, 2019), 336.
3) J. Herbert Kane, 『세계 선교역사』, 130.
4) 조귀삼, 『복음주의 선교신학』, 128-129.

선교 운동을 인물과 선교단체를 중심으로 기독교 부흥의 세계선교사에 대하여 살펴보고자 한다.

1. 영국 선교단체들의 탄생

유럽과 미국에서는 윌리엄 캐리의 노력과 선교의 관심에 힘입어 많은 선교단체가 나타났다.[5] 선교단체는 선교를 위해 특별한 임무를 수행함으로써 특별한 목적을 가지고 시작된 모임을 말한다. 이 선교단체들의 특징을 살펴보면 다음과 같다.[6] 첫째, 선교단체들은 대부분이 국가와 국가교회로부터 지원을 받은 것이 아니다. 선교단체들은 교회와 평신도들로부터 지원받으면서 시작되었기에 계속해서 그들의 깊은 관심과 함께 많은 기도의 후원을 받았다. 둘째, 선교단체들은 하나님 나라의 확장을 위해 가능한 모든 자원을 동원하여 총체적인 선교를 수행하였다. 목회자만 아니라 평신도 선교사, 여성 선교사도 함께 참여하는 총력적인 선교를 수행하였다. 선교를 방법은 성경 번역, 학교설립, 지도자 훈련, 교회설립, 문서선교, 사회개혁 운동 등 총체적인 선교전략을 수행하였다. 마지막으로 셋째, 선교단체들은 효과적인 선교를 위한 연합을 강조하였다. 선교를 주도했던 유럽과 미국 안에서는 교파 간의 갈등과 경쟁은 선교 현장에서 무의미한 일이었기 때문에 선교사들과 그들의 선교를 받은 현지 교회들은 교파 간의 장벽을 뛰어넘으면서 연합과 사귐의 전망을 열어 놓았다.

---

5) J. Herbert Kane, 『세계 선교역사』, 115.
6) 이형기, 『세계교회사 II』 (서울: 한국장로교출판사, 1994), 467-469.

1) 침례선교회

1792년, 최초 기독교의 선교단체인 덴마크 할레선교회로 이어 근대 선교단체의 역사는 근대선교의 아버지라고 불리는 윌리엄 캐리(William Carey, 1761~1834)와 함께 시작되었다. 캐리는 뜨거운 선교의 열정과 끈질긴 설득력으로 이방인들에게 복음을 전파하는 침례선교회(Baptist Missionary Society)7)를 설립하였다.8) 이 선교회는 기독교 선교의 시작이라 할 수 있다. 예일대학교 교회사 교수 케네스 라토렛(Kenneth S. Latourette, 1884~1968)은 당시 침례선교회에 대하여 말하기를, "선교회 출현의 효시가 된다"라고 하였다.9) 침례선교회는 선교사 모집부터 파송과 후원, 그리고 관리가 다른 선교단체를 창설케 하는 원동력이 되었다.10) 이 선교단체는 캐리와 동료들을 인도로 파송하였다.

침례선교회가 오늘날 선교단체의 모델이 되는 이유는 다음과 같다.11) 첫째, 선교회는 사람을 훈련 시키는 팀워크를 잘 이루었기 때문이다. 캐리가 인도를 떠날 때 그와 함께 파송 받은 사람은 외과 의사인 존 토마스(John Thomas)였다. 인도 말다(Malda)에 도착한 후 6년이 지나 세람포어(Serampore)에서 거의 아사 직전에 놓인 캐리를 선교회에서는 내버려 두지 않고 조수아 마쉬맨(Joshua Marshman, 1768~1837)과 윌리암 워드(William Ward, 1769~1823)를 보내어 그의 사역을 지원하였다. 이 둘의 팀워크가 아니었다면 캐리는 위대한 선교를 할 수 없었을 것이다. 둘째, 선교회는 적재적소에 캐리에게 필요한 재정을 지원해 주었기 때문이다. 사실 캐리는 자립,

---

7) 전에는 특수침례선교회였다.

8) 이형기, 『세계교회사 II』, 512.

9) Kenneth S. Latourette, *A History of Christianity. Vol. 2* (Peabody: Prince Press, 2003), 1033.

10) 안희열, 『세계선교역사 다이제스트 100』, 344.

11) 안희열, 『세계선교역사 다이제스트 100』, 345-346.

자치, 자전을 목표로 하는 토착 선교(indigenous mission)를 지향해 자체적으로 선교비를 충당하는 것을 원칙으로 하였다. 다만 성경 번역 출판이나 의료선교와 같은 큰 사업은 본부의 지원을 받았다. 캐리와 세람포어 선교회가 1800년부터 1832년까지 발행한 성경, 잡지, 정기간행물 발행 부수만 21만 부가 넘었다. 그런데 이 비용은 선교회에서 부담하였다. 아울러 캐리는 1821년부터 의료선교도 준비함으로써 당시 세람포어 선교회는 12명의 현지인 선교사를 후원하고, 재정이 넉넉지 않아 본부의 도움이 절실히 필요할 때 본부가 지원해 주어 의료선교를 할 수 있었다.

2) 런던선교회와 로버트 모리슨, 윌리엄 밀른과 선교사들

1795년에 남태평양 선교의 목적으로 이미 인도와 아프리카 등지에 감리교회와 장로교회, 독립교회, 성공회 복음주의자들 등이 연합하여 런던선교회(London Missionary Society)가 조직되었다. 이 단체는 어떤 특정한 교회의 질서나 정치에 구애됨이 없이 이방인들에게 하나님의 영광스러운 복음을 전파한다는 목적을 가지고 출발하였다.[12] 1796년 이 선교회에서 최초로 파송한 선교사는 남태평양을 향했다. 30명의 선교사 일행은 겨우 4명만 안수받았으나 나머지는 직공들이었다.[13] 1797년 그들은 타히티(Tahiti)에 도착 역경 가운데 이루어진 선교의 결실로 타히티의 포마레 2세(Pomare II) 왕은 우상과 제단을 철거하여 4천 명의 백성들 앞에서 선교사들에게 세례를 받았다. 그의 세례로 수천 명이 기독교로 개종하도록 영향을 미쳤다.[14]

그리고 처음 중국 땅을 밟은 기독교 선교사는 로버트 모리슨(Robert

---

12) Stephen C. Neill, 『기독교 선교사』, 312.
13) J. Herbert Kane, 『세계 선교 역사』, 127.
14) 안승오, 『세계 선교 역사 100장면』, 256-258.

로버트 모리슨

Morrison, 1782~1834)이다. [15] 그는 최초의 개종자를 얻는데 7년을 기다렸
다. [16] 기독교 선교의 위대한 업적은 성경 번역이다. 모리슨이 중국 광저우
에 도착한 1807년은 중국에서 선교하기가 굉장히 힘들었다. 그것은 외국
인들이 본토에 아예 입국할 수 없었고, 머물 수 있는 곳은 거류허가증을
받고 체류할 수 있는 광저우나 포르투갈령의 마카오뿐이었다. 그는 중
국어에 능통했기에 1809년 동인도회사 통역관으로 발탁되어 신변의 안
정과 경제적 보상을 받을 수 있게 되었다. [17]

　무엇보다 모리슨의 위대한 선교 업적은 중국어를 공부하여 문법책과
사전을 편찬하였고, 성경을 중국어로 번역하였다. 그는 1813년에 신약

---

15) Stephen C. Neill, 『기독교 선교사』, 312.
16) J. Herbert Kane, 『세계 선교 역사』, 129.
17) J. Herbert Kane, 『기독교세계선교사』, 박광철 역 (서울: 생명의말씀사, 1997), 347.

성경 번역을 완성했고, 6년 뒤인 1819년에 구약성경 번역을 마무리하였다. 그는 25년간 중국에 머물면서 10명의 개종자를 얻었으나 복음의 문이 완고하게 닫혔던 중국의 상황을 고려하면 절대로 적은 수의 열매가 아니었다. 다시 말해, 근본주의 이슬람교에서 개종자를 얻는 만큼이나 힘들었다. 18)

런던선교회가 두 번째로 파송한 선교사는 윌리엄 밀른(William Milne, 1785~1822)이다. 밀른은 모리슨의 결정에 따라 말레이시아 말라카(Malacca)로 후퇴하여 그것에 영화서원(英華書院)과 인쇄소를 설치하였다. 1823년 이곳에서 중국어 최초의 완역 한문 성경인 『신천성서』(神天聖書)가 출판되었다. 모리슨과 밀른에 이어서 출판 사역에 두각을 보인 월터 메드허스트(Walter H. Medhurst, 1796~1857), 최초의 의료선교사 윌리엄 록칼트(Wiiliam Lockhart, 1811~1896), 중국학의 대가 제임스 레그(James Legge, 1815~1897) 등의 런던선교회 선교사들이 들어왔다. 19)

런던선교회 선교사 윌리엄 스완(William Swan)과 에드워드 스탤리브라스(Edward Stallybrass) 부부들은 러시아의 브리야트 지역에서 선교하면서 몽골어로 1833년부터 구약성경을 번역 출간하였다. 20) 1870년에는 제임스 길모어(James Gilmour) 선교사를 몽골에 파송시켰다. 21)

3) 교회선교회와 헨리 마틴

영국 교회 안에는 1790년까지 복음 전도 각성 운동으로 감명받은 복음주의자들이 교회 안에 남게 되었다. 수적으로 열세인 그들은 완강한 다수

---

18) 안희열, 『세계선교역사 다이제스트 100』, 357-359.
19) 김홍수 · 안교성, 『잊혀진 우리 이야기, 아시아 기독교 역사』, 41-42.
20) Donald E. Hoke, *The Church in Asia* (Chicago: Moody Press, 1975), 446.
21) 김홍수 · 안교성, 『잊혀진 우리 이야기, 아시아 기독교 역사』, 226.

의 사람에 의해 조롱과 강력한 반대로 부딪쳤다. 복음주의자들은 기존의 두 단체의 선교회보다 더 복음주의적인 원리에 입각한 선교회가 구현되어야 한다고 믿었다.[22] 그 결과 1799년에는 성공회 복음주의자들이 주축으로 교회선교회(Church Missionary Society)가 결성되었다.[23] 1815년에서 1891년 사이에 교회선교회는 650명의 선교사를 파송하였다. 그중에 240명만 대학 출신으로 영국 선교사들은 교육을 제대로 받지 못했다. 더군다나 대부분은 안수받은 목회자들보다 평신도들이 더 많았다.[24]

특히 영국의 부유한 상인의 아들로 콘월에서 태어나 캠브리지대학교 수학과에서 탄탄한 훈련을 받고 모든 것을 내려놓은 인도의 채플린 선교사로 잘 알려진 헨리 마틴(Henry Martyn, 1781~1812)은 교회선교회 소속의 최초의 영국인 선교사가 되었다.[25] 인도에 도착한 그는 윌리엄 캐리와 세람포어 선교사들을 만났다. 그들은 마틴의 재능을 알고 그에게 성경 번역을 권유하였다. 그는 탁월한 언어능력을 지닌 성경 번역 선교사였다. 1808년 봄에 신약성경을 우르두어(Urdu)로 번역하는 대업적 이루었고, 1810년에는 힌디어(Hindi) 신약성경을 페르시아어와 아랍어 등으로 번역을 마쳤다.[26]

헨리 마틴의 선교전략은 다음과 같은 특징을 지니고 있다.[27] 첫째, 그는 항상 선교지의 문화와 언어를 배우려는 자세를 지녔다. 그는 인도에 가기로 결심한 순간부터 힌디어 문법을 끊임없이 공부하였다. 인도로 가는 배 위에서도 그는 인도인 이슬람교 선원들과 대화하며, 부족한 부분을

---

22) 안재은, 『현대선교신학』, 21.
23) Stephen C. Neill, 『기독교 선교사』, 312.
24) J. Herbert Kane, 『세계 선교 역사』, 127.
25) 안재은, 『현대선교신학』, 21.
26) Ruth A. Tucker, 『선교사 열전』, 168-169.
27) John Thornbury 외 4인, 『위대한 개척 선교사들의 생애』, 김기찬 역 (고양: CH북스, 2001), 269-295.

보충할 정도였다. 둘째, 그는 선교사역이 사회로 확대될 수 있도록 노력하였다. 그는 인도 어린이들을 위하여 학교를 시작하였다. 셋째, 그는 늘 동역하는 자세를 지녔다. 그는 동역자들의 도움을 받으면서 사역을 이루어 갔으며, 특히 성경을 번역할 때는 더욱 많은 사람의 도움을 받았다.

다른 성공회 교회인들은 해외에 나가서 사역할 만큼 선교에 대한 열정이 없었다. 그래서 1802년에는 교회선교회가 보낼만한 선교사를 한 사람도 얻지 못했다. 새로운 선교협의회를 위한 사역자들을 세우는 일과 선교 정신을 촉진 시키기 위해서 그들은 베를린선교신학교를 루터란 목사인 요한 쟈니케(John Janicke)의 지도로 교회선교회를 세웠다. 1800년에 시작된 이 학교는 27년 동안에 약 80명의 선교사를 파송하였다. 그리고 15년 동안에는 24명의 선교사가 새로운 성공회 선교회에 의해 파송되었는데 그들 중에 17명이 독일인이었다. [28]

4) 영국 및 해외 선교협회

1804년에는 영국 및 해외 선교협회가 결성되어 위원회의 구성원도 성공회와 자유교회의 교직자들로 절반씩 담당케 함으로써 교회 간의 협력을 크게 증진 시킨 본보기가 되었다. [29]

5) 웨슬리 감리교선교회

1818년에는 영국 웨슬리 감리교선교회(The Wesleyan Methodist Missioary Society)가 설립되었다. [30] 스코틀랜드에서도 선교회가 조직되었다.

---

28) 안재은, 『현대선교신학』, 22.
29) Stephen C. Neill, 『기독교 선교사』, 312.
30) 안재은, 『현대선교신학』, 22.

6) 외국 선교국

1825년에는 자유 연합교회에서 외국 선교국을 상설기관으로 설립하고, 선교회의 조직과 더불어 선교활동을 전개하였다. 그런데 한국의 서상륜을 만주에서 만나 그의 도움으로 성경을 한글로 번역했던 존 로스(John Ross, 1842~1915) 목사와 존 매킨타이어(John Macintyre, 1837~1905) 목사는 이 선교회에서 파송된 선교사들이었다. 31)

7) 영국 장로회 선교회

1847년에는 영국 장로회 선교회가 윌리엄 번즈(William C. Burns) 선교사를 파송했으며, 번즈는 홍콩을 거쳐 중국 샤먼(廈門)에 도착하여 교회와 학교, 병원을 세우면서 크게 부흥하였다. 32)

8) WEC 선교회

1882에는 캠브리지대학교(Cambridge University) 집회에 유명한 7인의 젊은이들이 선교사로 헌신하였다. 그 중에서 찰스 스터드(Charles T. Studd, 1862~1931)는 선교단체인 WEC(Worldwide Evangelization for Christ)의 창설자가 되었다. 33)

9) 중국 내지선교회와 허드슨 테일러

1860년에 중국 선교의 아버지로 불리는 허드슨 테일러(J. Hudson Taylor, 1832~1905)는 오늘날 OMF(Overseas Missonary Fellowship)의 전신인 중국 내지

---

31) 안승오, 『세계 선교 역사 100장면』, 236.
32) 김홍수 · 안교성, 『잊혀진 우리 이야기, 아시아 기독교 역사』, 43.
33) 김성태, 『세계 선교 전략사』, 129.

허드슨 테일러

선교회(China Inland Mission, CIM)를 설립하였다. 34)

영국 감리교 목사의 아들로 태어나 15세 때에 일찍부터 중국 선교사가 되기로 결심한 테일러는 헐대학교(University of Hull)과 런던대학교(University of London)에서 의학과 약학을 공부하였다. 중국의 열악한 상황을 접하기 위해 그는 빈민가에서 마른 빵과 사과만을 먹으며 나름 중국에 가기 전 선교사 적응훈련을 하였다. 철저하게 선교사역을 준비한 그는 1853년 중국 복음화선교회의 후원으로 21세의 젊은 나이에 중국 선교사로 떠났다. 1854년부터 1860년까지 그는 6년 동안 상하이와 광저우, 그리고 닝보에서 선교사역을 하였다. 35) 1865년 그는 복음이 미치지

---

34) 김성태, 『세계 선교 전략사』, 129.
35) 안승오, 『세계 선교 역사 100장면』, 274.

못한 지역을 위해 중국 내지선교회를 설립해 중국 18개 성에 825명의 선교사를 파송했으며, 300여 선교지에 500명 이상의 중국 현지인 협력자들과 함께 12만 5천 명의 회심자를 양육하였다.[36]

테일러는 중국인들에게 다가가기 위해 스스로 중국인이 되었다. 그는 현지인과 하나 되는 선교 수행을 위해 중국문화에 동화되어 현지인처럼 변발하고 헐렁한 바지를 입었다. 총체적인 선교 접근을 위해 그는 진료소와 학교, 그리고 복음 전도소를 세워 최종 목적인 영혼 구원을 추구하였다.[37] 또한 결혼하지 않은 여성이 선교사가 될 수 있도록 허락하였다. 그의 신선한 가치관은 로티 문(Lottie Moon)과 에이미 카마이클(Amy Carmichael) 같은 여성 선교사들이 인도와 중국에 복음을 전할 수 있도록 문을 열어주었다.[38]

2. 미국 선교단체들의 탄생

1806년 미국 윌리암대학교(William University)의 학생 5명으로 시작된 '건초더미 기도 운동'(Haystack Prayer Meeting)은 미국 기독교 선교의 도화선이 되었다. 이 대학을 다녔던 미국 선교의 창시자 사무엘 밀즈(Samuel J. Mills, 1783~1818)를 중심으로 제임스 리처즈(James Richards), 프란시스 로빈스(Francis Robbins), 하비 루미스(Harvey Loomis), 바이램 그린(Byram Green)은 대학 근처에 있는 단풍나무 숲에 자주 모여 기도하였다. 1806년 8월 다름없이 기도하러 가다가 큰 소나기를 만나 건초더미에 몸을 피했다. 그곳

36) Ruth A. Tucker, 『선교사 열전』, 217-223.
37) 이병길, 『중국 선교의 어제와 오늘』 (서울: 개혁주의신행협회, 1987), 82-83.
38) Timothy P. Jones, 『하루만에 꿰뚫는 기독교 역사』, 배응준 역 (서울: 규장, 2007), 219.

으로 이동한 그들은 예전처럼 뜨겁게 기도하였다. 그런데 그들은 세계를 품는 기도에 빠지지 않았고, 이제는 자신들이 미국 선교사로 헌신할 것을 약속하고 서명함으로써 미국교회의 선교는 시작되었다. [39]

1) 미국 해외선교회

1810년에는 미국 해외선교회(American Board of Commissions for Foreign Missions)[40]가 구성되어 선교 대열에 가담하였다. [41] 사무엘 밀즈와 1808년에 조직한 '형제회'(Society of the Brethren)는 브라운대학교 출신인 차후 불교 왕국 미얀마에 복음의 씨앗을 뿌렸던 아도니람 저드슨(Adoniram Judson, 1788~1850)과 조우로 선교의 구체적인 계획들을 실행할 수 있었다. 1810년, 그들은 매사추세츠 회중 목회자 총회에 참석하여 선교의 비전을 제시하였다. 그런데 이때 젊은이 세 사람의 간증은 총회로 하여 해외선교회를 즉각적으로 결성토록 하였다. 이것이 바로 1810년 설립된 미국 최초의 미국 해외선교회다. [42]

대표적인 중국 선교사로 엘리야 브릿지만(Elijah C. Bridgeman, 1801~1861)은 1830년에 광저우에 도착하여 성경 번역과 출판 사역 등을 감당하였고, 사무엘 윌리엄스(Samuel W. William, 1812~1884)는 1833년에 입국하여 저술과 출판에 종사하였으며, 1834년에 입국한 피터 파커(Peter Parker, 1804~1889)는 광저우에 최초의 서양식 병원인 박제의원을 세워 의료선교의 기틀을 쌓았다. [43]

---

39) J. Herbert Kane, 『기독교세계선교사』, 126-127.
40) 처음에 초교파로 시작하였다가 1870년 이후 미국 회중 교회 선교부가 되었다.
41) Stephen C. Neill, 『기독교 선교사』, 312.
42) 안희열, 『세계선교역사 다이제스트 100』, 361.
43) 김흥수·안교성, 『잊혀진 우리 이야기, 아시아 기독교 역사』, 42.

아도니람 저드슨

2) 미국 침례회선교회와 아도니람 저드슨

1814년에는 미국 침례회선교회(American Baptist Missionary Board)가 설립되었다.[44] 아도니람 저드슨(Adoniram Judson, 1788~1850)은 최초의 미국 선교사로 파송되었다. 그는 미국 해외선교회에서 파송되었으나 인도로 가는 도중에 침례회 원리가 더 옳다는 확신을 갖게 되어 캘커타에서 침례를 받고 침례회 소속이 되었고, 인도에서 미얀마로 사역지를 바꾸었다.[45]

그는 매일 15시간을 일하며, 열대 지역의 질병들과 싸우는 도중 두 아이를 떠나보내는 슬픔을 겪었다. 다시 딸 마리아가 태어났는데, 부인 앤과 딸마저 곧 세상을 떠났고 말았다. 그런 엄청난 고난 가운데서도 저드슨은 귀한 선교의 열매들을 많이 맺었다. 미얀마 선교의 아버지로 불렸던 그는 성경을 미얀마어로 번역했고, 유명한 미얀마 영어사전을 완성

44) Stephen C. Neill, 『기독교 선교사』, 312.
45) 안승오, 『세계 선교 역사 100장면』, 254-255.

하였다. 그가 세상을 떠날 즈음에 미얀마에는 7천여 명의 기독교인 생겼다. [46]

3) 미국 성서공회

1816년에는 미국 성서공회(American Bible Society)가 설립되었다. [47] 세계 선교사에 가장 큰 공헌을 했던 연합성서공회[48]는 인류역사상 그 어느 때에도 한 권의 책을 번역과 출판, 그리고 보급하기 위해 많은 기관이 조직된 적은 결코 없었다. 오랜 세월 성서 공회는 교단이나 신학적 주장 또는 지리적 위치와 상관없이 여러 선교단체와 밀접하게 손잡고 일하였다. 실제로 성서 공회는 오직 성경 출판에만 책임을 맡고 있다. 번역 작업은 성서 공회에 언어학자들의 조언과 감독을 받아 선교사들이 일한다. 보급 문제로는 성서 공회들이 각 지역에 전적으로 의존하고 있다. [49]

4) 미국 성공회

미국 성공회의 사무엘 쉐르쉐프스키(Samuel I. J. Schereschewsky, 1831~1906) 선교사는 1879년 상해에 성요한대학교(St. John's University)를 지금의 화동정법대학을 세웠고, 그 밖에도 소주의 동오대학인 지금의 소주대학을, 지금의 북경대학교로 흡수된 북경 연경대학 등 13곳 이상의 기독교대학이 세워졌다. 또한 광저우의 박제의원을 시작으로, 오늘까지도 중국 최고의 병원으로 남아 있는 북경의 협화의원(協和醫院)까지 수많은 병원이 세워졌다. 그

---

46) 안승오, 『세계 선교 역사 100장면』, 254-255.
47) Stephen C. Neill, 『기독교 선교사』, 312.
48) 세계선교사에서 가장 영향력을 끼쳤던 4개의 성서공회는 다음과 같다. 영국 해외성서공회 (British and Foreign Bible Society, 1804), 스코틀랜드 국가성서공회(National Bible Society of Scotland, 1809), 네덜란드 성서공회(Netherlands Bible Society, 1814), 미국 성서공회 (American Bible Society, 1816) 등이다.
49) J. Herbert Kane, 『세계 선교 역사』, 26.

밖에 고아원, 양로원, 농업 활동이나 전적 반대운동, 아편 반대운동 등이 전개되었다. [50)

3. 그 외에 선교단체들의 탄생

1796년에는 스코틀랜드 글래스고선교회(Glasgow Missionary Society), 1797년에는 네덜란드선교회(Netherlands Missionary Society), [51)] 1815년에는 독일 바젤선교회(Basel Mission), 1821년에는 덴마크선교회(Danish Missionary Society), 1822년에는 프랑스에서, 1824년에는 독일 최초로 베를린협회(Berlin Society)가 설립되었고, 1835년에는 스웨덴선교회(Swedish Missionary Society), 1842년에는 노르웨이선교회(Norwegian Missionary Society)가 각각 선교단체들의 대열에 가담하였다. [52)] 19세기 말에는 거의 모든 기독교 국가와 거의 모든 기독교 교파가 선교사업을 지원하는 일에 담당하였다. [53)]

4. 근대선교의 아버지 선교사 모델 윌리엄 캐리

영국의 구두 수선공 출신의 설교가였던 윌리엄 캐리(William Carey, 1761~1834)는 1785년 침례회 목사가 되어 나중에 레스터(Leicester)에 있는 큰 교회로

---

50) 김홍수 · 안교성, 『잊혀진 우리 이야기, 아시아 기독교 역사』, 45.

51) J. Herbert Kane, *Understanding Christian Missions* (Grand Rapids: Baker, 1986), 148.

52) 안재은, 『현대선교신학』, 23-24.

53) Stephen C. Neill, 『기독교 선교사』, 312.

부임하였다. 캐리는 언어의 탁월한 능력으로, 이미 10대 때부터 독학으로 6개 언어인 라틴어, 그리스어, 히브리어, 이태리어, 프랑스어, 네덜란드어로 성경을 읽을 수 있었다. 성경 속에 있는 선교의 뜻을 이해하던『쿡 선장의 마지막 항해』와『지리 문서』,『데이비드 브래드너의 생애와 일기』등의 많은 책을 읽고 해외 선교의 결심을 굳혔다.

해외선교를 위해 그는 기도하던 중 자신의 비전을 담은 87페이지 분량의 책『이방인 구원을 위해 사용할 방법을 탐구할 기독교인들의 책임』(An Enquiry into the Obligation of Christians to use Means for the Conversion of the Heathen)을 1792년에 발간하였다. 캐리의 대답은 세계 그리고 이 세계에 복음을 전파하기 위해 애쓴 전체 기독교 선교사(史)에 대한 끈기 있고 조직적인 조사였다. 이 책을 목회자들에게 나눠주면서 그는 선교에 동참해 줄 것을 촉구하였다.[54] 캐리의 선교 비전으로 1793년 6월 13일 인도로 향해 출발해 그해 11월 19일 인도에 도착하였다. 그는 40년 동안 인도에서 하나님 나라를 위해 선교사역을 감당하였다. 무엇보다 그는 사회적 측면은 당시 실행되었던 과부의 순사제도나 어린아이를 신의 제단에 제물로 바치는 악습을 고치는 일이었다. 그리고 그는 성경 번역을 통해 그들이 하나님의 말씀을 볼 수 있도록 했다. 또한 세람포어에 선교기지를 세워 팀 선교의 효시를 만들었다.[55]

그래서 그는 현대 선교의 아버지라는 명칭을 얻게 되었다. 그는 선교의 이론적 방면에 큰 업적을 남겼다.[56] 첫째, 그는 마태복음 28:18-20의 선교 명령에 대한 개혁자들의 이론에 반론을 펼쳤다. 이로 인하여 이방인들에 대하여 무관하게 되었다고 했다. 그는 사도행전 13장과 14장을 이

---

54) Ruth A. Tucker, *From Jerusalem to Irian Jaya* (Grand Rapids: Zondervan, 1983), 115.
55) 조귀삼,『복음주의 선교신학』, 130.
56) 안재은,『현대선교신학』, 16-17.

방 세계에 대한 최초의 선교였다고 말하고 있다. 둘째, 선교사역은 죄인을 동정하거나 불행에 대한 동정이 아니라 예수님의 명령을 순종함으로 한다는 소명 의식을 확립하였다. 셋째, 지리적 발견으로 선교의 치밀한 역사를 제공해 주었다. 또 당시의 문제인 노예제도와 식민지주의의 기본적인 구조를 반대하였다. 넷째, 1810년에 세계선교협의회 소집을 제안하였다. 그러나 100년 후 에딘버러(Edinburgh)에서 그 모임이 실천되었다. 마지막으로 다섯째, 그는 인디언 설교자를 훈련 시키고 종교적 문화적 배경을 연구하기 위한 세람포어대학(Serampore College)을 설립하였다. 당시 이 대학은 37명의 학생으로 개교했는데 그중 19명이 기독교인이었으며, 18명이 비기독교인이었다. 57) 이것으로 인도의 상황화 신학의 기초를 다졌다.

5. 일본 최초의 선교사 제임스 헵번

1854년 미일화친조약(美日守護通商條約)을 시작으로 일본은 250년 동안의 쇄국정책을 풀었다. 일본인에게 여전히 기독교는 금지된 상황에서 1859년 미국 북장로교 소속 의료선교사 제임스 헵번(James C. Hepburn, 1815~1911)을 비롯해서 미국 성공회 소속 윌리엄스(C. Williams), 미국 개혁교회 브라운(S. Brown) 선교사 등이 차례로 입국하면서 본격적인 선교활동이 시작되었다. 58)

헵번은 1863년 요코하마 거류지 39번지에서 진료소를 개설하였다. 그

---

57) 1827년에 덴마크 왕은 이 대학에 문학사와 신학사의 학위를 수여할 수 있는 권한과 함께 대학 설립의 인가장을 보내어 주었다.

58) 村上重良, 『일본의 종교』, 최길선 역 (서울: 정경사, 1979), 35.

제임스 헵번

는 8년간 일본어 연구로 『영화사전』을 편찬했으며, 일본어 성경을 출판하였다. 1874년부터 브라운 선교사 저택에서 성서번역위원회를 조직하고 위원장으로 활동하면서 대부분의 성경을 번역 출간하게 되었다. 더불어 그는 메이지가쿠인대학(明治學院大學) 설립에도 힘을 기울였으며, 총장으로도 재직하였다. 그리고 말년에는 야마모토와 함께 『성서 사전』을 출간하였다. 특히 헵번은 한국에서 온 이수정(李樹廷, 1842~1886)의 성경 번역을 출간할 수 있도록 뒤에서 도운 인물로도 유명하다. [59]

초기 일본의 기독교 선교는 5년 만인 1864년에 첫 세례자를 얻었다. 어려운 상황에서 10년 뒤인 1878년에는 44개의 교회가 설립되었고, 1,617명의 기독교인이 생겼다. 그리고 1890년에는 3만 4천 명에 이르는 기독

59) 이수환, 『일본에서 한국을 선교한 이수정 이야기』 (용인: 도서출판 목양, 2014)을 참고하라.

교인들이 생겼다.[60] 당시 기독교의 유일신 신앙과 개인주의의 윤리는 천황을 현인 신으로 삼고 충효를 중요시하는 일본 천황제 상황에서 끊임없는 비난과 공격을 받았다. 1890년에서 1900년까지 10년 동안 일본 기독교의 성장은 1891년 3만 2,334명, 1897년 3만 7,658명, 1900년에 4만 명을 넘어설 정도로 둔화되었다. 그 후 일본 기독교는 국체에 위배 된다는 비난을 극복하고자 천황제를 적절히 수용하면서 청일전쟁(1894년)과 노일전쟁(1905년), 그리고 제2차 세계대전 등에 적극적으로 협력하였고, 이런 태도가 비교적 긍정적인 이미지를 심어주어 1910년 이후부터 비교적 순조롭게 성장해서 1926년에는 16만 6,673명까지 성장하였다.[61]

6. 한국 개화기 시대에 평신도 이수정 선교사

한국교회의 성장은 138년 전 한국 개화기 시대에 이수정(李樹廷, 1842~1886)의 선교활동이 가능함으로써 한반도로 복음이 들어 올 수 있었다. 특히 한국 선교역사에 의하면, 공식적인 외국 선교사가 들어오기 이전에 이미 국외에서 한국의 평신도에 의해서 한글 성경이 먼저 번역되어 출판되었다.[62]

이것은 19세기 세계선교사에 획기적인 사건으로 기록되었다. 이수정이라는 인물의 역사적인 중요성은 그가 외국 선교사가 한국에 입국 이전부터 이미 유교에서 개종한 기독교인이었다는 사실, 그리고 그가 일

---

60) 유기남, 『일본을 알자』 (서울: IVP, 1992), 70-74.

61) 유기남, 『일본을 알자』, 74-79.

62) Horace G. Underwood, *The Call of Korea* (New York: Fleming H. Revell Company, 1908), 136. 국외 번역은 크게 존 로스 번역 성경(1882~1887)과 이수정 번역 성경(1884~1885)으로 구분할 수 있다.

본에서 번역한 마가복음은 호러스 언더우드(Horace G. Underwood, 1859~1916)
선교사와 헨리 아펜젤러(Henry G. Appenzeller, 1858~1902) 선교사에 의해 한국
으로 가지고 들어 왔다는 것이다. 이수정은 오늘날 선교 동원가(Mission
Mobilizer)로 하나님의 선교(Missio Dei)를 위해 외국 선교사를 한국에 유치하
고자 노력하였다.[63]

선교(Mission)는 복음을 전파하는 것뿐만 아니라 보이지 않는 곳에서
성경을 번역하고 출판하며, 기독교 문화와 역사를 널리 알리는 사역이
다. 이러한 선교를 이수정의 선교활동을 통해 찾아볼 수 있다. 한국의
복음화를 위한 그의 뜨거운 헌신과 열정은 수많은 한국 젊은이들을 선
교에 동참하게 하였다. 미국 선교사들을 유치함으로써 한국선교의 힘
을 하나로 모으는 데 결정적인 역할을 하였다. 한국 최초의 평신도 전
문인 선교사라 할 수 있는 이수정은 1842년 전라남도 곡성군 옥과면(玉
果面)에서 이병규(李秉逵)의 장남으로 태어났다. 그의 부친 이병규의 가문은
일찍이 천주교를 믿는 집안이었고, 이수정의 큰아버지는 천주교를 믿다
가 순교 당한 가정이었다.[64]

이병규는 일본 유학계에 이미 널리 알려진 대학자로서 이수정도 아버지
를 닮은 유학자로 성장하였다.[65] 이러한 그의 학문의 소질과 노력은 결
국 과거시험에 합격하여 홍문관(弘文館)으로 임명되어 학문연구 혹은 언
론기관에서 일하는 직책을 맡았다.[66] 이후 1882년 6월 9일에 일어난 임
오군란(壬午軍亂) 때, 이수정은 명성황후(明成皇后, 1851~1895)의 환궁을 도

63) 배요한, "이수정의 신앙고백문에 대한 유교철학적 분석", 「장신논단」 38 (2010): 484.
64) 부산외국어대학교, "최초의 한국인 일본선교사는 이수정 - 일본어학부 김문길 교수",
    http://www.pufs.ac.kr/html/01_intro/intro_05_02.aspx?cId=10000007&lp=V&post
    Id=10085029.
65) 김수진, 『한국 기독교 선구자 이수정』 (서울: 도서출판 진흥, 2006), 58-59.
66) 김수진, 『한국 기독교 선구자 이수정』, 60-61.

이수정

와 명성황후를 가마에 태우고 충주를 떠나 한양에 입성하여 창덕궁에 안
전하게 도착하였다. [67] 고종(高宗) 황제는 명성황후를 구출한 공로로 이
수정에게 높은 벼슬을 주도록 하였으나 그는 벼슬을 거론하지 않고
단지 외국 문물을 견학할 수 있도록 일본으로 가는 것을 승낙해 달라
고 고종 황제에게 청원하였다. [68] 1881년 1차 신사유람단(紳士遊覽團)의 일
원으로 일본에 다녀온 안종수(安宗洙)는 일본을 방문하는 동안 쯔다센(津田仙,
1837~1908) 박사를 만나 농업의 기술뿐만 아니라 성경의 관심도 가지고 있
었고, 귀국 후 이수정에게 쯔다센을 방문해 기독교에 대한 배움을 권유
하였다. 명성황후의 총애를 받았던 이수정은 제2차 신사유람단의 일행

---

67) 김수진, 『한국 기독교 선교자 이수정』, 56-57.
68) 김요나, 『순교자 전기 1권』 (서울: 대한예수교장로회총회 출판국, 1996), 203.

과 함께 1882년 9월 19일 메이지 마루(明治丸)라는 일본 상선을 타고 제물포를 떠나 고베(神戶)를 거쳐 9월 29일에 목적지인 일본 요코하마 항에 도착하였다. 메이지 정부에서 나온 관리들의 안내를 받은 이수정은 기차를 타고 일본 동경(東京)에 도착하였다. [69]

쯔다센은 자기를 찾아온 이수정을 친절히 맞아 주었고, 이수정은 쯔다센의 집 거실에 걸린 한문으로 된 마태복음 5장 산상수훈(山上垂訓)의 족자에 눈길이 쏠려 팔복을 읽었다. 그는 산상수훈의 팔복에 나타난 사회 속에서 인간이 살아가는 데 있어 꼭 필요한 인간의 만민평등(萬民平等) 사상과 유교에서 볼 수 없는 도덕률이 나열된 것을 본 것이다. 쯔다센은 호기심이 많은 그에게 족자의 팔복의 원전인 한문 성경과 기독교 교리의 내용이 담긴 『천도소원』(Evidences of Christianity)을 선물로 주었다. [70] 숙소로 돌아온 이수정은 한문 성경을 탐독하면서 성경의 진리의 빛에 의해 새로운 회심에 이르게 되었으며, 그는 쯔다센에게 체계적인 성경 공부를 훈련받아 신앙의 급성장을 경험하였다. [71]

쯔다센은 야스가와(安川亨) 목사에게 이수정을 소개하여 이때부터 야스가와 목사와 조지 녹스(George W. Knox, 1853~1912) 선교사의 지도하에 열심히 성경 공부를 하였다. 그의 신앙은 급속하게 성장하여 1883년 4월 29일 동경 노월정교회(露月町教會)에서 녹스에게 세례를 받았다. [72]

이것은 그가 일본에 온지 7개월 만에 이루어진 전격적인 변화로 세례받은 최초의 한국인이 된 것이다. 이수정이 세례를 받은 지 얼마 후, 1883년 5월 8일부터 13일까지 동경에서 '제3회 전국기독교도대친목회'(全

69) 김수진, 『한국 기독교 선교자 이수정』, 62-63.
70) 김요나, 『순교자 전기 1권』, 211.
71) 박용규, 『한국기독교교회사1 (1784~1910)』(서울: 생명의말씀사, 2004), 311.
72) George W. Knox, "Affair in Korea", *The Foreign Missionary*. (1883), 17. Harry A. Rhodes, 『미국 북장로교 한국 선교회사』, 최재건 역 (서울: 연세대학교 출판부, 2009), 83.

國基督教徒大親睦會)가 열렸는데, 우에무라(植村)와 우찌무라 간조(內村鑑三), 니이지마 조(新島) 등 당시 일본 기독교의 중견 인물들이 대거 참여하였다.[73]

여기서 이수정은 오쿠노 마사즈나(奧野正綱) 목사의 발언으로 등단하여 5월 11일에 한국어로 공중 기도를 하나님께 올려 드렸다. 특히 그가 대친목회에서의 유창한 기도와 해박한 국제관계에 대한 이해, 그리고 뜨거운 동족을 향한 선교의 열정은 모든 사람의 마음에 큰 감동을 주었고, 그의 신앙고백과 기도는 분명한 믿음을 가지고 있었다.[74]

1) 이수정의 한글 성경 번역 선교활동

이수정의 가장 큰 소망은 자기 민족에게 성경을 주는 것이었다. 그는 일본에 온 지가 9개월밖에 되지 않았지만 일본어에 유창하다는 평가를 받았다. 신앙이 두터웠던 이수정은 미국 성서공회 일본 지부 헨리 루미스(Henry Loomis, 1839~1920) 총무의 제안으로 1883년 5월 중순부터 한문 성경을 한글 성경으로 번역하는데 착수하였다.[75] 그가 세례를 받은 지 불과 두 달 만에 제일 먼저 한문 성경에 토를 달아 1883년 6월부터 1884년 4월까지 신약성서마가전(新約聖書馬可傳)을 시작으로 신약성서마태전(新約聖書馬太傳), 신약성서누가전(新約聖書路加傳), 신약성서요한전(新約聖書約翰傳) 그리고 신약성서사도행전(新約聖書使徒行傳)을 번역한 것이 『현토한한신약성서』(縣吐漢韓新約聖書)이다.[76] 이 성경은 최초로 번역된 한글 성경으

---

73) 오윤태, 『한일기독교교류사』, (서울: 혜선문화사, 1980), 90-91.

74) 박용규, 『한국기독교교회사1 (1784~1910)』, 314.

75) 전태환, "초기 개신교 선교역사 중 평신도 전문인 사역 연구: 일본 성경번역 사역의 이수정 중심으로", 「석사학위논문」 (서울: 총신대학교 선교대학원, 2003), 41-42.

76) Larry Stone, 『성경 번역의 역사』, 홍병룡 역 (서울: 포이에마, 2011), 228-229. 히로 다까시, "李樹廷譯『마가전』의 底本과 飜譯文의 性格", 「국사학 연구」 4 (2004): 182.

로써 미국 성서공회(American Bible Society)의 자금을 지원받아 1884년 일본 요코하마에서 출판되었다.[77]

아울러 마가복음의 번역은 1885년 2월 『신약마가젼복음셔언ᄒᆞ』라는 이름으로 일본 요코하마에서 미국성서공회를 통해 간행되었다.[78] 1885년 4월 5일, 최초의 내한 선교사인 언더우드와 아펜젤러는 당시 겨우 26세와 27세에 불과한 나이로 일본을 경유하여 한국으로 입국할 때 가지고 들어온 성경이 바로 이 마가복음 번역본이다. 특히 이러한 성경 번역은 선교학적인 측면에서 큰 의의를 지닌다. 그것은 피선교지의 언어로 번역된 성경을 가지고 입국했다는 것은 세계선교 역사에서도 그 유례를 찾아볼 수 없기 때문이다. 이수정은 계속해서 마태복음과 누가복음, 요한복음도 완역했지만 빛을 보지 못했다.[79] 이렇게 출간된 이수정의 『신약마가젼복음셔언ᄒᆞ』는 한국선교의 크나큰 밑거름이 되어 복음에 목마른 수많은 사람이 성경을 읽고 말씀을 통해 역사하시는 성령의 역사를 경험한 것이다. 한국기독교는 이수정의 한글 성경 번역을 통해 뿌리를 내리게 되었고, 한국교회의 부흥의 불길의 일으키는데 불씨가 되었다.

2) 이수정의 한인 유학생 선교활동

이수정은 성경을 번역하면서 동경에 거주하는 한인 유학생들과 교포들을 대상으로 열심히 전도하였다.[80] 이것을 한인 유학생 선교, 혹은 한인 디아스포라 선교 역사의 시작으로 보아야 한다. 그는 성경 번역을 통한 기쁨과 행복이 넘치자 자기가 받은 은혜와 진리의 말씀을 혼자만 간직

---

77) 이광린, 『한국개화사연구』 (서울: 일조각, 1969).
78) Larry Stone, 『성경 번역의 역사』, 229.
79) Larry Stone, 『성경 번역의 역사』, 230. 한국기독교역사연구소, 『한국 기독교의 역사』 (서울: 기독교문사, 1989), 165.
80) 박은배, 『하나님의 지문』 (서울: 새로운사람들, 2007), 65.

할 수 없어서 뜨거운 가슴으로 일본에 온 한인 유학생들에게 복음을 전했다. 그의 이러한 믿음의 열정은 1882년 김옥균이 데리고 온 30여 명의 한인 유학생들에게 큰 영향력을 미쳤다.[81] 그 선교의 첫 열매가 동경외국어학교(東京外國語學校) 한국어 교수로 재직 중이었던 손붕구(孫鵬九, 1852~?)로 이수정의 인품과 믿음의 감격을 통해 성경과 교리를 배울 정도로 신앙이 성장하였다.[82] 이때 한인 유학생은 30여 명밖에 되지 않았지만 원래 불교 승려 출신이었던 손붕구의 개종 소식을 듣고 앞을 다투어 개종하기에 이르렀다. 이수정은 이들을 그대로 방치할 수가 없어 매 주일 자기의 집에 모여 성경 공부를 시작하였는데, 먼 훗날 최초의 동경 한인교회의 기초가 이 주일학교를 통해서 이루어졌다.[83]

그는 1885년 7월부터 동경의 한인 유학생들을 모아 예배 집례를 주관했으며, 개화파의 핵심 인물들이었던 서재필(徐載弼), 김옥균(金玉均), 홍영식(洪英植), 서광범(徐光範) 등에게 기독교 교리를 전파하였다. 그리고 한성순보(漢城旬報) 발행을 위해 유학차 일본에 건너온 박영선(朴永善)은 세례를 받았고, 이전에 이경필(李景弼), 이계필(李磎弼), 이주필(李株弼) 형제와 김익승(金益昇), 박명화(朴命和) 등 5명의 세례자를 합하여, 1883년 말에 벌써 7, 8명의 한국인 세례자가 동경에 있게 되었고, 이들을 중심으로 한인 유학생들의 신앙공동체가 형성되었다.[84] 이처럼 이수정은 몇 안 되는 한인 유학생들을 찾아가 기독교의 진리를 전하고, 그들로 하여금 작은 기독교 공동체를 형성함으로써 각자의 외로움을 예수님의 사랑으로 나누었던 것이다.

---

81) 이만열, 『한국 기독교 수용사 연구』 (서울: 두레시대, 1998), 102.
82) 전태환, "초기 개신교 선교역사 중 평신도 전문인 사역 연구: 일본 성경번역 사역의 이수정 중심으로", 51.
83) 안영로, 『한국교회의 선구자 언더우드』 (서울: 쿰란출판사, 2002), 59.
84) 이만열, 『한국 기독교 수용사 연구』, 104-105.

3) 이수정의 선교사 유치 선교활동

초기 한국 선교사 유치운동은 서구인이 아니라 일본에서 기독교로 개종한 한국인 이수정에 의해 이루어졌다. 그가 마가복음을 번역하고 있을 무렵 1884년에 아직 한국에는 외국 선교사가 파송되지 않았다. 이수정은 기독교의 믿음이 자신뿐만 아니라 한국 동포도 구원받아야겠다고 생각하였다.[85] 그는 당시 미국의 교육과 의료, 그리고 출판 등의 사업을 중심으로 한국에서의 선교활동을 간절히 기대하고 있었다.[86] 심지어 그는 미국교회 이외의 다른 나라가 한국을 선교하는 것은 하나님의 뜻이 아니라고 말할 정도였다.[87] 우선 그는 언론에 호소하는 것이 가장 효과적인 전략이라는 사실을 깨닫고 각종 외국 선교지에 선교 호소문을 기고하였다.[88]

간곡한 선교 호소문의 편지로 인해 이수정은 서방 기독교 세계에 유명한 인물로 부각되었다. 그 결과 선교 편지를 읽고 한국선교에 뜻을 정해 멀리 태평양을 건너 1885년 4월 5일 부활절 주일 아침에 한국까지 온 선교사가 바로 언더우드와 아펜젤러이다. 신학교에 재학 중이었던 두 청년은 뜻을 정하기까지 여러 가지 많은 우여곡절이 있었으나 이수정의 선교 편지를 잡지에서 읽은 후 "한국에는 누가 가는가?"라는 하나님의 음성을 듣고 한국에 오게 되었다.[89] 존 헤론(John W. Heron, 1856~1890)도 한국에 오게 된 동기가 우연이 아닌 오로지 하나님의 섭리 속에서 이수정에 의해 한국 땅을 밟게 되었다. 헤론은 한국을 오기 전에 일본에서 이수정을

---

85) 이광린, 『한국개화사연구』, 278.
86) 이광린, 『한국개화사연구』, 278.
87) The Missionary Review, (1884, 5), 145-146.
88) 김요나, 『순교자 전기 1권』, 241-242
89) 평양대부흥, "이수정의 성경 번역과 한국선교 호소", http://www.1907revival.com/news/articleView.html?idxno=78.

만나 한국어를 배우며 문화를 익혔고, 1885년 6월 20일 다른 선교사들과 함께 인천의 제물포항에 도착하였다. 이러한 이수정의 선교활동은 미국 교회들에게 한국 선교의 관심을 고조시켰을 뿐만 아니라 한국 선교의 근거를 마련하게 된 것이다.

4) 이수정의 문서 선교활동

이수정은 1884년 가을부터 겨울 동안 동경에서 로버트 맥클레이(Robert S. Maclay, 1824~1907)의 요청을 받아 감리교 요리문답도 번역하였고, 1,000부를 출판해 국내에 유포되었다.[90] 이것은 1885년 이후 내한 선교사들에 의해 마가복음과 함께 국내에 반포되어 한국교회가 형성하는 데 큰 도움을 주었다.[91] 또한 이수정이 한글로 번역한 『랑자회개』(浪子悔改)는 맥클레이의 한문 원본으로 탕자의 비유를 들어 예수 구원의 도리를 풀이한 것이다. 『랑자회개』(浪子悔改)는 누가복음 15장에 나오는 이른바 '탕자의 비유' 이야기를 해설한 1885년 발행된 초기 한국 기독교의 전도 문서이다.[92] 아울러 그는 『랑자회개』와 함께 『천도소원』(天道遡原)도 번역하였는데 훗날 루미스에 의해서 언더우드와 아펜젤러, 윌리엄 스크랜톤에게 보내져서 개정되었다.

이수정은 1883년 8월 초부터 동경외국어학교 한국어 교수로 임명받아 가을 학기를 앞두고 1년 만에 한국어 교재를 집필하였는데, 1884년 8월에 출판된 책이 『조선일본선린호화 1권』(朝鮮日本善隣互話 1券)이다.[93] 이 책에 내용을 살펴보면, 그 당시 한국의 지리(地理), 민속(民俗), 제도(制度), 법

<hr />

90) 박용규, 『한국기독교교회사1 (1784~1910)』, 325.

91) 이만열, 『한국 기독교 수용사 연구』, 121.

92) 국민일보 2011년 4월 20일.

93) 이어령 편저, 『한일 문화의 동질성과 이질성(19세기 말의 한일 문화교류의 한 양상 - 東京外國語學校 교사 李樹廷의 동경 시절과 그 저작을 중심으로)』(서울: 신구미디어, 1993), 137-149.

률(法律), 정사(政事), 도학(道學), 문혜(文芸), 사승(史乘), 물산(物産), 기구(器具) 등의 다양한 항목으로 된 50면으로 된 문답식의 형태로 한국을 소개하였다.[94] 이러한 책들을 통해 이수정은 일본에 머물러 있던 선교사들에게 한국에 대하여 가장 중요한 것들을 소개했을 뿐만 아니라 한글을 가르치는 데 중요한 지침서가 되었을 것이다.

그 외에도 이수정은 1883년 6월 30일에 『천주교인조선사실』(天主教人朝鮮事實)을 발간하였다.[95] 그리고 김시습(金時習)의 『금오신화』(金鰲神話)를 출판할 때, 오오쯔까(大塚彦太郎)의 요청으로 이수정은 평(評)과 발문(跋文)을 담당하였는데, 1884년 11월에 복간되었다.[96] 1886년 7월에는 동경에서 박제형(朴齊烱)의 『근세조선정감』(近世朝鮮政鑑)을 간행하였는데, 이수정은 서문을 담당하였다.[97] 그리고 『명치자전』(明治字典)이라는 책을 발행하기 위하여 원고를 정리하였는데, 이수정은 편집인으로 서문(序文)과 한음훈(漢音訓)의 표기를 담당하였다. 이 책은 그가 한국에서 처형당한 후에 1887년 일본에서 출판되었다.[98]

5) 이수정의 한글 교육 선교활동

이수정은 존 헤론 선교사를 불러 놓고 다른 감리교 선교사와 함께 한글을 가르쳤다. 이 무렵 언더우드가 오자 그도 역시 이수정이 가르치는 한글을 배우게 되었다.[99] 매일 같이 성경 번역에 바빴던 이수정은 한국에 들어갈 선교사들에게 한글을 가르치는 일을 하였으며, 선교사들이 파

---

94) 김수진, 『한국 기독교 선구자 이수정』, 154.
95) 김요나, 『순교자 전기 1권』, 268-269.
96) 히로 다까시, "李樹廷譯『마가젼』의 底本과 飜譯文의 性格", 182.
97) 박제형, 『근세조선정감(近世朝鮮政鑑, 上)』, 이익성 역 (서울: 탐구당, 1984), 11-13.
98) 김수진, 『한국 기독교 선구자 이수정』, 154. 히로 다까시, "李樹廷譯『마가젼』의 底本과 飜譯文의 性格", 182.
99) 김수진, 『한국 기독교 선구자 이수정』, 137.

송될 시간만 기다리는 것이 아니라 철저히 준비하는 것을 놓치지 않았다.[100] 그 결과, 내한한 선교사들은 복음을 전파함과 동시에 한글 보급이 급속도로 늘어났으며, 개화기 한국에는 큰 변화를 가져오게 된 것이다.

6) 이수정의 성육신적 삶을 통한 선교활동

한국선교를 위해 하나님은 그 시대마다 언제나 인간을 도구로 사용하셨다. 이렇게 그의 나라와 그의 의를 이 땅에 펼치셨던 하나님의 섭리는 한국에서가 아닌 한국선교의 교두보 역할을 했던 일본에서 이수정을 선교의 도구로 쓰셨다. 특히 21세기 한국교회는 성경 중심주의(Biblicism) 교회로서 선교 발전을 위해 이 땅에 복음의 씨앗을 뿌린 순교자 이수정의 남다른 눈물과 땀을 잊지 말아야 할 것이다. 이런 관점에서 세계 선교 학자들은 사도행전 16:6-10에 비유하면서 이수정을 '한국의 마케도니아인'(a Macedonian from Corea)이라고 불렀다.[101] 이수정의 선교사역의 핵심은 순교를 통한 섬김의 리더십(Servant Leadership)에 있다고 본다. 그의 리더십은 당시 세계 기독교계뿐만 아니라 일본과 한국까지도 영향력을 미쳤으며, 자신의 인생을 예수님의 성육신적인 삶을 통해 하나님의 보내심을 받은 자로서 삶을 사는 것에 헌신하였다.

세계선교사를 보면, 그 어떤 나라도 선교사가 입국할 때 그 나라의 언어로 된 성경을 가지고 현지에 들어와 선교를 시작했던 사례가 없었다. 현대 선교의 아버지 윌리엄 캐리(William Carey)는 인도 방언으로 성경을 번역해 인도 선교의 토대를 마련하였다.[102] 그와 마찬가지로 이수정

---

100) 김수진, 『한국 기독교 선구자 이수정』, 137.
101) Larry Stone, 『성경 번역의 역사』, 256-257.
102) John D. Woodbridge, *Great Leaders of the Christian Churches* (Chicago: Moody Press,

의 성경 번역은 언더우드를 비롯한 이후 한국에 들어오는 선교사들이 선교를 할 수 있도록 초석을 구축하였다. 일본에서 40개월 동안 이룩해 놓은 이수정의 선교활동은 그야말로 한국선교 역사에 복음의 기초를 마련하는 데 큰 영향을 끼쳤다. 비록 그가 귀국해 국내에 많은 활동은 하지 못했지만 한국에 선교의 다리를 놓아 준 중요한 사람이었다. 이수정을 통해 한국 기독교는 성경을 번역하고, 그 번역된 성경을 보급하는 것으로 기초로 하여 교회가 성장하고 부흥 발전하였다. 이렇듯 선교는 삼위일체 하나님의 사역이지만 하나님께서는 인간을 통해 일하셨는데, 이수정을 통해 일본에서 한국을 선교하도록 도구로 사용하셨다. 당시 이수정은 일본에서 선교지인 한국을 위해 한글 성경 번역 선교, 한인 유학생 선교, 주일학교 설립, 지도자 개발, 교회 개척, 제자훈련, 교수 사역, 선교사 동원, 선교사 케어, 문서선교, 문맹 퇴치, 한글 교육 선교, 캠퍼스 전도, 평신도 전문인 선교, 봉사와 섬김 등 다양한 선교의 직무를 실천하였다. 이것은 오늘의 선교 현장에서도 여전히 요구되고 있는 선교사의 사역이라고 할 수 있다. 이수정의 선교사역은 수많은 난관을 헤치면서 마지막 고비를 넘고 있는 오늘의 현대 선교사역에 있어서 중요한 선교전략으로 대두되고 있다. 이것은 오늘날 선교전략의 접근성에 새로운 방향으로 모색하는 데 매우 중요하다. 따라서 이수정은 한국교회의 위대한 순교자요 평신도 전문인 선교사였으며, 그에 대한 역사적인 평가가 그리 많지 않아 큰 아쉬움으로 다가왔으나 후손들에게 길이길이 전하는 것이 한국 역사를 제대로 평가하는 것이라고 본다. 또한 한국 선교 발전을 위해 바친 이수정의 풍부하고 다양한 선교사역은 오늘날 21세기 한국교회가 기억해야 할 중요한 업적이며 고귀한 유산이 될 것이다.

1988), 310.

7. 헐몬산 집회와 학생자원봉사운동

1886년 미국 메사추세츠(Massachusetts)에 위치한 헐몬산(Hermon Mount) 집회(1886년 7월 1일~31일)에서 선교 집회의 결과는 학생자원봉사운동(SVM, Student Volunter Movement)이었다. 이 운동은 세계 복음화를 위한 젊은이들을 동원하는 계기가 되었다. 당시 프린스턴대학교(Princeton University)에서 YMCA를 지도했던 루터 워셔드(Ruther Wishard 1854~1925)의 제시로 드와이트 무디(Dwight L. Moody, 1837~1899) 목사를 강사로 초청해 대학생 성경 사경회를 열기로 하였다. 워셔드와 찰스 오버(Charles Ober)는 각 대학을 순회하며 집회에 참여할 대학생들을 모집하였다. 성공적인 집회가 될 수 있었던 것은 무엇보다 프린스턴대학교를 졸업한 로버트 월더(Robert P. Wilder, 1863~1938)의 선교 비전과 평신도 선교 동원가였던 존 모트(John R. Mott, 1865~1955)의 역할이 컸다.[103]

헐몬산 집회는 미국과 캐나다의 89개 대학에서 251명이 참석하였다. 이 집회에서 영적 거장으로서 무디는 복음 전달의 수단으로 음악과 성경 공부를 강조하였다. 특히 한국 평택대학교(전신 피어선 성경 기념학원)의 설립자로 잘 알려진 아서 피어슨(Arthur T. Pierson, 1837~1911) 박사는 설교를 통해서 "선교에 대한 주님의 계획"이라는 제목 아래 "세계 복음화는 우리 세대에"(The Evangelization of the World in this Generation)라고 제창했는데, 결과적으로 집회 마지막 날에 100명이 해외 선교를 지원하겠다고 다짐하였다.[104] 헐몬산 집회는 1888년 뉴욕에서 "해외 선교를 위한 자원자 운동"이라는 조직으로 발전하였다. 이 조직은 20,500여 명의 젊은이가 세계에

---

103) 조귀삼, 『복음주의 선교신학』, 133.
104) 최정만, 『선교이해』 (광주: 광신대학교출판부, 2004), 468-469.

나가서 복음을 증거 하는 기구가 되었다. [105]

8. 기독교연합선교회

기독교연합선교회(The Christian & Missionary Alliance)의 설립자 앨버트 심슨(Albert B. Simpson, 1843~1919) 목사는 뉴욕 13번가 장로교회에서 목회하던 가운데 부유층 성도들이 다수의 가난한 도시 빈민들을 멸시하는 태도에 못마땅하였다. 더는 그가 목회에 안주할 수 없어 교회를 사임하고 7명의 동역자들과 함께 복음성막운동을 펼치며 1882년 북미 최초의 성경학교를 세웠다. 나약대학(Nyack College)와 심슨대학교(Simpson University), 그리고 크라운대학(Crown College), 토코아폴대학(Toccoa Falls College)의 4개 대학이 있으며, 얼라이언스 신학대학교(Alliance Theological Seminary)와 토저신학대학원(A. W. Tozer Theological Seminary)으로 발전한 이 성경학교들은 평신도 선교 훈련장이 되었다. [106]

이들 대학과 신학대학원은 미국에서 선교사를 가장 많이 배출하고 있는 학교다. 심슨의 궁극적인 목적은 세계선교에 전적으로 헌신하는 선교회를 만드는 것이었다. 북미 여러 도시에서 선교협의회를 창설해 나갔다. 기독교연합선교회는 심슨에 의해 1887년에 선교단체로 출발하였다. 본래 이 기구는 미국에서 먼저 기독교연합회(The Christian Alliance)는 국내의 선교 목적으로, 다음으로 복음선교연합회(Evangelical Missonary Alliance)는 해외에 선교사를 파송하는 목적으로 두 단체가 1887년에 통합되었다. [107] 현

---

105) 조귀삼, 『복음주의 선교신학』 133.
106) 조귀삼, 『A. B. 심슨의 선교신학』 (서울: 예닮, 2004), 46-62.
107) 조귀삼, 『복음주의 선교신학』 135.

재 기독교연합선교회는 미국에 2,000여 개, 캐나다에 700여 교회가 있다. 미국에 있는 한인교회는 현재 약 100여 개 교회이며 250여 명의 목사가 소속되어 있다. 파송 선교사는 현재 미국에서 900여 명, 캐나다에서 300여 명의 선교사가 세계 85개국으로 파송되어 사역하고 있다. 선교의 열매로, 현재 전 세계에 25,000여 교회, 650만 성도가 소속되어 있으며, 전 세계 교회는 '얼라이언스세계연대'(AWF: Alliance World Fellowship)라는 협력 조직으로 연결되어 있다.[108]

기독교연합선교회의 선교사들을 통해 시작한 필리핀의 경우는 교회가 1,900개 정도이며, 인도네시아는 2,300개 정도이다. 심슨의 선교 신학의 구조는 다섯 가지로 함축하고 있는데, 단순한 구원의 복음 선포, 성화적 삶의 현존과 봉사, 신유를 통한 능력, 왕의 재림을 대망하는 열정, 그리고 소달리티(sodality)[109] 구조를 통한 신앙선교인 것이다.[110]

9. 무디의 부흥 운동과 선교 교육 활동

정상적인 교육을 받지 못했던 구두 수선공이었던 드와이트 무디(Dwight L. Moody, 1837~1899)는 주일학교 선생이었던 에드워드 킴볼(Edward Kimball)이 그가 일하는 가게로 찾아와 그리스도의 사랑과 보혈에 대해 말했을 때 그는 예수 그리스도를 영접하는 놀라운 중생의 체험을 하게 되었다.

---

108) C&MA KOREA, "Alliance Church in Korea (ACK) 한국총회", https://ack-0691.tistory.com/11.

109) 소달리티 (sodality)와 모달리티 (modality)는 선교학의 거장 랄프 윈터의 구분 개념이다. 쉽게 말하면, 모달리티는 교회를 가리키는 개념이고, 소달리티는 선교단체를 가리키는 개념이다. 모달리티는 교회와 같이 보편적인 구성을 가지고, 소달리티는 선교단체와 같이 특별한 구성을 가진다.

110) 조귀삼, 『복음주의 선교신학』, 135.

그러한 중생의 체험이 얼마나 강했는지 무디는 "나는 이전에 결코 지상을 비추는 밝은 태양을 그토록 사랑해 본 적이 없습니다. 모든 것이 달라졌던 것입니다"라고 고백하였다.[111] 이후 그는 복음 사역에 전념하게 되었는데, 1870년에 평생 동역자인 찬양사역자 아이라 생키(Ira David Sankey, 1840~1908)와의 만남으로 본격적인 전도자로 사역을 시작하였다.

사실 무디의 명성은 영국에서 출발했으며, 1872년 6월 그는 런던 북부에 있는 교회의 목사 레시(Lessey)의 초청으로 주일설교를 했다. 그리고 설교 후 그는 기독교인이 되기를 원하는 자는 일어설 것을 부탁했는데, 당시 200명 중 100명이 일어나 너무나 놀랐다. 그는 영혼을 구원하려면 무엇보다 믿음의 기도와 성령의 기름 부음을 받는 일이 가장 핵심적인 일이라고 항상 강조하였다.[112] 미국의 침례교 평신도 설교자였던 무디는 한국 내한 선교사 아더 피어선과 한 때 미국의 체신부 장관을 지냈지만 미국의 백화점 왕으로 더 유명한 존 워너메이커(John Wanamaker, 1838~1922), 그리고 미얀마 선교사를 지낸 아도니람 저드슨이 모두 친구로서 미국 복음주의 운동의 선두 역할을 하였다. 무디는 부흥 운동의 사역이었다. 그의 강력한 구령의 열정은 미국에서의 집회 때마다 사람들이 몰려들었다. 그의 런던에서의 집회는 285차였고, 동원된 인원은 259만 명에 다다른다. 당시 신문 지상에 그의 부흥 운동은 엄청난 지면을 할애할 정도였다.

무디는 선교교육가의 사역이었다. 자신은 교육을 제대로 받지 못했지만 다른 이들을 위한 교육에 온 생애를 바친 교육가였다. 그래서 1879년 그는 노스필드여자신학교를 건축하였고, 1881년에는 남성 교역자 양성을 위한 헤르몬신학교를 설립하였다. 1886년에는 미국 최초로 성경 교육

---

111) 박종구, 『무디 선생의 생애』 (서울: 신망애출판사, 1976), 91.
112) 안승오, 『세계 선교 역사 100장면』, 284-285.

기관인 시카고 복음전도회를 시작했는데, 이 기관이 그 유명한 무디성서
학원(Moody Bible Institute)이 되었다. 특히 무디성서학원 졸업자 중에는 5천
4백 명 이상이 선교사로 헌신하여 세계 108개국으로 나갔다. 이것은 북
미 선교사 18명 중 한 명이 무디성서학원 출신이라는 것이다.[113]

10. 초기 한국에 입국한 선교사들의 활동

한국 기독교 선교의 출발은 1832년 네덜란드선교회의 칼 귀츨라프(Karl
F. A. Gützlaff, 1803~1851) 선교사의 방문이다. 그리고 1866년 스코틀랜드 출
신의 로버트 토마스 선교사의 순교로 시작된다.[114] 또한 중국 만주 지
역에서 존 로스(John Ross, 1842~1915) 선교사와 존 매킨타이어(John Macintyre,
1837~1905) 선교사는 한국인 청년 이응찬(~1883), 백홍준(白鴻俊, 1848~1893),
김진기(金鎭基, 1863~1944), 이성하(李成廈), 최성균(崔成均), 서상륜(徐相崙,
1848~1926)의 도움을 받아 성경을 번역하였다.[115] 선교사들이 한국에서 선
교사역을 펼치기 전에 이미 일본에서 이수정(李樹廷, 1842~1886)은 한글 성경
을 번역함으로써 세계선교사에 그 유례를 찾아볼 수 없는 경우라 하겠다.

간곡한 선교 호소문의 편지로 인해 이수정은 서방 기독교 세계에 유명
한 인물로 부각되었다. 그 결과 선교 편지를 읽고 한국선교에 뜻을 정하
여 자기 나라를 떠나 멀리 태평양을 건너 1885년 4월 5일 부활절 주일 날
한국까지 온 사람은 바로 호러스 언더우드(Horace G. Underwood, 1859~1916)
선교사와 헨리 아펜젤러(Henry G. Appenzeller, 1858~1902) 선교사다. 당시 신

113) 안승오, 『세계 선교 역사 100장면』, 285-286.
114) 안승오, 『세계 선교 역사 100장면』, 290.
115) 박창환, "한글성서 번역사", 「敎會와 神學」 4 (1971): 154-156.

학교에 재학 중이었던 두 청년은 뜻을 정하기까지 여러 가지 많은 우여곡절이 있었으나 이수정의 선교 편지를 잡지에서 읽은 후 "조선에는 누가 가는가?"라는 하나님의 음성을 듣고, 선교사로 한국에 오게 되었다.

그리고 존 헤론(John W. Heron, 1856~1890) 선교사도 한국에 오게 된 동기가 우연이 아닌 오로지 하나님의 섭리 속에서 이수정의 선교사 유치운동으로 한국 땅을 밟게 되었다. 먼저 일본으로 들어가 이수정을 만나 한국어를 배우며 풍속을 익히고, 1885년 6월 20일 다른 선교사들과 함께 한국 인천 제물포항에 도착하였다. 그리고 미국의 북장로회(1884년), 북감리회(1885년), 호주장로회(1889년), 침례교(1889년), 성공회(1890년), 미국 남장로회(1892년), 미국 남감리회(1896년), 캐나다 장로회(1898년)가 선교사를 파송하였다. [116] 선교사들은 1885년 서울에 광혜원을 개설했고, 한국인들에게도 의술을 가르치면서 복음 전도의 기회를 얻었다. 또한 선교사들은 신식 학교설립과 교육에도 많은 공헌을 했으며, 1885년 배재학당(培材學堂)을 시작으로 1909년까지 950여 개의 학교와 세브란스(Severance), 연희전문학교(延禧專門學校), 숭실전문학교(崇實專門學校) 등의 고등교육기관을 세웠다. 그리고 선교사들은 문서 운동, 한글 보급, 청년운동, 여성 개화, 신분 평등화 운동 등으로 한국의 근대화에도 많은 영향을 끼쳤다. [117]

11. 감염병에 대한 초기 한국 기독교의 선교적 반응

코로나19(COVID-19) 시대에 한국교회가 어떻게 선교를 감당해야 하는

---

116) 이수환, 『일본에서 한국을 선교한 이수정 이야기』, 88-90.
117) 이영재, 『한국교회사』 (서울: 이레서원, 2004), 86.

지의 해답을 찾기 위해 과거로 돌아가, 약 140년 전 한국 땅에 처음 선교사로 도착했던 선교 사역을 조명할 필요가 있다.[118] 구한말, 한국에서 자주 유행했던 감염병은 말라리아, 천연두, 장티푸스, 디프테리아, 발진티푸스, 콜레라, 천연두 등 여러 가지로 다양했으며, 가장 큰 피해를 준 감염병은 천연두와 콜레라였다.[119]

1885년에 부산항으로 입국한 일본인이 콜레라에 걸려 사망하는 일이 있었다. 다행히 격리가 빨리 이루어져 부산 밖으로는 감염병이 크게 번지지 않았다. 서울에서 이 소식을 들은 제중원(濟衆院) 의사 호러스 알렌(Horace N. Allen, 1858~1932) 선교사는 오염된 하천과 식수, 야채, 부패한 음식이 콜레라 확산의 원인이라 보았다. 그래서 1886년 여름에 일련의 조치를 했는데, 서양인 거주지에 전단지를 뿌려, 돼지고기와 수박 수취 금지, 끓인 물을 마시고 야채와 과일을 반드시 소금물로 씻을 것, 마당과 주변을 청결하게 하고 소독제와 항생제를 쓰라고 권장하였다.[120]

1903년 초, 감염병 천연두 유행으로 수천 명의 사망자가 발생하였고, 왕실에도 감염자가 나왔다.[121] 당시 천연두를 대하는 한국인의 태도는 그 원인이 귀신의 노여움 때문이라고 생각했으며, 이 병을 치료하고 막기 위해 의사를 만나지 않고 무당을 불러 손님을 달래서 내보내는 '손님굿'을 하였다. 그리고 당시 천연두에 걸렸다 죽은 아이들은 대부분 서대문 밖에 버려졌으며, 사망하지 않았지만 살아날 가망도 거의 없어 보이는 아이들은 마을 주변이나 공터 나무에 묶어두었는데, 도망해서 가족이나 다른 사람에게 감염병을 옮기지 못하도록 조치하였다. 1890년대 중

---

118) 박보경, "호레이스 언더우드의 총체적 선교", 「복음과 선교」 52 (2020): 82.
119) George H. Jones, 『한국교회 형성사』 옥성득 역 (서울: 홍성사, 2013), 41.
120) 정성화 · Robert Neff, 『서양인의 조선살이』 (서울: 푸른역사, 2008), 255-263.
121) William E. Griffis 『아펜젤러』, 이만열 역 (서울: IVP, 2015), 209.

우리나라 최초의 서양식 병원 제중원 (1885년)

반 이후, 천연두는 한국 정부가 현대의학에 근거한 종두법(種痘法)을 대대

적으로 시행한 법령으로 점차 줄었다. [122]

　　1896년 콜레라가 만연하기 시작할 때, 당시 정부는 서울 근교 큰 막사

를 콜레라 병원으로 지정하고, 1893년 이래 제중원 원장이었던 올리버 애

비슨(Oliver R. Avison, 1860~1956) 선교사에게 책임을 맡겼다. 새문안교회를

개척한 호러스 언더우드(Horace G. Underwood) 선교사는 서울의 북장로회

선교사들과 새문안교회의 기독교인들이 병원과 휴양소, 그리고 검역소에

서 애비슨을 도와 간호와 환대를 맡았다. 당시 일꾼들은 모두 적십자 배

지를 가슴에 달았는데, 이는 기독교인이라는 표시였다. 콜레라가 만연

한 당시, 정부는 사대문에 "예수병원에 가면 살 수 있는데 왜 죽으려 하는

122) 정성화 · Robert Neff, 『서양인의 조선살이』, 249-254.

가?"라는 벽보를 붙여놓았다. 이렇게 하여 기독교로 개종하는 이들도 늘었고, 정부와 민간의 후원으로 교회를 지을 수 있는 자금도 예상보다 많았다.[123]

광신대학교 교회사 교수 이재근은 감염병에 대한 초기 한국 기독교의 반응에 대하여 말하기를, "당시 주류 종교 신자들이 감염병 앞에서 자신들의 생존만을 구할 때, 소수에 지나지 않았던 기독교인은 감염병에 맞서고, 이 병의 피해로 이들의 신분, 종교, 재산, 지위 여부와 관계없이 헌신적으로 도왔다"라고 하였다. 당시 기독교의 브랜드가 바로 고난 중에 있는 이웃에 대한 사랑을 행동으로 보여주었다. 그 결과로 기독교인과 비기독교인 사이에 새로운 애착 관계가 형성되었고, 기독교로 개종하는 인원이 늘었다. 당시 기독교 선교사들의 방역지침을 따른 한국 기독교인의 사망률은 타종교인에 비해 낮았다. 초기 한국교회를 위해 내한한 의료선교사들이 한국에서의 콜레라와 천연두의 확산을 막은 실제적인 힘은 새로운 의학 혁명, 즉 세균학과 위생학, 그리고 병리학에 근거한 예방접종과 소독, 방역과 약품이었으며, 더 나아가 선교사들이 가져온 기독교는 더 많은 한국인에게 사랑의 종교와 계몽의 종교로 인식이 되었다.[124]

구한말, 한국 기독교 선교 역사를 살펴보면, 당시 서양 선교사들은 의료선교와 교육 선교를 중심으로 디아코니아적인 선교를 시작하였다. 이들의 섬김 사역에 감동이 되어 복음화의 열매와 교회 성장이 이어져 갔다.[125] 이처럼 전염병에 대한 초기 한국 기독교의 선교적 반응을 통해 한국교회는 대인관계에 대한 새로운 설명과 감동을 제공한 오직 성경이 명

123) Lillias H. Underwood, 『언더우드』, 이만열 역 (서울: IVP, 2015), 165-169.
124) 안명준 외 17인, 『전염병과 마주한 기독교』, 200-201.
125) 하태선, "신학대학생의 사회봉사 및 참여 동기에 관한 연구", 「ACTS 신학저널」 44 (2020): 329.

한 이웃 사랑을 해야 할 것이다.

11. 현대 이슬람 선교의 아버지 사무엘 즈웨머

현대교회 선교사에서 앗시시의 프란시스코와 레이먼드 룰처럼 이슬람 선교에 큰 공헌을 한 선교사는 현대 이슬람 선교의 아버지로 불리는 사무엘 즈웨머(Samuel M. Zwemer, 1867~1952)다.[126] 그는 미국 미시간에서 네덜란드계 부모의 15명의 자녀 중 열세 번째 자녀로 태어났다. 그의 아버지는 기독교의 목사였으며, 그의 뒤를 이어 형제 중 4명이 목사가 되었다. 누이였던 넬리는 중국 선교사가 되었다. 이런 분위기에서 성장한 즈웨머는 호프대학(Hope College) 재학 중에 학생자원봉사운동을 일으켰던 헐몬산 집회에 참석했다가 다섯 명의 친구들과 함께 선교사로 헌신하였다.[127]

그는 학생자원자봉사운동(SVM) 사역에 헌신한 후 1899년 미국개혁교회 아라비안선교회(American Arabian Mission)를 설립하고, 아라비아와 이집트에서 38년간 사역하였다. 그는 48권의 이슬람과 관련된 서적을 집필하였고, 카이로에서 두 번의 선교사대회를 개최하였다. 그는 세계선교사에서 이슬람의 사도(Apostle to Islam)라고 불릴 정도로 이슬람 문화와 관습, 그리고 꾸란에 대한 정확한 지식을 가지고 평생을 이슬람 지역 인도, 중국, 인도차이나, 남아프리카와 북아프리카를 위해서 사역하였다. 무엇보다 그의 삶은 레이먼드 롤의 무슬림 전도와 저작 활동, 그리고 선교 동

---

[126] 정승현, "이슬람을 향한 사도 사무엘 즈웨머의 선교이론 탐구", 「선교와 신학」 38 (2016): 123-156.

[127] 안승오, 『세계 선교 역사 100장면』, 303.

원에서 영감을 얻어 그와 같은 사역을 살기 위해 헌신했다. [128] 은퇴 후, 그는 귀국하여 뉴욕신학교(전 Biblical Seminary of New York)와 나약대학(전 Nyack Missionary Training Institute), 그리고 프린스턴신학교(Princeton Theological Seminary)에서 강의하며, 일생을 이슬람 연구와 무슬림에게 복음 증거 하는 일에 헌신하였다. [129]

12. 일본 동경성서학원

미국의 가장 대표적인 성서학원인 무디성서학원(Moody Bible Institute)을 졸업한 찰스 카우만(Charles E. Cowman, 1868~1924) 선교사와 어니스트 길보른(Ernest A. Kilbourne, 1865~1928) 선교사, 그리고 나카다 쥬지(中田重治, 1870~1939) 목사는 무디성서학원을 모델로 1902년 일본에다 동경성서학원(東京聖書學院)을 설립하여 동양선교회(The Oriental Missionary Society) 창립자들이 되었다.

그리고 1904년 이곳에서 공부한 한국인 정빈(鄭斌, 1873~1949)과 김상준(金相濬, 1881~1933)은 동경성서학원을 졸업하고, 1907년 조선 경성 종로 염곡(현재의 종로 1가와 종로2가 사이)에 "조선야소교동양선교회복음전도관"(朝鮮耶蘇敎東洋宣敎會福音傳道館)을 설립하고 중생(重生), 성결(聖潔), 신유(信癒), 재림(再臨)의 사중복음(四重福音)을 전파한 것이 한국성결교회[130]의 시작이다. 그리고 한국인들과 동양선교회가 다시금 1911년 경성성서학원(京城聖書學

---

128) Samuel M. Zwemer, 『레이몬드 룰』, 김이사야 역 (서울: 퍼플, 2017).
129) 정승현, "이슬람을 향한 사도 사무엘 즈웨머의 선교이론 탐구", 144.
130) 한국성결교회는 예수교대한성결교회(안양 성결대학교)와 기독교대한성결교회(부천 서울신학대학교), 그리고 대한기독교나사렛성결회(천안 나사렛대학교)로 나눈다.

院)을 설립하게 된 것이다.

***

결론적으로, 기독교 부흥의 세계선교사에 대하여 살펴보았다. 16세기 이후 세계선교사는 로마 가톨릭이 주도했다면 19세기에는 기독교가 세계 선교를 주도하였다. 세계선교사에 있어서 기독교 선교의 특징을 몇 가지로 요약하면 다음과 같다.[131] 첫째, 선교단체가 교파 소속인 경우도 있으나 대부분은 교파를 초월하였다. 둘째, 정부나 교회가 선교를 주도하지 않고 많은 기독교인이 자발적으로 참여하였다. 당시 각종 자발적인 선교단체가 설립되었다. 18세기 말엽과 19세기 초에 모리바안 선교회와 감리교 선교의 영향을 받은 수많은 선교단체가 세워졌다. 선교단체들은 선교지에서 일어나는 사건들을 고국에 생생하게 전해짐으로써 해외 문화에 대한 정보와 교육의 중요한 통로가 되었다. 셋째, 선교사역을 통해 여성들의 지위가 높아졌다. 처음 여성 선교사는 교육과 간호 영역에서 두각이 나타났다. 그러나 이후 선교지에서 여성 선교사가 남성 선교사의 일까지 감당함으로 본국 교회 안에서 여성 사역자가 등장하는 단초가 되었다. 넷째, 선교단체의 등장으로 교단 사이의 협력이 활성화되었다. 선교지에서는 교파 간의 차이보다는 복음 전파라는 동질적 사역이 더 컸다. 이렇게 19세기 세계선교사는 새로운 기독교 선교 시대를 열었던 것이다.

현대의 선교 운동은 복음주의 부흥, 즉 기독교 부흥이 무르익어 나온

---

131) 임경근, 『세계 교회사 걷기』, 323-324.

산물이다. 기독교가 전해지지 않는 세계에서 그리스도인들의 활동을 촉진하기 위해 최초의 자발적인 선교단체들이 만들어지기까지는 50년이 걸렸다. 이러한 기독교 부흥이 없었다면 선교단체들은 생겨나지 못했을 것이다. 무엇보다 기독교 부흥은 선교사들을 지지하였다. 1830년대에 이르러서 여러 부류의 진지한 그리스도인들이 선교를 선한 일이라고 인정하기 시작하였다. 그리고 18세기 중반에 이르면서 압도적으로 많은 복음주의자가 선교사 자리를 메웠다. 세계선교사에 있어서 어떠한 영향으로 인해 초기 선교사들의 신앙이 형성되어 갔는지 되짚어 볼 필요가 있다. [132] 기독교 부흥의 선교사에 앞서 있었던 사건들이 여러 가지로 주요한 영향을 주었기 때문에 19세기에 이르러서야 제대로 된 현대 선교사의 모양새를 갖추게 되었다. 이때 영국은 기독교 선교사들을 가장 많이 배출한 나라였고, 현대 선교 운동의 본거지였다는 점을 기억해야 할 것이다. [133]

---

132) Andrew F. Walls, 『세계 기독교와 선교 운동』, 171-174.

133) Andrew F. Walls, 『세계 기독교와 선교 운동』, 287.

10장
현대 세계선교사의 흐름

1910년부터 현대에 이르기까지 선교는 비교적 단순하고 명확하다. 선교는 복음이 전해지지 않은 먼 곳까지 가서 교회를 세우는 것이다. 그러나 두 번에 걸친 세계대전으로 전통적인 선교는 도전받기 시작하였다. 영혼 구원과 교회 개척 등을 넘어서 모든 세계에 하나님의 평화를 구현하는 것에 선교로 보아야 한다는 견해는 에큐메니컬 진영을 중심으로 강조되었다.[1] 20세기 기독교 선교에서 중요한 운동 중의 하나는 에큐메니칼 운동이다. 19세기에 서구교회는 전 세계에 많은 교회를 설립하였으나, 분열로 말미암아 선교지에서 혼란을 주었을 뿐만 아니라 선교에도 장애를 주었다. 이로써 교회 연합 운동이 일어나게 되었다.[2] 2천 년 전부터 주어진 하나님의 선교 명령은 상황이 변해도 결코 변할 수 없는 것이다.[3] 따라서 종교다원주의(Religious Pluralism) 속에서 세상의 변화는 우리 모두에게 영향을 줌과 동시에 선교의 기회라고 볼 수 있기에 1910년부터 현대에 이르기까지 현대 세계선교사의 흐름에 대해 살펴보고자 한다.

---

1) 안승오, 『세계 선교 역사 100장면』, 310.
2) 신동우, 『선교학: 이론과 실제』 (서울: 도서출판 예루살렘, 1996), 17.
3) 안승오, 『세계 선교 역사 100장면』, 310.

1. 오순절 운동과 선교

20세기 기독교 선교사에 있어서 현대 오순절주의(Pentecostalism) 운동은 영국과 미국에서 폭넓게 펼쳐진 성결 운동(Holiness Movement)과 경건주의 운동(Pietism Movement) 속에서 서로 다른 신학적 요소가 합쳐지면서 발전하였다. 이는 감리교회 창시자인 존 웨슬리가 강조했던 회심을 통한 완전한 삶이 평생의 과정을 통해 성취된다고 가르쳤다. 이후 성결 운동은 급속히 확산해 오순절 운동에 연결되었다. 4)

오순절 운동의 시작은 감리교 목사였던 찰스 파함(Charles F. Parham, 1873~1929)으로부터 시작되었다. 그는 1900년 12월 31일 밤에 자신이 교장으로 있던 베델성서학교의 학생들과 함께 철야기도를 드리고 있었다. 파함과 학생들은 성령 체험의 궁극적인 열매가 방언의 은사라고 확신하면서 방언의 은사를 간절히 구하였다. 그날 밤에 아그네스 오즈먼(Agnes Ozman)이라는 학생이 방언을 받는 역사가 나타났다. 파함은 이 사건의 계기로 자신의 오순절 신앙을 널리 전파하기 위해 텍사스 주 휴스턴에 새로운 교단 본부와 성경학교를 설립하고 오순절 신앙을 열심히 가르쳤다. 5)

1905년 어느 날 작은 키에 홍역으로 한쪽 눈을 잃은 한 흑인 학생은 파함의 성경학교를 찾아와서 파함의 가르침을 받았다. 이 학생이 바로 후일 아주사거리 부흥의 주역이었던 윌리엄 시모어(William J. Seymour 1870~1922)였다. 1906년 로스앤젤레스의 한 흑인성결교회의 목사로 청빙받은 시모어는 오순절 신학을 열심히 설교하며 방언을 해야 성령세례를

---

4) 조귀삼, 『복음주의 선교신학』, 138.
5) 김상근, 『세계사의 흐름을 바꾼 기독교의 역사』, 220-221.

월리엄 시모어

받은 증거가 된다고 주장하였다.[6]

이러한 소문이 사방으로 퍼지면서 아주사거리(Azusa Street) 312번지의 한 건물로 집회 장소를 옮겼다. 이 집회는 아침 10시부터 밤 12시까지 하나님을 찬미하며 기도하는 집회로 성령 체험의 시간을 가졌다. 이렇게 시작된 오순절 운동은 기간이 거듭할수록 세계의 모든 지역에 확장되었다.[7] 아주사의 성령세례 사건은 현대 오순절 운동의 첫 번째 부류라면, 두 번째 부류는 신 오순절 혹은 카리스마 운동, 즉 은사 운동이다. 이 운동의 시초는 캘리포니아주 벤너이스에서 사역하고 있던 성공회 신부인 데니스 베네트(Dennis J. Bennett, 1917~1991)에 의해 시작되었다.[8]

그의 특징은 고전적인 오순절주의자와 다르게 성령세례의 증거로서 방언 말함을 요구하지는 않았다. 그를 통해서 나타난 오순절 운동은 전 세

---

6) 서원철, 『성령신학』 (서울: 총신대학교 출판부, 1995), 23.
7) 국제신학연구연, 『하나님의성회 교회사』 (서울: 서울말씀사, 2010), 113-114.
8) 김성태, 『현대 선교학 총론』 (서울: 이레서원, 2000), 165.

계적으로 기독교 선교의 확산을 가져왔다.[9] 오순절교회는 그 후에도 계속해서 교단을 형성하여 1920년부터 1930년대 이르기까지 20~30여 개의 오순절 교단들을 형성하여 오순절 세력으로 그 위치를 확고히 하면서 세계 복음화에 많은 기여가 되었다. 이러한 점에서 오늘날 20세기 선교의 가장 큰 동력 중의 하나는 오순절 운동이라고 볼 수 있다.[10]

2. 선교사 모델 스탠리 존스

미국 메릴랜드주에서 태어나 에즈베리신학교(Asbury Theological Seminary)에서 공부한 후, 1907년부터 인도 선교사로 평생 사역한 스탠리 존스(E. Stanley Jones, 1884~1972)는 1920년대 초반 마하트마 간디, 타고르 등과 함께 아슈람 운동에 참여하였다. 1930년대부터는 기독교 아슈람 운동을 펼치는 가운데 1940년 미국 뉴욕에 할렘 아슈람을 세우면서 그의 기독교 아슈람 운동은 인도를 넘어 미국과 유럽 등 여러 국가로 퍼져나갔다. 1938년 12월 12일 〈타임〉지는 그를 세계에서 가장 위대한 선교사로 소개하였다. 1961년에는 '간디 평화상'을 수상, 인도 독립운동과 연관된 활동과 제2차 세계대전 중에 펼친 평화 활동 등으로 두 차례 노벨평화상 후보로 지명되기도 하였다. 그는 철저한 복음주의자로 살면서 열린 마음으로 인도인들에게 다가갔으며, 그들의 문화와 전통을 존중하면서도, 유일하신 예수 그리스도의 복음을 효과적으로 전했던 인물이다.[11]

서구식민주의가 전 세계를 지배하던 절정 시기였던 1880년에서 1920

---

9) 조귀삼, 『복음주의 선교신학』, 140.
10) 안승오, 『세계 선교 역사 100장면』, 313.
11) E. Stanley Jones, 『인도의 길을 걷고 있는 예수』, 김상근 역 (서울: 도서출판 평단, 2005).

스탠리 존스

년까지 선교사들은 대체로 서구문화 우월주의, 즉 자문화 중심주의에 사로잡혀 있었고, 서구 제국주의의 정당성을 인정하며 기독교 선교를 전개하였다. 선교사들은 계몽주의적 사상으로 무장한 채 각 나라의 문화와 종교 차이를 무시하면서 복음의 증거를 받아들이려면 서구적 이성이 요구된다는 입장을 취했다.[12)]

그러나 1925년 출간된 스탠리 존스의 책 『인도의 길을 걷고 있는 예수』(The Christ of the Indian Road)는 그러한 시대정신을 거스리는 내용을 담고 있었다. 그는 서구 문명과 기독교는 일치될 수 없다는 것과 심지어 현상적 기독교와 예수는 동일한 존재가 아니라는 것을 과감하게 주장하였다. "복음의 핵심이 예수님"(Christianity is Christ)이며, 서구화와 기독교는 다르다

---

12) 미션파트너스, "어떻게 선교사를 보낼 것인가: 선교역사 속에 나타난 선교사 모델(변진석, GMTC)", http://missionpartners.kr/main/gmb_board_view.php?no=1412&page=2&search=&page_no=47&category_no=&admin_page=&site_Number=1&GM_mobile=&sm_no=&search_option=&cls=.

는 사실을 강조하였다. 그는 인도인들에게 예수 그리스도만을 전하고 그들의 본성과 삶을 통해 예수 그리스도를 해석하도록 도와야 한다고 그러면 그들이 그리스도에 대한 해석은 새롭고, 생명이 넘치게 될 것이라고 주장하였다. 13)

가장 오랫동안 선교지에서 사역한 그는 인도의 선교사로서 인도인들과 그들의 문화를 깊이 이해하고 사랑하며 또 배우려는 태도를 보여주었다. 여기서 스탠리 존스의 선교사 모델로부터 배워야 할 점은 다음과 같다. 첫째, 시대정신에 매몰되지 않고 복음의 핵심인 예수님을 붙잡았다. 둘째, 선교지 문화와 전통에 대한 존중심과 배우려는 태도이다. 셋째, 선교에 있어 삼위일체 하나님의 주도권에 대한 인식이다. 그래서 그는 1938년 탐바라 국제선교대회(IMC)에서 핸드릭 크래머와 논쟁하였다. 당시 핸드릭 크래머의 주장이 지나치게 서구 중심적인 교회론에 치우쳤다고 보았다. 그는 칼 바르트의 신학 사상을 선교 신학적으로 해석한 크래머의 교회론을 인도의 선교 현장에 적용할 경우, 대부분 인도인은 교회라는 가시적인 제도를 서구 문명과 혼동할 뿐 아니라 제국주의 영향으로 인해 기독교를 부정적으로 볼 수밖에 없다고 평가하였다. 존스는 인도의 전통과 종교 속에서 좋은 것을 보았고, 그것이 하나님께서 그들의 마음에 남긴 흔적들로서 그러한 영적, 도덕적 가치들은 보존되어야 할 가치가 있으며, 예수 그리스도의 실재하심을 통해 그러한 신성한 생각들이 새로운 표현의 기회를 가져야 한다고 보았다. 14)

---

13) E. Stanley Jones, 『인도의 길을 걷고 있는 예수』, 57.
14) 미션파트너스, "어떻게 선교사를 보낼 것인가: 선교역사 속에 나타난 선교사 모델(변진석, GMTC)", http://missionpartners.kr/main/gmb_board_view. php?no=1412&page=2&search=&page_no=47&category_no=&admin_page=&site_ Number=1&GM_mobile=&sm_no=&search_option=&cls=.

3. 에딘버러 선교사대회

"이 세대 안에 세계 복음화"(The Evangelization of the World in this Generation)라는 주제로 에딘버러 선교사대회(Edinburgh Missionary Conference)는 1910년 6월 21일부터 23일까지 영국 스코틀랜드 에딘버러대학교(University of Edinburgh)의 뉴칼리지(New College) 건물에서 159개의 선교단체가 파송한 1,200명의 세계 선교 관련자들이 참석하여 개최되었다. 이 대회는 19세기 선교 및 연합운동의 총결산이요, 20세기 선교 및 연합운동의 시발점이 되었다. 기독교 선교의 위대한 세기인 당시 대표는 평신도 선교 동원가였던 국제 YMCA의 학생부 책임자 존 모트(John R. Mott)이며, 사무총장은 인도 선교사였던 조셉 올드햄(Joseph H. Oldham, 1874~1969)이었다. 15)

계몽주의(Enlightenment)와 도시화(Urbanization), 그리고 산업화(Industrialization)의 혜택을 톡톡히 본 서구교회가 지난 시절의 선교를 평가하고 비기독교 국가를 복음화하기 위한 전략을 개발하기 위해 에든버러에서 처음으로 세계선교사대회가 열렸다. 16) 특히 에딘버러 선교사대회가 열리기 전 1907년 2월경 한국을 방문했던 존 모트는 6,000명의 성도 앞에 설교하면서(통역 윤치호) 장차 한국이 동양의 기독교 국가(예루살렘)가 될 것이라고 말했다.

이 대회에 한국 대표로 참석한 사람은 제임스 아담스(James E. Adams,

---

15) 안재은, 『현대선교신학』, 26.

16) World Missionary Conference, *World Missionary Conference, 1910. Report of Commission I: Carrying the Gospel to all the Non-Christian World* (New York: Fleming H. Revell Company, 1910), 71-80.

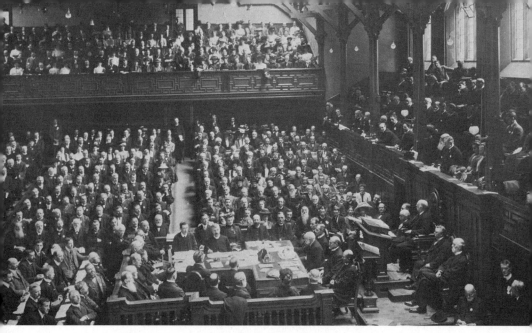

에딘버러 선교사대회(Edinburgh Missionary Conference, 1910년)

1867~1929),[17] 올리버 에비슨(Oliver R. Avison, 1860~1956),[18] 버크몰(H. O. T.

---

[17] 대구와 경북의 선교 아버지라 불리는 제임스 아담스(안의와, 安義窩) 선교사는 1867년생으로 1895년 미국 북장로회 해외 선교부로부터 한국 선교사로 임명받고 그해 5월 부산에 도착했다. 1896년 11월 대구선교 업무를 인계받은 그는 1897년 대구 부임과 동시에 대구·경북 모 교회인 대구제일교회를 설립했다. 대구를 중심으로 동서남북 처처에 전도 여행을 하며 수많은 교회를 세웠으며, 1906년에는 계성학교를 설립했다. 그는 1918년 건강 악화로 미국 북장로회 한국 선교사를 사임하고 미국으로 돌아갔지만, 1920년 9월 대구에 다시 돌아와 독립 선교활동을 시작했다. 하지만 건강 악화로 이듬해 한국 선교사를 은퇴하고 협력선교사로 활동하면서 자신의 전재산과 후원금으로 '아담스 복음 전도재단'을 설립해 대구에 66개와 안동에 7개 교회를 개척하는 등 대구와 경북 복음 전도에 헌신적인 노력을 아끼지 않았다. 그는 1924년 건강 악화로 23년간 보낸 이국땅을 뒤로 하고 영구 귀국한 후, 1929년 6월 25일 캘리포니아 리버모어에서 62세를 일기로 소천했다. 그의 선교 열정은 당대에 끝나지 않았다. 그의 가문이 한국에 대한 사랑과 봉사는 3대에 걸쳐 100년 이상 지속되었다. 기독신문 2009년 10월 26일.

[18] 세브란스 초대 병원장을 지낸 올리버 에비슨(어비신, 魚丕信)은 캐나다 출신의 미국 북장로회 의료선교사로 1887년 토론토 의대를 졸업하고, 모교에서 내과 및 약리학을 강의하다가 언더우드의 영향을 받아 한국 선교를 지원하였다. 1893년 부산을 경유하여 11월 1일부터 제중원 의사로 봉직하였으며, 1895년 여름에는 서울에 만연된 콜레라 방역사업 책임자로 진력하여 일찍이 상상할 수 없는 65% 완쾌자의 큰 성과를 거두었다. 고종의 시의로 임명되었으며, 1899년 제중원에서 수명의 학생을 모아 의학 교육을 실시하였다. 그는 수학 자연과학 농학 등을 강의하기도 하였다. 1900년에는 안식년을 미국에서 보내면서 한국 의료 선교의 확장을 제창하였다. 이때 오하이오 출신의 석유회사 중역 루이스 세브란스(Louis H. Severance)를 만나 그의 후원금을 가지고 제중원을 구리개(銅峴)에서 남대문 밖으로 이전하여 한국 최초의 현대식 종합병원을 세웠다. 이때 제중원에 있던 남대문교회도 함께 이전하였으며 그는 교회를 열성으로 섬겼다. 1904년 제중원을

Burkmall), 윌리암 푸트(William R. Foote, 1869~1930),[19] 와일리 포사이더(Wiley H.

Forsythe, 1873~1918),[20] 제임스 게일(James S. Gale, 1863~1937),[21] 필립 질레트(Philip.

L. Gillett, 1874~1939),[22] 메리맨 해리스(Merriman C. Harris, 1846~1921),[23] 조지 존스

(George H. Jones, 1867~1919),[24] 로버트 녹스(Robert Knox, 1880~1959),[25] 사무엘 마펫

"세브란스"로 개칭하고 병원장에 취임하였다. 1913년부터 세브란스 의전(醫專) 교장으로 봉직하
다가, 1916년부터 1934년까지 연희전문 교장까지 겸직하였다. 1934년 3월 세브란스 의전과 연
희전문학교 명예 교장으로 추대되었으며 두 학교 즉 "연세" 통합에도 노력하였다. 1935년 은퇴하
고 그해 12월 미국으로 돌아가 1956년 8월 29일 플로리다 피터스버그에서 96세로 별세하였다.

19) 캐나다장로교회는 1897년 한국 선교에 동참키로 결의하고 1898년 9월 푸트(부두일, 富斗一)
목사 부부를 한국에 파송했다. 그는 함경도와 간도 지방을 중심으로 선교를 시작했고, 후에는
원산, 함흥, 용정 등에 선교부를 설치하고 전도, 교육, 의료 등 세 분야에서 활동했다. 그는 원산
중앙교회 등 많은 교회를 개척, 원산보광학교, 원산남여학교 등 교육기관 설립하고 조선인 목회
자 양성에 힘썼다. 국민일보 2011년 6월 2일.

20) 나환자의 아버지로 불렸던 와일리 포사이더(보위렴, 保衛廉)는 1894년 프린스턴대학교와 1898
년 루이빌의과대학을 졸업하고, 1904년 8월 10일 미국 남장로교 선교부에서 의료선교사로 파송
되어 입국했다. 그는 전라북도 전주에서 순회 진료하며 고아원을 운영했다. 크리스챤저널 2009
년 10월 2일.

21) 외국인으로서 한국학자였던 제임스 게일(기일, 奇一)은 캐나다 온타리오 알마 출신으로 1888
년에 한국에 도착했다. 1889년 황해도 해주 지방과 경상도 지방에서 전도하며 대한성서공회에
서 성서를 한글로 번역했고, 1890년 예수교 학당에서 영어를 가르쳤다. 1892년 성서 번역에 참
여, 마태복음, 에베소서 등 신약성서 중 일부를 번역했다. 1897년, 한국 최초의 〈한영사전〉을 간
행했으며, 〈신구약 성서〉와 〈천로역정〉을 한국어로 발간하였다. 한국인의 교육을 장려하기 위하
여 이원긍 유성준 김정식과 한국 교육기관의 효시인 '교육협회'를 창립했다. 또 〈춘향전〉, 〈구운
몽〉 등을 영역하여 한국의 언어와 풍습 등을 세계에 널리 알리기도 했다. 그는 연동교회의 1대 담
임목사로 점차 신도가 증가하면서 교육기관인 연동소학교를 세워 여학생도 모집해 운영했다.

22) 필립 질레트(길예태, 吉禮泰)는 1901년 9월 미국 YMCA 국제위원회 존 모트(J. R. Mott) 총무
에 의하여 한국 YMCA 창설 책임자(실무 간사)로 선임되어 내한했다. 서울에서 2년간의 준비와
노력 끝에 1903년 10월 유니온 클럽에서 YMCA를 창립하고 초대 총무가 되었다. 1901년부터
1913년까지 12년간 한국에서 활동하면서 기독청년회의 조직 등 기초를 확립하고, 우리나라 체
육 특히 야구, 스케이트, 농구 등 분야를 발전시켰다. 야구는 1905년, 질레트 선교사가 처음 도
입하여 YMCA 회원들에게 가르쳐 준 것이 한국 야구의 기원이 되며, 1906년 2월 17일 YMCA 팀
과 독일어학교 팀 간의 경기는 한국 최초의 질레트는 배재학당의 기독학생회를 학생 YMCA로
개편하고, 이상재 윤치호 이승만 등 민족 운동가를 YMCA에 영입하여 자문위원회도 구성했다.
이 과정에서 일본의 105인 사건의 실체를 전 세계에 알리고자 노력하여, 1913년 6월 일본에 의하
여 강제 추방당했다. 그 후에도 중국 상해에 머물면서 상해임시정부의 독립운동을 지원했다.

23) 메리맨 해리스는 1904년 5월 미감리회 총회에서 한국과 일본 주재 감독으로 피선되어 다시 일본
에 부임하여 한국보다 일본을 위하여 일하였고 일본 정부에서 훈장까지 받은 바 있다.

24) 조지 존슨(조원시, 趙元時)은 1887년 아메리칸대학교를 졸업함과 동시에 내한하여 주로 인천
지방에서 선교활동을 했으며 배재학당 실장을 역임했다.

25) 로버트 녹스(노라복, 魯羅福)은 미국 남장로회 소속 선교사로 1906년 내한했다. 광주 선교부

(Samuel A. Moffett, 1864~1939),[26)] 레이드(W. T. Reid, 1875~1950),[27)] 알렉산더 립(Alexander

F. Robb, 1872~1935),[28)] 호러스 언더우드(Horace G. Underwood, 1859~1916),[29)] 윤치호(尹致昊,

1865~1945)[30)]였다.[31)]

와 목포 선교부 소속으로 전남지방에서 선교활동을 전개했다.

26) 사무엘 마펫(마포삼열, 馬布三悅)은 1890년부터 1938년까지 한국에서 활동하며 1천 개의 교회, 숭의여자고등학교 등 300개의 학교를 세우고 수백 명의 목사를 배출했다. 숭실대학교 3대 총장을 역임하기도 했다. 그는 한국 선교를 대표하는 선교사로 한국 근대사에서 중요한 역할을 감당했고 〈105인 사건〉등 독립투쟁사에서도 주목할 만한 활동을 했다. 그는 은퇴 후에도 돌아갈 곳이 마땅치 않아 평양에 머물렀다. 그리고 노년은 가난하고 쓸쓸하게 지냈다. 마포삼열 선교사의 유해 중 일부는 사후 67년 만인 지난 2009년 장로회신학대학교 이상조 기념관 앞에 묻혔다. 본헤럴드(http://www.bonhd.net).

27) 한국 내한 선교사였던 아버지의 뒤를 이어 한국에 들어온 레이드(이위만, 李慰萬)는 의사로 개성에서 의료선교에 크게 공헌했다. 그의 아버지 클라렌스 리드(Clarence F. Reid, 1849~1915, 이덕, 李德)는 최초 미국 남감리교회 소속 선교사로 1896년 8월 14일 가족을 데리고 내한한 뒤 1897년 5월 2일 고양읍교회를 창립하고 같은 달 6월 21일 광희문교회를 시작했다. 그러나 부인의 병환으로 1901년 4월 20일 귀국, 부인은 그해 5월 17일 미국에서 별세했다. 기독교대한감리회 역사정보자료실, "리드", https://his.kmc.or.kr/foreign-missionaries/43480?page=8.

28) 알렉산더 립(업아력, 業雅力)은 1901년에 입국한 캐나다 장로교 선교사요 할리팍스장로교신학교(Presbyterian College in Halifax) 출신으로 역사신학자며, 평양장로교신학교 교회사 교수였다. 그는 순회 목사로 원산을 포함한 함경북도 전역과 간도 지방을 캐나다 선교구역으로 배정받고 원산에 정착, 창전예배당(후 광석동교회) 교우들과 함께 기도에 힘썼다.

29) 호러스 언더우드(원두우, 元杜尤)는 1881년 뉴욕대학교를 거쳐 1884년 뉴브런즈윅 신학교를 졸업했다. 1890년 뉴욕대학교에서 명예신학박사, 1912년 명예법학박사학위를 받았다. 1884년 7월 미국 북장로교 선교부의 임명에 따라 이듬해 감리교 목사인 아펜젤러와 함께 한국에 입국했다. 1886년 한국 최초의 고아학교(고아원)를 설립했는데 이 학교가 경신학교의 전신이다. 1887년 9월 새문안교회를 설립했다. 1889년 한국예수교성교서회를 창설하여 문서를 통한 선교 실무를 관장했으며,〈한국어문법〉을 편찬 간행했다. 1897년 〈그리스도신문〉창간, 1900년 기독교청년회 조직, 1915년 경신학교에 대학부를 설치하여 연희전문학교의 설립에 바탕이 되었다. 그밖에 세브란스 의학교, 피어선 성경학원, 평양장로교신학교 등의 설립에 주도 역할을 했으며, 성서 번역사업에도 커다란 기여를 하여 한국 최초로 찬송가를 간행했다. 주요저서로는 〈한영사전〉, 〈영한사전〉(1890), 〈한국의 소명 The Call of Korea〉(1908) 등이 있다. 다음백과, "언더우드", https://100.daum.net/encyclopedia/view/b15a1487a.

30) 윤치호는 개인적으로 〈찬미가, 1905〉를 편집했는데 이 찬송가의 10장에는 "애국가"가 삽입되어 있었다. 오늘날 대한민국의 애국가는 초기에 찬송가로 불렸다. 당시 기독교인들은 나라 사랑을 담은 찬송가를 많이 지었는데 이 애국가의 저자가 윤치호다. 그리고 1895년, 미국에 유학 중이던 윤치호는 귀국길에 주미 한국공사관에 있던 자전거를 들여와 국내에 처음 선보였다. 당시 군대 장교들은 초창기 '자행차'로 불린 자전거를 보급하는 데 큰 역할을 했다. 부산에서는 1905년 7월 '한일상품박람회'를 통해 첫선을 보인 뒤 1918년 자전거경주대회에서 엄복동이 우승을 차지하면서 자전거 바람이 불기 시작했다. 저서로는 『우스운 소리』, 『영어문법첩경』이 있고, 역술서로 『찬미가』, 번역서로 『의회통화규칙』, 『이솝우화(伊索寓話)』, 『걸리버여행기』가 있다.

31) World Missionary Conference, ed., *World Missionary Conference, 1910. Report of*

에딘버러 선교사대회 둘째 날, 6월 15일에 윤치호는 한국에 대한 상황을 소개하기를, "첫째, 지리적 특성에 대하여, 둘째 인구 구성에 대하여, 셋째, 한국인의 성품에 대하여, 넷째, 종교 상황에 대하여, 다섯째, 문맹의 부분에 대하여, 여섯째, 복음 전도에 대하여" 설명하였다.[32] 여기서 윤치호는 대회의장에서 한국 선교 보고를 통해 말하기를, "현재 한국은 20만 명의 성도로 급성장하고 있으며, 책 가운데 성경이 가장 많이 읽혀지는데 영국성서공회가 큰 공헌을 하였다"라고 피력하였다.[33]

그리고 사무엘 마펫 선교사는 한국인의 '자립 선교'를 극찬하며 한국 지도자를 양성하기 위해 외국의 돈이 투자되지 않는 나라가 바로 한국이라고 보고하였다. 이 저력은 인도, 중국, 만주 선교와의 차이점이라고 강조하였다. 한국인들은 스스로 우리 선교사에게 와서 "여러분은 우리에게 영적인 부담감을 주었지만, 초기에 우리가 더 많은 돈을 달라는 요구에 여러분들이 반응해 주지 않은 것에 감사하다"라고 고마움을 표시하였다. 우리는 "한국에서 해외선교회가 현지인 지도자를 돕기 위해 돈을 쏟아붓지 않을 것이라고 확신한다"라며 한국교회의 자립 선교를 널리 알려 화제가 되었다. 당시 윤치호를 제외하고 대다수가 의료선교사였으며, 자신의 전문 직업을 가지고 세계선교에 헌신한 평신도들이 에딘버러대회에 참석하여 자신들의 사역과 전략들을 평가한 것은 대단한 일이

Commission I: Carrying the Gospel to all the Non-Christian World, 374.

32) 안희열, "에딘버러 세계선교사대회와 존 모트의 선교동원", 「1910년 에딘버러 세계선교사대회 100주년 기념 2010 한국대회 논문집」 1 (2011): 213-221.

33) World Missionary Conference, *World Missionary Conference, 1910. Report of Commission I: Carrying the Gospel to all the Non-Christian World,* 410-411. 1890년 미국계 선교사의 통계에 의하면, 인도에는 824명, 아프리카 대륙에는 611명, 중국에는 537명, 라틴아메리카에는 214명, 일본에는 175명이었고, 한국에는 6명이었다. John K. Fairbank, *The Missionary Enterprise in China and American* (Cambridge: Harvard University Press, 1974), 36.

라고 할 수 있을 것이다. 34) 이렇게 일본에서 한국을 선교한 이수정에게 전도 받은 윤치호는 111년 전에 한국을 대표하여 1910년 에딘버러 선교사대회에 참석하였다.

이 대회는 무엇보다 전 세계에 복음을 전파하기 위해 여러 교파의 기독교인들을 연합시키려 했던 19세기의 운동들을 총괄하면서 한 곳으로 모아 주었다. 에딘버러 선교사대회의 분위기는 종말론적이기보다 미래론적이었으며, 당시 발달하던 전기통신과 철도교통, 그리고 기선을 통하여 온 세계는 유기적인 관계를 형성할 수 있었으며, 과학의 발전으로 계속해서 진보할 수 있다는 생각에서 매우 낙관적인 미래관을 지니고 있었다. 35) 과거 선교사의 결산이자, 또한 새로운 역사의 출발점이 되었던 에딘버러의 가장 핵심적인 질문은 "어떻게 선교할 것인가?"에 대한 것이었다. 교회 일치의 정신으로 대표단들은 함께 협력해 복음을 세계에 널리 전파하기로 결의하였다. 그들은 서로의 사역을 방해하거나 다른 기독교 교단에 속한 원주민들을, 그리고 다른 기독교 교단으로 개종시키는 일을 하지 않기로 서약하였다. 36)

이처럼 이 대회에서 연합은 20세기의 화두가 되었다. 37) 첫째, 선교 현지 교회들은 자립과 자치의 문제가 있다. 선교사들은 일반적으로 선교 현지의 토착교회들이 사역자를 부양할 경제적인 능력이 없다고 판단하였다. 그리고 토착교회의 지도자들은 자신의 교회를 책임질 수 있을 만큼 적절한 훈련이 되지 못했다고 판단함으로써 자립과 자치의 문제를 다루었다. 둘째, 선교사와 선교 현지인들 간의 협력 문제가 있다. 서구교회와 신생

---

34) 안희열, "에딘버러 세계선교사대회와 존 모트의 선교동원", 150-151.
35) 이형기, 『에큐메니컬 운동사』 (서울: 대한기독교서회, 1994), 106.
36) Joseph Early Jr, 『기독교의 역사』, 391.
37) 김은수, 『현대선교의 흐름과 주제』 (서울: 대한기독교서회, 2001), 21-26.

교회 간의 진정한 협력관계를 위해 상호 존중하는 자세가 필요하다고 판단하였다. 셋째, 선교와 일치의 문제가 있다. 에딘버러 선교사대회는 기본적으로 선교회 혹은 교회들이 "어떻게 효율적인 선교를 위해 에큐메니컬한 협력을 이룰 것인가?"에 대한 깊은 관심을 가졌다. 이것이 이 대회의 가장 핵심적인 이슈로 선교와 일치의 문제였다. 무엇보다 에딘버러 선교사대회는 의식적으로 교리적 문제를 무시하고 함께 모였다는 사실이다.

4. 예루살렘 국제선교대회

에딘버러 선교사대회 이후, 1928년 예루살렘 국제선교대회(The International Missionary Council)는 세계선교협의회 설립과 사회 복음주의의 출현을 세상에 알렸다. 1928년 부활절인 3월 24일에서 4월 8일까지 예루살렘의 감람산에서 개최된 이 대회는 참여 자격이 서구 주도의 선교에서 탈피하고자 하는 노력이 평가되었다.[38] 1910년 에딘버러 선교사대회와는 다르게 그 규모가 축소되었으나 세계 50개국에서 231명의 대표가 참석했고, 그중 52명은 대의원이 신생교회 출신으로 23%나 차지할 정도로 2/3세계 대의원이 대폭 증가한 것이다.[39]

당시 한국에서는 YMCA 신흥우(申興雨, 1883~1959) 목사, 조선예수교연합공의회 회장 양주삼(梁柱三, 1879~?) 목사, 조선주일학교연합회 총무 정인과(鄭仁果, 1888~1972) 목사, YWCA 김활란(金活蘭, 1899~1970) 박사, 윌리엄 노블(William A. Noble, 1866~1945) 선교사, 사무엘 마펫(Samuel A. Moffett) 선교사 등 6명이 참석

---

38) 조귀삼, 『복음주의 선교신학』, 266-267.
39) 안희열, 『세계선교역사 다이제스트 100』, 422.

하였다.

이 대회에서는 서구교회의 제국주의적 기독교 선교를 반성하고, 기독교가 세계인의 종교로서 더는 서구교회의 전유물이 아님을 확인하며, 기독교의 사회적 표준을 제시하고자 하였다. 이 대회의 주제는 "세속화와 사회복음"이다. 대회를 통해 토의된 각 분과의 주제는 첫째, 비기독교 기구들에 대한 관계 안에서 기독교 삶과 메시지다. 둘째, 종교 교육이다. 셋째, 신생교회와 서구교회의 관계다. 넷째, 인종 갈등의 빛에서 본 기독교 선교다. 다섯째, 아시아와 아프리카, 그리고 남미에서의 산업주의 성장과 기독교다. 여섯째, 농민의 문제들에 대한 관계 속에서 기독교 선교이다. 마지막으로 일곱째, 국제적인 선교 협력이다.[40]

이 대회는 선교에 대해서 두 가지 방향에서 재평가가 이루어졌다. 하나는 하버드대학교(Harvard University)의 호킹(William E. Hocking, 1873~1966) 교수의 지도하에 미국 대표들을 중심으로 타종교들과 과감히 동맹을 맺자는 주장이었다. 이러한 주장은 종교적인 상대주의를 배경으로 한 것이다. 이 영향은 타신앙인에 대한 기독교인들의 태도를 말하는 대회 보고서 가운데 잘 드러난다. 다른 하나는 변증법적 신학의 영향을 받은 유럽 대륙의 대표들을 중심으로 제기된 것으로서 칼 바르트(Karl Barth, 1886~1968)의 강한 영향을 받았던 네덜란드 신학자 헨드릭 크래머(Hendrik Kraemer, 1888~1965)가 대표적인 사람이었다. 그는 칼 바르트의 계시 철학을 선교학적으로 적용했으며, 기독교 계시를 오직 자신을 드러내신 하나님과 예수 그리스도 안에서 새롭게 창조된 계시의 영역 안에 한정시켰다. 이와 배치되는 여타의 모든 시도를 거부하였다. 크래머는 성서적 실재주의에 입각하여 복

---

40) 조귀삼, 『복음주의 선교신학』, 267.

음과 타종교 간의 연속성은 존재하지 않는다고 결론지었다.[41] 예루살렘 선교대회는 세속화 사회에 대한 선교적인 관심은 복음의 사회적 차원을 새롭게 인식하게 하였다. 세속주의가 선교적 과제로 인식되었고, 그리스도의 제사장적 직무가 강조되었다. 이제 선교의 목표는 더는 개인의 영혼 구령에만 머무를 수 없으며, 이 땅에서 하나님 나라의 예비적 실현으로 묘사되었다. 따라서 선교사는 이 세계에서 하나님 나라를 위한 종이어야 한다. 이러한 이유로 많은 복음주의자의 반대에도 불구하고 예루살렘 선교대회는 복음의 사회적 차원을 분명히 하였다.[42]

사실 에딘버러 선교사대회를 치르고 난 후 얼마 되지 않아 제1차 세계 대전(1914~1918)과 러시아 혁명(1917)을 겪으면서 서구교회는 충격에 휩싸였다. 그것은 전쟁 이후 후유증인 빈곤, 기아, 고아, 절망은 교회가 지금까지 생각해보지 못한 문제점들이었다. 그래서 이런 문제에 교회가 어떻게 답을 찾아야 할지를 고민하게 된 것이 예루살렘 선교대회라서 "Why Mission" 대회라 일컫기도 한다.[43] 교회와 선교단체의 사회 선교적 차원, 즉 보건과 교육, 그리고 나눔의 사회복지는 단지 도움을 준다는 의미에서의 선교의 한 영역으로 치부되어서는 안 되는 선교 그 자체였다. 따라서 그리스도는 영적인 영역에서뿐만 아니라 인간의 삶 전반에 걸친 전인적 삶의 주님으로 고백되었다.[44] 예루살렘 선교대회는 세계대전 이후에 나타난 사회 문제에 교회는 관심을 갖기 시작하면서 교회가 어떻게 (How) 선교해야 하는 것보다는 왜(Why) 선교해야 하는지에 대한 관심이 쏠렸다.[45]

---

41) 김은수, 『현대 선교의 흐름과 주제』, 38.
42) 김은수, 『현대 선교의 흐름과 주제』, 39.
43) Roger C. Bassham, *Mission Theology* (Pasadena: William Carey Library, 1979), 21.
44) 김은수, 『현대 선교의 흐름과 주제』, 39.
45) 안희열, 『세계선교역사 다이제스트 100』, 444.

5. 존 모트와 한국선교

서유럽과 북미가 기독교 세계의 중심이었던 시절, 서양뿐만 아니라, 서양 선교사들이 활동한 선교지를 포괄하는 신생교회가 세워진 세계 전역에서 가장 널리 회자된 이름이 바로 존 모트(John R. Mott, 1865~1955)였다. 모트가 살았던 1860~1950년대는 서양 기독교 선교 운동의 전성기와 정확히 일치한다. 존 모트는 이 점에서 20세기 전반 세계 기독교를 대표하는 인물이다. 모트 만큼이나 '대표'라는 이름이 어울리는 인물은 흔치 않을 것이다. 그는 SVM, YMCA, WSCF, Edinburgh 1910, IMC 같은 다양한 조직의 대표로 활동하였다. 1920년에 사임할 때까지 SVM 조직 대표, 즉 이 운동의 의장으로 32년 동안 활약하였다. SVM은 1945년까지 학생 총 2만 745명을 해외선교에 동원하는데, 이는 실제로 1888년 이후 1920년대 말까지 해외선교에 자원한 미국 개신교 선교사의 약 70%에 해당하는 엄청난 숫자였다. 같은 시기 한국에 온 선교사들도 70~80%가 다양한 SVM 유관 모임을 통해 한국에 자원하였다. 모트는 약 40년간의 YMCA 사역과 약 30년간의 SVM 사역을 연계하였다. 그런 모트는 한국에 다섯 차례 방문했던 것으로 나타났다.[46)]

첫 방문은 1907년 1월로, 한국과 일본이 을사늑약(乙巳勒約)[47)]을 체결한 지 2년 차이로 역사적 평양 대부흥이 막 시작된 무렵이었다. 당시 그는 서울 YMCA가 헨리 아펜젤러(Henry G. Appenzeller, 1858~1902) 선교사가 세운 배재학당(培材學堂)에서 1901년에 설립된 후, 한국에서 활동한 세 명의 총무, 한국의 농구와 야구의 아버지 필립 질레트(Philip L. Gillett, 1872~1938) 선

---

46) 뉴스앤조이, "이재근의 20세기 세계 기독교를 만든 사람들", www.newsnjoy.or.kr/news/articleView.html?idxno=218543.

47) 을사조약(乙巳條約) 혹은 제2차 한일 협약(第二次韓日協約)이라고도 부른다.

교사, 프랭크 브로크먼(Frank M. Brockman, 1878~1929) 선교사, 한국의 근대
화를 위해 산업교육을 담당한 조지 그레그(George A. Gregg) 선교사의 지도
하에 회원이 900명이나 될 정도로 성장한 것에 깊은 인상을 받았다. 또한
며칠간 두 차례 오후 모임에 참석한 인원이 2,500명이나 되고, 그중 한 모
임은 세 시간이나 이어진 것에 놀랐다. 이 기간 동안 모트는 존 워너메이
커(John Wanamaker, 1838~1922)가 서울에 YMCA 건물을 지으라고 4만 달러
를 기부했다는 사실도 알렸다.

모트의 두 번째 방문은 1913년 3월 25일부터 29일까지 머물렀다.
1907년과는 달리, 한국이 일본의 공식 식민지가 되어 있었다. 1907년 방
문 당시 통역자이자, 1910년 에든버러 대회의 유일한 한국인 참여자였
던 윤치호는 정부 전복 음모 사건(105인 사건)으로 수감 중이었다. 후속 위
원회 모임도 열렸지만, 더 인상적인 것은 모트가 당시 한국인을 대상으로
전도 집회를 열었다는 사실이었다. 당시 집회를 위해 큰 천막이 세워졌는
데, 건장한 한국인 3,000명이 참석하였다. 모트는 이 집회를 "살아 있는
내내 잊지 못할 장면"이라고 하였다.

모트의 세 번째 방문은 1922년 베이징에서 4월에 열릴 WSCF 집회를
주목적으로 가는 길에, 일본과 한국을 잠시 거치는 방문이었다. 별로 비
중이 크지 않은 방문처럼 보이지만, 실제로는 꽉 찬 사흘을 보냈다. 서울
에서 이틀을 지내며 왕실 인사와 선교사, YMCA 활동가들을 만났고, 한
국인을 대상으로 집회에서 연설하였다. 이번 일정에는 평양 방문도 있었
는데, 한국에서 가장 큰 장대현교회에서 남성을 대상으로 집회를 인도했
고, 동행한 아내는 다른 교회에 모인 여성을 대상으로 집회를 인도하였
다.

모트의 네 번째 방문은 1925년에 IMC 의장 자격으로 찾았는데,

1928년에 예루살렘에서 IMC 대회를 개최하는 것을 한국 지도자들에게 승인받은 일이었다. 이 방문 중에도 IMC 및 YMCA 관련 인사들과의 만남이 중첩되었다. 일본을 먼저 들른 모트는 서울로 가기 전에 부산에 들러 윤치호와 하루를 보냈다. 1913년 방문 당시 윤치호가 감옥에 있던 터라 만나지 못했기 때문에, 편히 만난 이들은 일본 점령하 한국의 정치 및 사회, 교회 상황을 놓고 교감을 나눴다. 이어서 서울로 이동한 모트는 3일을 보냈다. 이 일정 중 가장 중요한 사건은 선교사와 한국인 기독교 지도자를 포함한 60여 명이 조선호텔에 모여 한국 기독교의 현실과 상황을 놓고 토론한 일, 그리고 1928년에 예루살렘에서 IMC 대회를 개최하는 것을 한국 지도자들에게 승인받은 일이었다.

모트의 마지막이자 다섯 번째 방문은 1929년에 이루어졌다. 전년도에 예루살렘 국제선교대회(IMC)가 열린 후, 대회 메시지를 각 지역에 전하기 위한 1928년부터 1929년 8개월까지 순회 여행 일정의 일부였다. 당시 한국 방문은 총 닷새로 이전보다 길었는데, 이번 여행의 가장 중요한 수확은 1924년 9월에 조직된 한국기독교교회협의회가 주최한 대회에 참석한 일이었다. 여섯 차례 이상 설교와 연설을 했고, 한국인 일본인 미국인 기독교인이 모인 작은 대화 모임을 만들어, 당면한 문제를 상호 조정하여 해결할 수 있게 도왔다.

한국선교를 위해 아낌없이 지원했던 모트는 1928년에 예루살렘 국제선교대회 의장, 1938년 인도 마드라스의 탐바람 세계선교협의회에서도 대회장으로 활약하였다. 1948년 세계교회협의회(WCC) 창립총회에서 모트는 명예회장이라는 명예를 얻었다. 모트는 선교의 독특한 위상을 강조하는 IMC가 WCC에 통합되면서 그 역할을 상실하지는 않을까 염려하기도 하였다. 그러나 결국 국제선교대회(IMC)는 모트 사후인 1961년 WCC

에 통합되었다. 모트는 선교적 에큐메니컬 운동을 통해 세계 평화에 공헌한 공로를 인정받아 1946년에 노벨평화상을 받았다.

6. 탐바라 국제선교대회

선교 현장에서 부딪치는 여러 문제를 놓고 논의하기 위해 인도의 마드라스 근처 탐바라(Tambara)에서 모인 국제선교대회(IMC)는 1938년 12월 12일부터 30일까지 마드라스 크리스천대학(Madras Christian College)에서 "교회의 세계 선교"(The World Mission of the Church)라는 주제로 모였다. [48] 공식적으로 471명의 대표자가 절반 이상이 비서구권 교회와 선교단체의 대표들이었으며, 그중에 여성이 77명이나 포함되었다. [49] 아시아와 아프리카, 그리고 남미 출신 선교사들이 절반을 차지하였다. 당시까지 역사상 그렇게 많은 나라 출신 지도자들이 모인 국제적 모임은 없었다. 비서구권 교회와 선교단체의 출신 대표자들이 유럽과 북미 출신 지도자들과 함께 동등한 자격으로 선교적 이슈를 토론하고 상호 배우는 선교대회는 그 선례를 찾을 수 없었다. 이것이 국제선교대회(IMC)가 이룩한 놀라운 업적이었다. [50]

복음 전도의 책임은 교회에 주어졌으며, 지역교회나 교인이 이 일의 중심이 되어야 한다고 밝혔다. 그것이 온 세상을 위한 모든 교회의 사명임을 강조하였다. 선교는 교회 생활의 일부분이 아니라 오히려 교회가 존재하는 목적이 되어 하나님이 부여하신 사명의 수행에 있으며, 그 책임은

---

48) 안재은, 『현대선교신학』, 28.
49) 조귀삼, 『복음주의 선교신학』, 268.
50) Paul E. Pierson, 『선교학적 관점에서 본 기독교 선교운동사』, 552-553.

모든 기독교인에게 주어진 것이다. 그러나 교회의 사명은 복음 전도에만 국한된 것이 아니다. 선교는 복음 전파사업과 신학교를 포함한 교육사업, 그리고 의료사업 등 이런 것이 수행될 수 있는 사회 경제적 환경조성 등이 포함되어야 한다. 이 대회에서도 복음을 총체적으로 이해하여 복음 전도와 사회참여 간의 밀접한 관계를 강조한 것이다. 사회적인 프로그램도 복음에서 나온다는 것이다.[51] 특히 탐바라 국제선교회에서는 기독교와 타종교 관계의 문제가 대두된다. 발제자였던 크래머는 모든 자연 신학을 거부했고, 기독교 계시만이 유일한 것이므로 복음과 세상이 다른 종교와는 어떤 관계도 없다고 하였다. 그러나 이 대회에 참석한 많은 신생교회 대표들은 이를 수정할 것을 요청하였다. 결과적으로 탐바라 국제선교대회는 예루살렘 국제선교대회가 채택한 것과 마찬가지로 비슷한 입장, 즉 다른 종교에도 깊은 종교적 경험과 위대한 도덕적 성취는 가치가 있으며, 하나님은 언제 어디서라도 자신을 사람들에게 드러내 보였던 입장을 채택하였다. 이 대회에서 존 모트와 조셉 올드햄은 직책에서 물러났다.[52]

7. 휫트비 국제선교대회

1947년 7월 캐나다의 온타리오(Ontario) 부근 휫트비(Whitby)에서 국제선교대회(IMC)는 40개국에서 112명의 대표가 참석하였다. 먼저 전쟁 이후 교회와 세계에 무엇이 필요한지에 대해 논의하였다. 논의의 중심 주제

---

51) 안재은, 『현대선교신학』, 28.
52) 안재은, 『현대선교신학』, 28.

는 세 가지로 요약할 수 있다. 첫째, 복음 전도를 선교 운동의 핵심으로 삼아야 한다. 즉 지금의 세대가 지나가기 전에 복음은 세상의 모든 민족에게 전해져야 한다는 것이다. 둘째, 옛 교회와 신생교회 사이의 하나 됨이다. 즉 동등성의 인정이다. 양자는 그리스도의 명령에 순종하는 동역자임을 확인한 것이다. 셋째, 일치다. 6년간의 전쟁을 경험하며 서로 간의 거리가 멀어져 있던 기독교인들이 믿음으로 하나 됨을 확인할 수 있었던 것이다.[53]

동시에 그들은 교회의 복음 전도의 책임과 더불어 사회참여의 필요도 심각하게 받아들였다. 전쟁을 경험한 세계에서 교회가 당면하고 있던 커다란 필요를 의식한 것이다. 그러나 휫트비 국제선교대회에서까지 "기독인으로서 우리는 굶주리거나 빈궁한 이들, 곤궁에 처한 모든 이들을 섬길 의무가 있다. 우리는 불의와 압제를 제거하려는 모든 운동을 지지할 의무가 있다"[54]라는 이것을 선교의 최우선 과제로 삼지는 않았다. 예수 그리스도의 지상명령인 선교의 사명을 지닌 교회가 마땅히 해야 할 과제이기는 하지만 세상의 모든 슬픔의 근원이 영적인 것이며, 따라서 그 치유도 영적이어야 한다는 확신을 가지고 있었기 때문이다.[55]

8. 암스테르담 제1차 WCC대회

1948년은 한국을 포함한 많은 나라가 새로이 정부를 수립하고 독립

---

53) William R. Hogg, *Ecumenical Foundations* (New York: Harpr & Brothers Publishers, 1952), 339-342.

54) Rodger C. Bassham, *Mission Theology*, 294.

55) 안재은, 『현대선교신학』, 29.

네덜란드 암스테르담 제1차 WCC대회(1948년)

국가로 출발하는 역사상 밝은 빛이 비치는 듯한 해였다. 그리고 제2차
세계대전 직후인 1948년 8월 23일부터 9월 24일까지 네덜란드 암스테르
담에서 국제적인 교회 협력 기구로 활동하던 '생활과 봉사'와 '신앙과 직
제'가 합해지면서 세계교회협의회(WCC, World Council of Churches)로 44개
국 147개 교회 대표들이 모여 정식 출범하였다. IMC는 여기에 흡수되
지 않았지만 서로 밀접한 관계로 협력하였다.

　암스테르담총회 보고서는 4권으로 되어있고, 그중에 선교 문제를 다
룬 것은 제2권, '하나님의 경륜에 대한 교회의 증언'이다. 이 보고서에 따
르면, 크래머는 우리의 가장 큰 과업은 '복음 전도'라고 밝혔다.[56] 그러나
레슬리 뉴비긴(Lesslie Newbigin, 1909~1998)이 쓴 그다음 장은 교회의 임무가

---

56) Lesslie Newbigin, *Man's Disorder and God's Design: The Amsterdam Assembly Series*
(New York: Harper & Brothers, Publishers, 1948), Vol.Ⅱ., 14.

단순히 복음 전도에 한정되지 않는다고 하였다.[57] 복음 전도는 교회가 하나님께 신실하고 그의 피조물에게 봉사하라는 이중의 부르심에 충실할 수 있을 때 온전해진다. 복음 전도는 그 결과가 남아 있어야만 효과적이라고 할 수 있다. 복음을 받아들인 사람은 교회에 들어가야 하며, 사회 안에서도 그 구속적 영향을 끼칠 수 있어야 하고, 하나님과 화해된 사람은 성도들 간에는 물론 다른 모든 사람과도 새로운 관계를 맺어야 한다. 이것이 복음 전도의 내용이다. 특별히 선교 문제를 구체적으로 다룬 제2분과의 보고서는 복음 증거를 위한 평신도들의 역할을 강조하였다. 복음의 증거 생활을 할 수 있는 가장 분명한 장은 가정이며, 그들이 일하는 현장이라는 것이다. 전체적으로 암스테르담의 총회는 새로운 신학을 천명한 것이 아니라 종래의 에큐메니칼 대회들의 주장을 그대로 수용하고 있다고 하겠다. 새로운 선교 신학의 태동은 이처럼 조용하게 이루어졌다.[58]

9. 뉴델리의 IMC와 WCC의 통합

WCC는 선교적 사명이 선교단체의 일이 아니라 모든 교회의 책임이 되도록 해야 한다고 주장하면서 IMC가 독립적으로 선교 운동을 펼치는 것보다는 WCC 안으로 들어와 함께 선교 운동을 펼칠 것을 주장하였다.[59] 그 결과 1961년 WCC와 IMC가 통합하게 되었고, 그로 인해 교회의 선

---

57) Lesslie Newbigin, *Man's Disorder and God's Design: The Amsterdam Assembly Series*, 19.
58) 안재은, 『현대선교신학』, 29-30.
59) Harvy T. Hoekstra, *The World Council of Churches and the Demise of Evangelism* (Illinos: Tandal House, 1979), 133-134.

교적 사명과 에큐메니컬 운동이 통합되었다. 그리고 WCC는 명실공히 전세계 교회의 협의체로서 에큐메니컬 운동의 실제적인 기구가 되었다. 따라서 에큐메니컬 운동의 핵심인 WCC 창립 이후 어떻게 발전되었는지를 알기 위해서는 WCC가 지향했던 방향을 살펴보면 크게 네 가지의 패러다임으로 나누어 볼 수 있다.

첫째, 1910년부터 1948년에 걸친 선교를 위한 협력 패러다임의 시기로 이 시기에 열렸던 대회들은 선교의 목표를 대부분 복음 전도에 맞추면서 이를 위한 효과적인 선교 방법을 찾는 데 관심이 모아져 있었다. 물론 이 시기에도 다양한 논의는 있었다. 하지만 그래도 선교의 목표를 세계 복음화에 두는 데는 어느 정도 합의가 이루어져 있었다.[60] 둘째, 하나님의 선교 패러다임 시기라고 할 수 있는 1952년부터 1963년에 교회가 선교의 주체가 되어 교회를 세워나가는 것이 선교 중심의 패러다임에서 샬롬을 이 땅에 이루어가는 것을 목표로 하는 선교 패러다임으로 변화가 일어났다고 할 수 있다. 셋째, 인간화 패러다임 시기로 부를 수 있는 이 시기인 1968년부터 1975년에는 세계 곳곳에 만연해 있는 빈곤과 억압을 물리치고 사회의 구조 악을 포함한 모든 속박에서 해방 즉 인간화를 선교의 진정한 목표로 보게 되었다. 넷째, 생명 살림 패러다임 시기라고 할 수 있는 1980년대 이후로 이 시기에 에큐메니컬 운동이 생명 살림에 관심을 갖게 된 것은 총체적인 생명 죽임의 현실이 가장 주된 이유가 될 것이다.[61] 세계교회협의회의 에큐메니컬 운동은 선교의 목표를 샬롬과 인간화, 그리고 생명 살림 등에 두면서 교회의 사회적 책임을 강조했다는 점에서 공헌했지만 반면 본래 처음 시작될 때의 기본 목표였던 효율적인 선교를 위한

---

60) 이현모, 『현대선교이해』, 78-80.
61) 강희창, "에큐메니컬 선교신학의 패러다임 변화에 대한 연구", 「장신논단」 22 (2004): 126.

협력이라는 주제에서 벗어나면서 구령 열정을 약화시킨 점은 약점으로 지적될 수 있을 것이다. [62]

10. 윌링겐 국제선교대회

에큐메니칼 선교 신학의 이정표가 된 것은 1952년 독일 윌링겐 (Willingen)에서 열린 국제선교대회(IMC)였다. 이 대회는 "십자가 아래에서의 선교"라는 주제로 모임을 가져 종래의 정복적이고 전투적인 서구식 십자군의 선교가 아니라 예수 그리스도의 뒤를 따르는 십자가의 선교를 해야 한다는 공감대를 형성하였다. 이 대회가 끝난 후 독일 슈투트가르트 (Stuttgart) 교구의 감독이었던 칼 하르텐슈타인(Karl Hartenstein, 1894~1952)은 종래의 잘못된 선교의 동기와 목표를 수정하고, 오직 하나님만이 선교의 동기와 목적이며, 그분만이 선교의 주체와 근원이시며, 선교하는 자는 오직 그의 속죄에 근거해야 한다는 의미에서 '하나님의 선교'(Missio Dei)라는 용어를 처음 사용하였다. [63]

그런데 하르텐슈타인은 'Missio Dei'(하나님의 선교)라는 용어를 말한 후 얼마 지나지 않아 세상을 떠났다. 이후 하나님의 선교 개념은 독일 신학자 게오르크 비체돔(Georg F. Vicedom, 1903~1974)과 네덜란드 선교신학자였던 요한네스 호켄다이크(Johannes C. Hoekendijk, 1912~1975)에 의해 더욱 체계화되었고, 호켄다이크는 하나님 자신이 파송을 강조함으로써 세계 속에서 자신을 나타내는 하나님, 즉 세계와 분리되지 않는 하나님을 강조하

---

62) 안승오, 『세계 선교 역사 100장면』, 333.
63) 안승오, 『세계 선교 역사 100장면』, 338.

였다. 그는 하나님의 활동을 실제로 이 땅 위에 펼쳐지고 있는 세계 역사와 직접 연결하여 파악함으로써 하나님의 선교를 현재적인 종말의 시각에서 이해하는 경향이 강하였다.[64]

반면 『하나님의 선교』(Missio Dei)라는 저서를 통해 하나님의 선교 개념을 널리 퍼지도록 공헌한 비체돔은 하나님의 선교 역사를 곧 구원사로 보았다. 그는 하나님의 구원사를 이루는 것을 선교의 목표로 보면서 선교의 목표를 모든 인간에게 복음을 전하고 그들을 구원하여 그리스도의 교회로 모으는 일로 생각하였다.[65] 비체돔은 하나님의 선교를 강조하면서도 여전히 교회의 역할을 강조하였다. 하나님의 선교 개념은 WCC의 신학 방향을 정립하는 데 큰 영향을 주었다.[66]

이처럼 새로운 선교 신학의 태동에 결정적 역할을 미친 사람은 20세기에 가장 영향력 있는 선교신학자 호켄다이크이다. 그는 종래의 선교관을 교회 중심의 선교관이라고 비판하고, 교회는 "이 세상 안에 있는 하나님의 구속적 활동의 도구"이며, "이 세상에 평화(shalom)를 건설하기 위해 하나님의 손에 들려진 수단"에 불과하다고 말했다. 그는 선교(evangelism)의 주체는 교회가 아니라 메시아이고, 그 메시아는 바로 선교사라는 것이다.[67] 여기서 샬롬은 개인의 구원보다 훨씬 더 많은 것을 의미한다. 즉 평화, 온전함, 공동체, 조화, 정의 등이 과거의 수직주의와는 다르게 전도가 현존, 인간화, 해방화를 의미하는 수평주의로 나타내었다. 이런 뜻에서 선교는 세 가지 측면을 가진다. 케리그마(kerygma)와 코이노니아(Koinonia), 그리고 디아코니아(Diakonia)가 그것이다. 케리그마는 샬롬의 선

64) 김은수, 『현대선교의 흐름과 주제』, 139.
65) Georg F. Vicedom, 『하나님의 선교』, 박근원 역 (서울: 대한기독교서회, 1980), 120-131.
66) 안승오, 『세계 선교 역사 100장면』, 339.
67) 이광순·이용원, 『선교학개론』 (서울: 한국장로교출판사, 1996), 167-168.

포요, 코이노니아는 그 샬롬에 동참한 사람들이 상호 교제와 친교 가운데 사는 것이며, 디아코니아는 겸손한 봉사로써 그 샬롬을 실증하는 것이다. 이 세 가지 측면이 우리의 선교에서 통합될 때 우리의 선교 방법도 그 정당성을 얻을 수 있다는 것이다.[68]

이러한 사상을 기초로 윌링겐 국제선교대회는 교회를 통한 하나님의 선교를 강조하였다. 교회는 세상 안에 있고, 그 교회의 주님은 인류에게 전적으로 헌신하셨으므로 교회 또한 그렇게 해야 한다. 그리고 세상 안에 있는 하나님의 백성으로서 기독교인은 그 안에서 하나님의 주권적 통치의 표징을 식별해야 한다는 것이다. 이렇게 받아들인 하나님의 선교(Missio Dei) 개념, 곧 선교는 하나님의 사역이라는 이해는 에큐메니칼 선교신학으로 발전할 수 있는 기틀을 마련하게 되었다. 하나님의 선교의 새로운 개념은 궁극적으로 교회 밖의 모든 일이 다 선교의 대상이요 관심이라는 광의의 개념으로 발전하게 된 것이다.[69] 이와 같은 하나님의 선교 개념은 선교라는 개념을 폭넓게, 그리고 세계에 대한 교회의 책임성을 일깨웠으며, 교회의 선교적인 자세를 교정해준다는 점에서 크나큰 공헌을 했으나, 반면에 세상의 샬롬을 우선 추구함으로써 구령의 열정을 약화하는 약점 또한 지니고 있다는 것이다.[70]

11. 로잔 세계복음화국제대회

1974년 7월 16일부터 25일까지 스위스 로잔에서 148개국에서 135

---

68) 안재은, 『현대선교신학』, 30.
69) 안재은, 『현대선교신학』, 31.
70) 안승오, 『세계 선교 역사 100장면』, 340.

개 교단의 2,473명의 대표자가 모였던 제1차 세계복음화국제대회(The First International Congress on World Evangelization)는 신복음주의 에큐메니컬을 대표하는 운동이다. 당시 의장인 미국 침례교의 빌리 그래함(Billy Graham, 1918~2018)의 주도하에 로잔대회는 베를린대회보다 신학적이며 선교학적 이슈들을 더 깊이 다루었다. 특히 비서구권에서 1,200명이 참여한 대회 참석자들은 "온 땅이 주님의 음성을 듣게 하라"(Let the earth hear His voice)는 주제로 토론을 벌였다. 그리고 로잔대회 주제 강사 중 하나였던 랄프 윈터(Ralph D. Winter, 1924~2009)는 "미전도 종족"(unreached peoples)[71] 개념을 제시하였다. 이 개념은 많은 사람의 선교학적 사고에 도전을 주었고, 중대한 변화를 불러일으켰다. 선교의 초점을 지리적 관점에서 문화적 관점으로 바꾸었다. 외국 선교를 타문화 선교로 시선을 돌리게 하였다. 미전도 종족 개념은 사실 전혀 새로운 이론은 아니었다. 그러나 로잔대회에서 발표된 미전도 종족 이론은 선교학적 사고를 발전시키는 데 중대한 공헌을 하였다.[72]

로잔대회의 두 번째 중대한 성취는 영국의 신학자 존 스토트가 주도한 로잔언약이었다. 로잔언약은 교회의 선교와 복음 전도에 관한 복음주의적 신념을 정확하게 기술하였다. 복음 전도와 사회적 관심에 대한 성경적으로 균형 잡힌 시각을 제시하였다. 로잔언약을 통해 거의 모든 복음주

---

71) 미전도 종족의 의미를 몇 가지로 생각해 볼 수 있다. 첫째, '미전도'에 대한 언어적 의미로서, '숨겨진' 또는 '잊혀진', '무시된' 등의 뜻이다. 둘째, 복음 전도의 관점에서 미전도 종족이해다. 미전도 종족은 교회개척 운동을 통해 복음이 전파되는 일에 있어 유사한 성격을 갖는 가장 큰 종족집단이다. 복음을 듣지 못했거나 소수에 불과하여 종족 자체로 종족집단을 복음화할 수 없는 종족집단이다. 셋째, 선교학적 측면에서 복음화율에 의해 정의하는 것이다. 복음화율 5% 이하(혹은 2% 이하)인 종족을 미전도 종족으로 정의하며, 자치(自治), 자급(自給), 자전(自傳)하는 토착교회가 없거나 그 수가 미미해서 자력으로는 동족 복음화를 책임질 수 없기에 외부(선교사)의 도움과 협력이 필요한 종족집단을 의미한다. 김아모스, "미전도 종족(Unreached peoples)", 「중국을 주께로」143 (2014).

72) Paul E. Pierson, 『선교학적 관점에서 본 기독교 선교운동사』, 658.

의 기독교인들이 하나로 연합할 수 있었다. 로잔대회에 세 번째 중대한 성취는 세계 전도를 위한 로잔세계선교위원회(LCWE, Lausanne Committee for World Evangelization)를 창립한 것이다. 이 위원회가 WCC에 대한 복음주의 자들의 대안이 되게 하려는 의도는 없었다. 오히려 세계 전도를 북돋우기 위해 작은 나라들과 지역 단체들이 함께 일하도록 하는 데 있었다.[73] 다음 제2차 로잔대회는 1989년 아시아 필리핀 마닐라에서,[74] 그리고 한국 교회가 적극적으로 참여한 제3차 로잔대회는 2010년 아프리카 남아공 케이프타운에서 열렸다.[75] 2000년까지 아르헨티나 출신 세계적인 선교 전략가이자 선교동원가인 루이스 부쉬(Luis Bush)가 주도했던 AD2000 운동(AD2000 & Beyond Movement)이 활발하게 진행되었다. 2000년까지 모든 인간집단 가운데 교회를 개척하려는 운동이었다. 이 운동은 목표를 달성하지는 못했으나 복음 전도를 더욱 북돋우는 역할을 하였다. 지난 수십 년 동안 복음 전도를 위한 여러 국제적인 모임들이 열렸다. 그리고 전 세계의 교회성장은 1900년에 3%에 불과하던 기독교인 숫자가 1970

---

73) Paul E. Pierson, 『선교학적 관점에서 본 기독교 선교운동사』, 658.

74) 제2차 로잔대회 문서인 마닐라 선언문은 로잔언약 6장에서 언급한 온 교회, 온전한 복음, 온 세상이라는 복음과 세상(문화) 사이에 있는 교회의 정체성을 총체적으로 정의하며, "온 교회가 온전한 복음을 온 세상에 전하자"라는 로잔운동의 슬로건을 제시하였다. 마닐라 선언문은 로잔언약이 제시한 복음과 교회와 세상에 대한 이해와 선교적 실천과 전략이 변화하는 상황에 부합하여보다 적실한 방식으로 표현되었다. 특히 마닐라 선언문은 "그리스도께서 오실 때까지 그를 선포하라"는 지상대위임령을 약화시키지 않고 온 교회와 기독교인들이 일터에서 복음을 구현해야 한다는 당위성을 강조한다. 최형근, "로잔운동에 나타난 일터신학의 선교학적 함의", 「ACTS 신학저널」 42 (2019): 242. 그리고 1989년 필리핀 마닐라에서 개최된 로잔 세계복음화국제대회에서 세계 복음화의 완성을 위한 미전도 종족 선교 운동이 전개되었다. 루이스 부쉬는 그동안 (1990년 당시) 파송된 선교사들의 90%가 이미 복음화된 종족에서 사역하고 있던 것에 주목하고, 미전도 종족에게 선교사를 파송하는 10/40창(window) 선교 운동을 시작하였다. 10/40창 선교 운동은 세계에서 가장 복음화되지 않은 지역으로 미전도 종족의 90%가 집중되어있는 북위 10도에서 40도 사이의 지역에 선교사들을 파송하는 운동을 말한다.

75) 2010년에 남아공 케이프타운에서 열린 제3차 로잔대회의 목적은 "예수 그리스도와 그분의 모든 가르침을 모든 나라와 사회의 모든 영역과 사상의 세계에 증거 하도록 온 세계 교회를 일깨우는 것"이었다. 최형근, "로잔운동에 나타난 일터신학의 선교학적 함의", 244.

년에 28%로 성장했고, 2000년에는 46%로 증가하였다. 라틴아메리카의 경우, 복음주의 운동은 인구증가율보다 두 배 정도로 성장하였다. 중국 교회의 놀라운 기독교 성장은 잘 알려져 있다. 성장하면서도 잘 알려지지 않았던 집단은 인도의 최하층민인 '달리트'(Dalits) 집단이었다.[76]

이제 전 세계 기독교인의 3분의 2가 비서구권 기독교인들이라는 사실을 인식해야 한다. 비서구권인 아시아와 아프리카, 그리고 라틴아메리카 기독교는 계속 성장하고 있다. 1800년에 1%에 불과했던 기독교 인구가 1900년에 10%가 된 것과는 대조적이다.[77] 따라서 풀러신학교(Fuller Theological Seminary) 세계선교학부 선교학 및 라틴아메리카학 원로 교수 폴 피어슨(Paul E. Pierson)은 이렇게 변화하는 선교 현장에서 기독교 선교에 대하여 말하기를, "선교 현장은 인도의 첫 선교사 바돌로뮤 지겐발크와 윌리엄 캐리, 그리고 허드슨 테일러가 활동하던 시대와는 판이하다. 달라지고 변화하는 선교 현장은 다른 접근방식을 요구한다. 우리는 각 문화에 대해 민감해져야 한다. 생각을 더 깊이 해야 한다. 성령의 창의성에 대해 열린 마음 자세를 가져야 한다"라고 하였다.[78] 무엇보다 선교는 복음 전도와 사회봉사를 포함하는 개념을 인정하나 전도에 우선순위를 둠으로써 복음 전도와 사회참여를 동등하게 보는 에큐메니컬 선교로부터 복음주의 선교를 분명하게 구분 지었다는 것은 로잔대회의 중요한 의의일 것이다.[79]

---

76) Paul E. Pierson, 『선교학적 관점에서 본 기독교 선교운동사』, 658-659.
77) Paul E. Pierson, 『선교학적 관점에서 본 기독교 선교운동사』, 659.
78) Paul E. Pierson, 『선교학적 관점에서 본 기독교 선교운동사』, 661.
79) 안승오, 『세계 선교 역사 100장면』, 357.

12. 한국교회와 세계선교

세계선교사를 보면, 18세기는 독일교회와 19세기는 영국 교회, 그리고 20세기는 미국교회가 세계 선교를 이끌었다. 오늘날 서구교회는 세속화로 인해 점차 쇠퇴하고 있다. 반면 비서구권 기독교는 빠른 속도로 확장되고 있다. 그중에서 한국이 단연 두각을 나타내었다.[80] 한국이 고립된 생활을 끝낸 이듬해인 1885년 4월 5일 부활절 아침, 인천항에 언더우드 선교사와 아펜젤러 선교사가 도착하였다. 이후 내한한 선교사들의 사역은 1910년에 일본이 한국을 식민지로 삼고 신사참배를 강요하면서 종료되었다.

그럼에도 불구하고 1900년에 한국교회는 벌써 25,000명 이상의 기독교인들이 존재하였고, 1910년에는 기독교인들이 10만 명으로 급성장했으며, 1990년에는 800만 명의 교세였다. 그 결과 미국 복음주의의 영향을 받은 근본주의적인 한국 기독교가 단순하게 급성장해왔다는 단선적인 이미지가 지배하였고, 역사서들도 이를 재생산하였다. 한국교회가 1970년에서 1990년대처럼 미래에도 지속 성장할 것이라는 그릇된 일률성의 관점에서 21세기를 예측하고 교세 확장과 해외선교에 투자하면서 타종교나 신세대 문화에 대한 포용적인 태도를 지닌 새로운 신학 연구를 억제하고 과거 역사를 신학적으로 강화하는 기제로 사용하였다.[81]

그러나 한국교회는 1세대 선교적인 한국 기독교인들이 항일 독립운동과 근대 문명화에 공헌했던 것처럼 종교와 문화적으로 민감하고 성서적으로 건전한 정체성을 가질 때 영적으로 건강한 기독교인들과 함께 성장

---

80) 안승오, 『세계 선교 역사 100장면』, 367.
81) 옥성득, 『한국 기독교 형성사』 (서울: 새물결플러스, 2021), 14-15.

할 수 있다. 그리고 사회적 적합성도 확보할 수 있다는 사실이다. 특히 창조적 소수의 기독교인으로 국가와 민족의 대안으로 떠올랐던 초기 한국교회의 역동성과 신학적 창조력이야말로 지난 20년 이상 정체하고 쇠퇴하면서 희망을 잃은 한국 기독교가 발굴하고 성찰해야 할 영적 유산일 것이다. 과거 1910년까지 만들어진 제1세대 한국교회는 하나님이 보시기에 매우 좋은 독특한 정체성을 지닌 선교적 공동체였다.[82]

미국 UCLA(University of California at Los Angeles) 한국 근대사와 한국 종교사 교수 옥성득은 오늘날 한국 기독교에 대하여 말하기를, "기독교의 정체성과 보편성의 원칙(수직적 초월)과 이민화와 문화화의 원칙(수평적 적용)의 창조적 조합을 통해 한국 기독교는 정체성과 적실성을 유지하면서 미완의 과제인 한국적 기독교를 형성해 나갈 수 있다"라고 하였다.[83] 오늘날 한국교회가 세계 선교를 위해 해외에 파송한 선교사는 2020년 말 모두 2만 2천 250명인 것으로 조사되었다.[84] 그러나 기독교 선교는 단지 교회 규모가 커지는 것을 뜻하는 것이 아니라 그것은 모든 민족을 제자로 삼는 문제와 관련이 있는 것이다.

***

결론적으로, 현대 세계선교사의 흐름에 대하여 살펴보았다. 기독교 선교란 복음이 전파되지 않는 먼 곳에 가서 복음을 전할 뿐만 아니라 그곳

---

82) 옥성득, 『한국 기독교 형성사』, 15-24.
83) 옥성득, 『한국 기독교 형성사』, 712.
84) 한국 선교사들의 경우 아시아만 해도 동아시아, 동남아시아, 남아시아, 중앙아시아 등지에서 1만여 명이 활동하고 있다.

에 주님의 교회를 세우는 것이다. 그러나 세계대전을 두 번 거치면서 전통적인 선교의 개념은 도전을 받았다. 영혼 구원과 교회 개척을 넘어서서 전 세계에 샬롬을 구현하는 것이 선교라고 보아야 한다는 주장이 에큐메니컬 진영을 중심으로 강조되었기 때문이다. 그러나 2천 년 전부터 선교 명령은 그 상황이 아무리 변해도 결코 변할 수 없는 것으로 본다면, 구령에 우선순위를 두고 열정적으로 복음을 전하는 선교사역을 펼치는 복음주의 진영의 목소리도 또한 높았다. 이처럼 20세기 현대 선교사의 선교는 다원화된 선교가 수행되는 시기라고 볼 수 있겠다.[85] 그리고 현대 선교사에 나타난 영웅들의 선교적인 삶도 살펴볼 수 있으나 세계선교사에 기록으로 남아 있지 않은 수많은 신실한 선교적인 인물들이 있음을 기억해야 한다. 현대 선교사의 시대는 세계선교사 가운데 가장 창의적이며 효과적인 선교가 일어나고 있는 시대다. 그것은 선교적인 필요와 도전, 그리고 선교적인 기회들 또한 크기 때문이다.[86] 그러므로 세계선교를 위해 기독교는 무엇보다 세계선교사를 위해 앞서가시고, 하나님의 위대한 일을 이루신 예수 그리스도를 따라가야 할 것이다.

85) 안승호, 『세계 선교 역사 100장면』, 310.
86) Paul E. Pierson, 『선교학적 관점에서 본 기독교 선교운동사』, 724.

11장
초기 한국 기독교의 세계선교사

지금까지 많은 사람은 한국 기독교 선교 역사의 출발을 1885년 4월 5일로 호러스 언더우드 선교사와 헨리 아펜젤러 선교사의 입국으로 생각한다. 하지만 한국에 최초로 입국한 선교사는 1884년 의료선교사 호러스 알렌이었고, 알렌 이전에 이미 일본 주재 감리교 선교사 로버트 맥클레이가 고종으로부터 교육과 의료사업을 허가받았다. 그래서 초기 선교사들의 한국 선교는 그 출발을 1884년으로 간주해 왔다.[1] 그러나 한국인들이 처음으로 기독교를 받아들인 것은 1870년대 만주에서 스코틀랜드 장로교회의 존 로스 선교사와 의주 상인이었던 서상륜과의 만남으로 시작되었으며, 그 결과 1879년에 최초의 세례자가 생겨났다. 이후 일본에서는 조선 신사유람단의 일행이었던 이수정이 1883년에 세례를 받게 되었고, 한글 성경 번역과 동경 한인교회 설립, 그리고 유학생 선교, 선교사 유치운동, 문서선교 등 일본에서 한국을 선교하는데 크나큰 선교 업적을 남겼다.

이처럼 초기 한국 기독교의 선교 역사에 대한 중요한 특징의 하나는 기

---

1) 들소리신문 2012년 9월 16일.

독교의 적극적인 도입과 능동적인 복음의 수용이었다. 특히 의료선교는 신분을 구별하지 않고 치료함으로써 신분 계층 사이의 장벽을 무너뜨렸고, 많은 사람이 기독교를 접하는 계기가 되었으며, 당시 조정과 민중에게 기독교에 대한 편견을 교정하는 데 크나큰 공헌을 하였다. 아울러 교육 선교는 봉건사회에서 소외된 민중들에게 교육의 기회를 제공하여 성경을 배우게 함으로써 근대 교육의 기틀을 제공하였는데 복음화의 중요한 도구임이 드러났다.[2] 따라서 한국교회를 형성하는데 주축이었던 초기 한국 선교사들의 선교활동과 한국교회 자체의 국내외에서의 하나님 나라 확장을 위한 초기한국 기독교의 세계선교사에 대하여 살펴보고자 한다.

1. 초기 선교사들의 활동을 통한 선교

1) 칼 귀츨라프 선교사

한국인들에게 복음을 전하기 위해 최초로 1832년에 방문한 기독교 선교사는 네덜란드선교회(Netherlands Missionary Society) 소속의 독일인 칼 귀츨라프(Karl F. A Gutzlaff, 1803~1851) 선교사이다.[3] 그는 1828년에부터 1831년까지 중국인 집단 거주지인 태국 방콕에 시암(Siam)에서 사역했으며, 1831년에서 1851년 사망할 때까지 중국에서 활동하였다. 그런 가운데 그는 1832년 동인도회사의 통역관으로 일하면서 영국 상선 로드 앰허스

---

2) 한국선교신학회, 『선교학 개론』, 265.

3) 허호익, 『귀츨라프의 생애와 조선 선교활동』(서울: 한국기독교역사연구소, 2009), 9. 귀츨라프는 아시아 교회사에서 맨 먼저 등장하는 인물 중에 한 사람으로 1827년부터 인도네시아, 태국, 중국 등지에서 복음을 전하였다.

칼 귀츨라프

트(Lord Amherst) 호를 타고 한국 서해안 부근에 도착하였다. 4)

1832년 7월 25일부터 8월 11일까지, 그는 충청도 고대도(古代島)라는 섬에 유하는 동안 주민들에게 한문 성경을 나눠주며, 전도 문서와 서적, 그리고 의약품을 나눠주고, 감자를 심어주고, 감자와 포도주 재배법을 가르쳐 주었다. 5) 그리고 한국인 서생(書生) 양 이(Yang Yih)의 도움을 얻어 주기도문(마 6:9~13)을 한글로 번역하였다. 6) 또한 한글 자모를 받아 적은 다음 후에 이를 세계에 알리기도 하였다. 7) 그래서 교회사학자 김양선은

---

4) Harry A. Rhodes, *History of the Korea Mission Presbyterian Church U.S.A. 1884~1934* (Seoul: Chosen Mission Presbyterian Church, 1934), 70.

5) 허호익, 『귀츨라프의 생애와 조선 선교활동』, 9.

6) 나채운, 『우리말 성경연구』(서울: 기독교문사, 1994), 35-36.

7) 허호익, 『귀츨라프의 생애와 조선 선교활동』, 9.

칼 귀츨라프에 대하여 말하기를, "한국 최초의 기독교 선교사이며, 한문 성경을 대량으로 전파한 최초의 전도자이며, 한글 성경의 번역을 처음 시도한 한국의 위클리프이기도 하다"라고 평가하였다.[8] 그러나 한국교회 성장에 직접적인 영향을 주는 결실은 없었지만 칼 귀츨라프는 최초 한국 기독교 선교사로 역사의 현장에 등장하게 되었다.

물론 한국에 복음을 전하려는 그의 시도에서 어떤 결과를 냈는지 알 수는 없지만 칼 귀츨라프 선교사의 신앙과 선교 열정은 그의 일기 중에 "한국에 뿌린 거룩한 진리가 빼앗겨질 수 있을까? 나는 믿지 않았다. 하나님의 위대한 계획안에서 하나님께서 그들을 자비롭게 방문하시는 때가 올 것이다. 성경은 우리에게 하나님께서 이러한 미약한 시작도 축복할 수 있으시다는 것을 믿으라고 가르친다. 한국에 더 좋은 날이 곧 밝아올 것을 바라보다"라고 반영하였다.[9]

2) 로버트 토마스 선교사

영국 웨일즈의 회중 교회 목사였던 로버트 토마스(Robert J. Thomas, 1839~1866) 선교사는 24살 때 1863년 12월에 런던선교회(London Missionary Society)의 파송을 받아 중국 상해에 도착하여 선교활동을 펼쳤다. 사역한 지 4개월 만에 부인과 사별한 그는 실의와 좌절에 빠져 방황하는 중 한국선교에 부름을 받게 되었다.[10]

그는 먼저 산동성 지부에 스코틀랜드 성서공회(The National Bible Society of Scotland)의 대표로 있던 알렉산더 윌리엄슨(Alexander Williamson, 1829~1890)[11] 선교사

---

8) 김양선, 『한국기독교사연구』(서울: 기독교문사, 1971), 42.

9) Harry A. Rhodes, 『미국 북장로교 한국 선교회사』, 75-76.

10) 김성태, 『세계선교전략사』, 215-216.

11) 알렉산더 윌리엄슨은 산동성과 산서성 등지의 북중국, 중국의 동북부로서 러시아 및 한국과의 변경에 위치한 만주, 그리고 내몽고에 이르는 내륙지방을 중심으로 하여 전도사역을 펼쳤으며,

로버트 토마스

의 집에서 알게 된 천주교 신자 두 사람과 함께 1866년 8월에 미국 상선 제너럴 셔먼(General Sherman) 호를 타고 황해를 건넜고, 황해도 해안을 따라 그리고 대동강을 거슬러 평양까지 도착하여 당시 한국의 모든 지식층이 읽을 수 있었던 한문 성경(중국어 성경)을 나눠주었다. 12)

그러나 현지 관원과 의사소통이 제대로 되지 않아 오해와 마찰이 생겨 제너럴 셔먼 호의 선원들과 평양 수비병과의 충돌이 일어났으며, 결국 화공으로 공격해 와 상선은 불에 타고 모든 선원과 당시 27세 나이였던 토마스 선교사는 목 베임을 당해 순교하였다. 그는 죽는 순간에도 가지고

더 나아가 한국에까지 관심을 가지고 기독교 문서가 전파되도록 노력하였다.
12) 양국주·제임스 리, 『선교학개론』(서울: Serving the People, 2012), 37.

있던 한문 성경을 주변에 있는 사람들에게 나누어 주었다.[13] 그의 죽음
은 헛되지 않았는데, 그것은 장사포에서 성경을 받은 소년 홍신길(洪信吉),
석정호에서 성경을 받은 김영섭(金永燮)과 김종권(金宗權), 그리고 만경대에
서 성경을 받은 최치량(崔致良)은 이후에 강서와 판동교회 창설자들이 되
었기 때문이다.[14]

이에 『미국 북장로교 한국 선교회사 1884~1934』(History of the Korea Mission
Presbyterian Church U.S.A. 1884~1934)라는 책에서 저자인 해리 로즈(Harry A.
Rhodes) 박사는 토마스 선교사를 통해 예수를 믿게 된 사례에 대하여 말
하기를, "당시 수비 대장이었던 박준관이 예수를 믿게 되었고, 그의 조카
인 이재형도 신자가 되었으며, 토마스 선교사를 목 베어 죽인 포졸이 성
경을 받아 집에 두었는데, 그 결과 조카인 이영태가 예수를 믿게 된 후에
숭실학교를 졸업하고 윌리엄 레이놀즈(William D. Reynolds, 李訥瑞, 1867~1951) 선
교사의 성경 번역 협력자가 되었다. 네 번째 사람은 토마스 선교사의 순교
를 지켜 본 12살의 소년 최치량이 한문 성경을 받았는데, 그는 후에 사무엘
모펫 선교사의 전도를 받고 신자가 되었다"라고 하였다.[15]

그리고 연세대학교 초대 총장을 지낸 백낙준 박사도 당시 이 사실에 대
하여 말하기를, "사건 당시 최치량은 삼촌과 함께 외국인을 보기 위해 둑
으로 나왔다가 세 권의 성경을 가지고 간 일이 있었으며, 이신행과 김창구
도 받아 갔다. 박영식은 성경을 뜯어 자기 집에 도배하였고, 최치량이 장성
하여 그 집을 샀는데, 그들은 매일 이 벽지를 읽었다고 한다. 평양에 온 개
척 선교사였던 사무엘 모펫도 1893년 11월 학습 교인 반을 조직할 때, 토

---

13) 김성태, 『세계선교전략사』, 216.
14) 차재명, 『조선예수교 장로회 사기』 (경성: 신문내교회당, 1928), 27.
15) Harry A. Rhodes, *History of the Korea Mission Presbyterian Church U.S.A. 1884~1934*,
     70-73.

마스 선교사로부터 중국어 신약성경을 받았던 한 사람을 발견하였다"라고 하였다.[16] 한편 성경을 뜯어 벽지로 바른 최치량 집은 평양 최초의 교회인 널다리골 예배당[17]이 되었는데, 하나님의 역사는 참으로 신기하고 놀랍다.

이러한 토마스 선교사의 순교는 평양 복음화의 초석이 되었으며, 암담하기만 했던 미래 한국교회의 한 이정표가 되었다. 그의 순교적 신앙은 수많은 선교사의 모델이 되었다.[18] 결코 그의 순교는 하나님의 섭리와 주권 가운데 헛된 것이 아니었다. 그는 피를 흘리며 한국 기독교의 초석을 놓는 데 크게 일조하였다.

3) 헌터 콜베트 선교사

한국선교에 관심을 가졌던 미국의 헌터 콜베트(Hunter Corbett, 1835~1920) 선교사는 와츄셋(Wachusett) 호에 승선하였다. 1867년 1월 21일 지푸항을 떠난 와츄셋 호는 23일 황해도 연안에 와서 성경을 전했는데, 콜베트 선교사를 제외하고는 모두 스코틀랜드 선교사들이었다.[19] 그들은 한국선교를 위해 애를 썼지만 복음의 문은 열리지 않았다. 그러나 선교사들이 전한 한문 성경은 한국선교를 위한 시작이 되었다.

4) 알렉산더 윌리엄슨 선교사

한국에 복음을 전파하려는 노력은 칼 귀츨라프 선교사와 로버트 토마스 선교사, 그리고 헌터 콜베트 선교사 외에도 만주에 주재했던 알렉산

---

16) 백낙준, 『한국개신교사 1832~1910』, 48.
17) 장대현(章臺峴)교회의 전신이 널다리골(板洞) 예배당이다.
18) 박용규, 『한국기독교회사 I (1784-1910)』, 232-263.
19) 박창환, "한글성서 번역사", 151.

더 윌리엄슨(Alexander Williamson, 1829~1890) 선교사가 있었다. 그는 비록 한국에 입국하지는 못했으나 만주에서 한국 선교를 위해 헌신하였다. 그는 1855년 영국 런던선교회의 파송을 받고 중국에서 일했지만 과로로 2년 뒤 귀국하였다. 1863년부터는 스코틀랜드 성서공회(The National Bible Society of Scotland) 파송으로 다시 중국에서 사역하였는데, 1865년 무역을 목적으로 중국 산동성 지푸에 온 한국의 천주교인 김자평(金子平)과 최선일(崔善一)을 통해 천주교 박해 소식을 접한 그는 한국선교에도 관심을 갖게 되었다. 그는 로버트 토마스 선교사의 두 차례에 걸친 내한을 지원하기도 하였으며, 북중국과 만주, 그리고 동몽고와 한국에 관한 자료를 수집하여 두 권의 책을 엮은 것을 보면 한국에 관한 그의 관심을 헤아릴 수 있다. [20]

또한 윌리엄슨은 1867년 북쪽 국경 근방 지역에서 한국 사람들에게 한문 성경을 전하기도 하였다. [21] 그것뿐만 아니라 중국내지선교회(China Inland Mission) 소속 의료선교사인 아더 다우드웨이트(Arthur W. Douthwaite)가 1883년 한국을 방문하고 선교를 시도한 일이 있었는데, 이것도 윌리엄슨의 요청에 의한 것이었다. [22] 윌리엄슨은 누구 못지않게 불타는 복음의 열정이 있었지만 선교 방법론에 있어서는 제국주의적인 사고의 틀을 벗어나지 못했다. [23] 하지만 윌리엄슨은 후대 위대한 한국선교를 위해 중요한 토대를 구축하는 데 큰 공헌을 하였다.

20) 국민일보 2011년 4월 21일.
21) 박창환, "한글성서 번역사", 150-151.
22) 국민일보 2011년 4월 21일.
23) 도히 아키오, 『일본기독교사』(서울: 기독교문사, 1991), 33.

존 로스

5) 존 로스 선교사와 의주 출신 평신도 선교사들

존 로스(John S. Ross, 1842~1915) 선교사는 스코틀랜드 연합장로교에서 파송 받아 1872년부터 만주에서 활동하였다. 그는 토마스 선교사가 순교했다는 소식을 듣고 감명받아 한국인을 대상으로 선교를 시도하였다. 두 차례에 걸쳐 만주 봉황성의 고려문24)을 방문한 결과 천신만고 끝에 이응찬을 전도하여 한글 선생으로 영입 봉천으로 돌아왔다.25) 또한 의주 출신의 무역 상인들인 서상륜, 백홍준, 이성하, 김진기, 이익세를 만나서 한글 성경 출판을 위한 일꾼으로 고용하고 로스와 그의 매제인 존 매킨타이어(John MacIntyre, 1837~1905)와 교제하면서 세례를 받고 한글 성경 번

---

24) 고려문은 청국과 조선의 국경이자 양국의 합법적인 교역의 관문이었다.
25) 뉴스앤조이, "존 로스 한글성경 130주년, 특별 강연", http://www.newsnjoy.or.kr/news/articleView.html?idxno=37561.

역에 참가하였다. 그들의 도움으로 1882년 누가복음과 요한복음을 번역하고, 1883년에는 마태복음과 마가복음, 그리고 사도행전을 인쇄하였으며, 1887년에 『예수성교전서』라는 최초의 한글 신약성경을 발간하였다.[26]

이 당시 로스 선교사는 선편으로 보낸 6,000권의 성경을 인천 해관에서 일하던 독일인 묄렌도르프(P. G. Von Mollendorff, 1848~1901)의 도움을 받아 서상륜에게 전달되었고, 스코틀랜드 성서공회는 로스 선교사에 의해 번역된 성경 중 일부를 일본으로 보내어 일본인 매서인 나가사카와 스카노, 그리고 미우라를 통해 부산과 대구 등지에 반포되도록 한 것이다.[27]

그러므로 1884년경, 많은 한국인이 먼저 만주에서 기독교 신앙을 가져 세례를 받았으며, 그다음은 1885년 4월 5일 부활절 아침에 호러스 언더우드 선교사와 헨리 아펜젤러 선교사가 인천 제물포항에 상륙하였다.[28] 1886년에 서상륜이 언더우드 선교사를 방문하여 북쪽 지역의 신앙의 구도자들에 대한 현황을 보고 하였는데, 언더우드 선교사는 1887년 가을에 솔내를 방문해 7명에게 세례를 베풀었다.[29]

2. 초기 내국인 이수정 선교사의 활동을 통한 선교

1989년 해외에서 사역했던 한국 선교사들은 1,178명에 불과하였다.

---

26) 김성태, 『세계선교전략사』, 217.
27) 전택부, 『한국기독교성장 100년』 (서울: 기독교문사, 1986), 72.
28) 배본철, 『한국기독교사』 (서울: 도서출판 영성네트워크, 2009), 61.
29) 백낙준, 『한국개신교사 1832~1910』, 146-148.

제3회 전국기독교도대친목회(동경, 1883년)

23년이 지난 2012년, 해외 파송 선교사는 무려 2만 명이 육박하였다. 선교단체(Para Church)의 경우, 그 숫자 역시 급성장하여 20개 미만에서 무려 229개 이상 생겨났으며, 200개 이상의 소규모 선교단체들이 존재하게 되었다.[30] 이렇게 괄목할 만한 한국교회의 성장은 다름 아닌 138년 전 이수정 선교사의 선교활동이 가능했기 때문이며, 한반도에 복음이 들어올 수 있었다.

1) 한글 성경 번역

한국 최초의 평신도(平信徒) 선교사로서 이수정은 한글 성경 번역자였다. 그의 한글 성경 번역은 한국에서 번역한 것이 아니라 한국 선교의 교

---

30) Jonathan J. Bonk외 25인, 『선교책무』(서울: 생명의말씀사, 2011), 261.

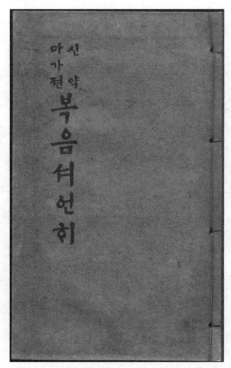

신약마가전복음셔언ᄒᆡ(1885년)

두보였던 일본에서 이루어졌다. 특히 한국선교 역사에 의하면, 그 특징 중 하나는 공식적인 외국 선교사가 들어오기 이전에 이미 국외에서 한국의 평신도(平信徒)를 통해 한글 성경이 먼저 번역되어 출판하게 되었다는 것이다.[31] 이러한 사실은 19세기 세계 선교 역사에 있어서 획기적인 사건으로 기록되었다. 이것은 한국의 기독교 수용사에 있어서 수동적(受動的) 자세가 아니라 능동적(能動的) 자세로 받아들인 선각자(先覺者)들의 행동으로 이루어진 것이다.[32]

그는 1883년에 현토한한신약성서인 사복음서와 사도행전을 번역하

---

31) Horace G. Underwood, *The Call of Korea* (New York: Fleming H. Revell Company, 1908), 136. 국외 번역은 크게 존 로스 번역 성경(1882~1887)과 이수정 번역 성경(1884~1885) 으로 구분할 수 있다.

32) 김혜숙, "殉敎者 李樹廷 硏究", 「석사학위논문」(서울: 성신여자대학교 교육대학원, 2003).

고, 1884년에 한글성경인『신약마가젼복음셔언히』를 번역하였으며, 누가복음과 요한복음도 번역하였다. 이렇게 한글 성경을 번역함으로써 한글 대중화 발전, 여성의 지위 향상과 교육의 기회, 민족주의 주체의식 확립, 한국 사회와 문화 발전에 공헌하였다.

2) 선교 동원 운동 및 그 외에 선교사역들

이수정이라는 인물의 역사적인 중요성이 대두되는 것은 그가 외국 선교사가 한국에 입국 이전부터 이미 유교에서 개종한 기독교인이었다는 사실이다. 그리고 그가 일본에서 번역한 마가복음은 호러스 언더우드 선교사와 헨리 아펜젤러 선교사가 한국에 가지고 들어왔다. 그는 오늘날 한국 선교의 선교 동원가의 시초로서 외국 선교사를 한국에 유치하기 위해 노력하였다. 이렇게 하나님의 선교(Missio Dei)를 위해 멀리 일본에서 한국을 선교했던 이수정에 대해서 심도 있는 연구가 필요하겠다. 33)

선교(Mission)란 복음을 전파하는 것뿐만 아니라 한국 선교를 위해 보이지 않는 곳에서 성경을 번역하고 출판하며, 한국의 기독교 문화와 역사를 널리 알리는 사역도 필요하다. 이러한 면에서 볼 때 한국 기독교 선교 역사에 있어서 이수정 선교사는 매우 중요한 역할을 하였다. 그 외에 그는 디아스포라 선교사로 일본에 온 한국 유학생들을 대상으로 선교하였고, 최초로 한인 주일학교와 동경한인교회를 설립하기도 하였다. 또한『감리교 요리문답』과『랑자회개』, 그리고『천도소원』을 번역하였으며,『조선일본선린호화 1권』과 기타 문서 등을 기술하기도 하였다. 34)

일본에서 40개월 동안 이룩해 놓은 이수정의 선교사역은 그야말로 참

---

33) 배요한, "이수정의 신앙고백문에 대한 유교철학적 분석", 484.
34) 이수환,『일본에서 한국을 선교한 이수정 선교사 이야기』(용인: 도서출판 목양, 2012), 77-119.

으로 풍부하고 다양하였다. 그는 한국 선교 역사에 복음의 기초를 마련하는 데 큰 영향력을 끼친 인물이다. 비록 그가 귀국해 국내에 많은 활동을 하지는 못했으나 한국선교의 다리를 놓아준 평신도 선교사였다. 그래서 호러스 언더우드 선교사와 헨리 아펜젤러 선교사, 그리고 존 헤론 선교사가 한국에 오기 전 미국 선교잡지에 실린 이수정의 선교 호소 편지를 읽고 감동을 받았다는 것과 그들이 한국을 입국하기 전에 일본에서 이수정에게 한국어를 배웠다는 것, 그리고 그들이 이수정이 번역한 한글 성경을 가슴에 지니고 입국했다는 것은 한국선교에 끼친 이수정의 공헌은 아무리 강조하더라도 지나친 것이 아니다. 이수정을 통해 한국 기독교는 성경을 번역하고, 그 번역된 성경을 보급하는 것을 기초로 하여 교회가 성장했으며, 부흥 발전하였다.[35]

당시 이수정은 일본에서 선교지인 한국을 위해 한글 성경 번역, 유학생 선교, 주일학교 설립, 지도자 개발, 교회설립, 성경 공부, 선교사 동원, 선교사 케어, 문서선교(미디어 선교), 문맹 퇴치, 한글 교육 선교, 캠퍼스 전도, 평신도 전문인 선교, 봉사와 섬김 등 다양한 선교의 직무를 실천하였다. 이것은 오늘의 선교 현장에서도 여전히 요구되고 있는 선교사의 사역이라고 할 수 있다. 그는 이러한 영적 필요뿐만 아니라 육체적인 필요까지도 채워주는 역할을 하였다.[36]

이러한 많은 선교의 영향력을 끼친 것들을 총체적으로 볼 때, 이수정의 선교사역은 수많은 난관을 헤치면서 마지막 고비를 넘고 있는 오늘의 현대 선교사역에 있어서 중요한 선교전략으로 대두되고 있음을 분명히 하고 있다. 이것은 세계선교를 목표로 하는 현대 선교사역에 있어서 절대적

---

35) 이수환, 『일본에서 한국을 선교한 이수정 선교사 이야기』, 187-188.
36) 이수환, 『일본에서 한국을 선교한 이수정 선교사 이야기』, 188.

으로 필요한 것이다. 또한 오늘날 선교전략의 접근성에 새로운 방향으로 이끄는 데 매우 중요하다고 하겠다. 또한 한국 선교의 발전을 위해 바친 이수정의 풍부하고 다양한 선교사역은 오늘날 21세기 한국교회가 기억해야 할 중요한 업적이며 고귀한 유산이 될 것이다.

3. 초기 내한 선교사들의 선교활동

1) 나가사카 선교사

1883년 6월, 스코틀랜드 성서공회의 직원이며, 일본어 성경 보급자인 나가사카(中坂) 선교사는 부산으로 입국해서 존 로스 선교사가 번역한 한글 성경인 누가복음과 요한복음, 그리고 전도지를 최초의 반포한 한국 주재 외국인 선교사였다.[37]

2) 호러스 알렌 선교사

1858년 4월 23일, 미국 독립전쟁의 영웅이었던 이탄 알렌(Etthan Allen)의 후손의 태어난 호러스 알렌 선교사는 1881년 중부 오하이오의 웨슬리안대학교를 졸업하고, 다시 신시내티의 마이애미의과대학교에 진학하여 학업을 마치고 1883년에 의사 자격을 취득하였다.[38] 그는 바로 북장로교 선교부에 중국 의료선교사로 지원하였으며, 그해 결혼한 아내 패니와 함께 중국에 입국하였다. 1883년 10월 11일 중국에 도착한 그는 상해를 거점으로 선교사역을 시작하였지만 얼마 가지 않아 선교 경험의 미숙

---

37) Jonathan J. Bonk 외 25인, 『선교책무』, 260.
38) 민경배, 『알렌의 선교와 근대한미외교』 (서울: 연세대학교 출판부, 1991).

호러스 알렌

과 어린 나이, 그리고 동료 선교사들과의 마찰, 아내의 건강 악화로 중국에서의 선교가 여의치 않자 선교지를 옮기려고 하였다. [39)

그래서 알렌은 중국 상해에서 선교활동을 하다가 1884년 2월 19일 한국으로 들어왔다. 그는 미국 공관뿐만 아니라 기타 공관들의 건강도 책임 맡아 중국에서와는 다르게 선교의 보람을 느꼈다. [40) 그런 가운데 그는 1884년 12월 4일에 명성황후(明成皇后, 1851~1895)의 조카인 민영익(閔泳翊, 1860~1914)의 생명을 구하여 고종(高宗)의 담당 의사가 되었다. 그 후, 현재 세브란스병원 전신인 광혜원(廣惠院)이라는 한국 최초의 병원을 설립하였다. [41)

39) 박용규, 『한국기독교회사 I (1784-1910)』, 370-371.
40) 박용규, 『한국기독교회사 I (1784-1910)』, 373.
41) 배본철, 『한국기독교사』, 65.

호러스 언더우드

4. 초기 장로교 호러스 언더우드 선교사의 선교활동

1885년 4월 5일 부활절, 호러스 언더우드 선교사와 헨리 아펜젤러 선교사가 인천 제물포항에 도착하였다. 전통적으로 한국교회는 이날을 기독교 선교의 출발로 본다.[42] 언더우드는 처음 2년 동안을 광혜원(廣惠院)에서 일하며, 1887년 9월 27일 정동에 있던 한 한옥 사랑채에 14명의 한국인과 존 로스 선교사와 첫 예배를 드림으로써 한국 최초의 새문안교회가 시작되었다.[43]

그리고 1890년 언더우드가 자기 집에서 7명을 중심으로 성경 공부

---

42) 민경배, 『한국기독교회사』 (서울: 대한기독교출판사, 1982), 152.
43) 새문안교회, "새문안의 역사", http://www.saemoonan.org/church/church03_01.aspx. 이날 참석자 중 3인의 한국인에게 세례가 베풀어졌으며 2명의 장로가 선출되었다.

를 하였는데, 여기에 백홍준, 서상륜, 최영호는 한국 최초의 유급 교역자로 임명되었으며, 선교사가 가는 곳이면 어디서나 성경 공부가 시작되었다.[44]

5. 초기 감리교 헨리 아펜젤러 선교사의 선교활동

헨리 아펜젤러는 여러 가지 면에서 준비된 선교사였다. 1882년 무수한 인재를 배출한 펜실베이니아주 랭카스터의 프랭클린 앤 마샬대학(Franklin and Marshall College)을 거쳐 뉴저지주 매디슨의 드루대학교(Drew University) 신학부를 졸업하였다. 본래 아펜젤러가 가려던 선교지는 한국이 아니라 일본이었는데, 한국 선교를 지망했던 친구 워즈워드가 어머니의 중병으로 한국행이 불가능해진 바람에 친구를 대신하여 한국 선교를 결심하였다.[45]

1884년 2월 27일 일본 요코하마에 도착한 아펜젤러 일행은 3월 5일, 한국 선교의 장을 여는 데 결정적인 역할을 한 로버트 맥클레이 선교사 자택에서 열린 '제1회 한국선교사회의'에 참석하였다. 이날 회의가 열린 야요야마 에이와 학원(英和學院) 구내에 있는 맥클레이 집에는 맥클레이 부부, 아펜젤러 부부, 스크랜톤 부부, 메리 스크랜톤 등 7명의 선교사와 이수정, 박영호 외 2명의 한국인이 참석하였다.[46] 아펜젤러 일행은 일본에서 체류하고 있는 동안 한국어를 습득하고, 한국에 대한 선교 정보를 수집하면서 한국 선교를 준비하고 있었다.

---

44) 박종순, 『교회성장과 성경공부』(서울: 혜선출판사, 1984), 52.
45) 박용규, 『한국기독교회사 I (1784-1910)』, 409-410.
46) 오윤태, 『한국기독교사』(서울: 혜선출판사, 1973), 58.

헨리 아펜젤러 가족사진(1901년)

    그리고 아펜젤러는 언더우드 선교사와 함께 1885년 4월 5일에 한국에
왔다가 미국 공사로부터 조선의 실정이 외국 여인이 들어와 살기에는 적
합하지 않다며 다시 일본으로 돌아갔다. 다시 그는 입국하여 1887년 봄
에 자기 집에서 성경 공부를 시작해 이때 모인 사람이 배재학당 학생 한
사람과 관리 한 사람이었다. 1888년 1월에는 이화학당에서 처음으로
주일학교를 시작하여 처녀 12명과 부인 3명이 모여서 성경을 공부하였
다.[47] 그 후, 1902년 세상을 떠날 때까지 언더우드 선교와 더불어 그는
한국 선교에 이룩한 업적은 연합선교, 성경 번역, 학교설립, 신학교육, 문
서선교에 이르기까지 다양한 선교사역을 펼쳤다.

---

47) 배본철, 『한국기독교사』, 66.

6. 초기 내한 선교회를 통한 선교

1884년 이후, 미국 북장로회(1884년), 북감리회(1885년), 호주장로회(1889년), 침례교(1889년), 영국 성공회(1890년), 미국 남장로회(1892년), 미국 남감리회(1896년), 캐나다 장로회(1898년)가 한국에 선교사를 파송하였다. 그리고 1907년 한국성결교회의 전신인 동양선교회가, 그리고 1908년 구세군이 한국 선교를 시작하였다.

당시 한국에는 탁월하고 신학적으로 건전한 상당한 선교사들이 입국하였다.[48] 초기 한국에 입국한 선교사들은 뛰어난 성품을 소유하였다. 그리고 성경의 권위와 역사적 기독교에 충실했으며, 무엇보다 뜨거운 구령의 열정에 불타는 선교사들이었다. 특히 그들은 부흥 운동과 학생 자원 운동을 비롯한 19세기와 20세기 초의 세계적인 복음주의 부흥 운동의 영향을 받은 자들이었다. 다시 말하면, 디엘 무디(D. L. Moody), 아더 피어슨(Arthur T. Pierson), 로버트 스피어(Robert E. Speer), 존 모트(John R. Mott), 아도니람 고든(Adoniram J. Gordon), 앨버트 심슨(Albert B. Simpson) 등에 의해 주도된 복음주의 해외 선교 운동에 직간접적인 영향을 받았다.[49] 그래서 한국은 세계가 주목하는 선교 한국으로 발전하게 된 것이다.

7. 초기 한국성결교회의 활동을 통한 선교

19세기 후반 미국의 성결 운동과 복음주의 운동에 영향을 받아 1901

---

48) Arthur J. Brown, *Mastery of the Far East: The Story of Korea's Transformation and Japan's Rise to Supremacy in the Orient* (New York: Charles Scribners, 1919), 500-523.
49) Jonathan J. Bonk 외 25인, 『선교책무』, 32-33.

① 김혁준 ② 정 빈 ③ 이장하
④ 김상준 ⑤ 김두엽

동경성서학원 한국 유학생들 출신으로 초기 한국성결교회의 주역들

년 찰스 카우만(Charles E. Cowman, 1868-1924) 선교사와 나까다 쥬지(中田重治, 1873~1939) 목사에 의해 창립된 신앙 선교단체인 동양선교회는 일본에 동경성서학원(東京聖書學院)을 설립하였다. 1907년 5월 30일 김상준(金相潛, 1881~1933)과 정빈(鄭擯, 1897~1949)은 이곳을 졸업하고 카우만과 어네스트 킬보른(Ernest A. Kilbourne, 吉寶崙, 1865~1928)과 함께 서울 종로 2가 염곡(鹽谷)에 복음전도관을 개관하였는데, 이것이 한국성결교회의 시작이다.[50] 따라서 한국성결교회는 민족의 시련을 함께 겪으면서 이 땅에 복음을 전하

---

50) 서울신학대학교 성결교회신학연구위원회, 『성결교회신학개요』(서울: 기독교대한성결교회 출판부, 2007), 48.

고자 노력했던 결과, 오늘날 한국의 주요 교단으로서 한국 기독교의 중심적인 멤버가 되었다. [51]

1) 찰스 카우만 선교사

찰스 카우만(Charles E. Cowman) 선교사는 1868년 3월 13일 미국 일리노이 주에서 출생하였다. 그는 주님을 믿기 전 전신회사 기사로 재직 중이었다. 그 부인은 음악에 대한 관심이 많던 중 교회를 지날 때 찬송 소리를 듣고 들어가 전도함을 받는다. 성령의 역사로 회개하고 구원을 깨달은 후에 곧바로 남편 카우만을 전도하여 구원받게 한다. [52]

카우만의 선교에 관심은 앨버트 심슨(Albert B. Simpson)을 강사로 한 시카고 무디교회에서의 대선교집회 때였다. 그는 여러 신앙집회에 참석하면서 동시에 선교잡지를 통해 인도 선교에 관심을 갖게 되었다. 하지만 그는 아내의 건강으로 인해 인도에 갈 수 없었다. [53] 그 후 카우만은 시카고의 전신회사 부서의 책임자로 맡으면서 직장선교에 힘을 썼는데, 그의 평생의 친구이자 선교 동역자인 에네스트 킬보른을 전도하여 믿음의 동지로 삼았다. 이 회사에서 카우만은 킬보른과 함께 전신선교단을 조직하여 한 달에 한 번씩 주일 오후에 모여 기도하며 선교를 위해 헌금도 하였다. 이 단체는 카우만과 킬보른의 선교에 많은 도움을 주었다. [54]

구원받은 후, 카우만은 게렛신학교(Garret Theological Seminary)와 무디신학교(Moody Bible Institute)을 다니면서 신학수업과 함께 선교의 비전을 키워나갔다. 그는 무디신학교에서 일본 유학생이었던 나까다 쥬지 목사를

---

51) 박명수, 『초기 한국성결교회사』 (서울: 대한기독교서회, 2001), 3.

52) Lettie B. Cowman, *Missionary Warrior: Charles E. Cowman* (N.P: Cowman Publication, 1929), 34.

53) Lettie B. Cowman, *Missionary Warrior: Charles E. Cowman*, 84.

54) 박명수, 『초기 한국성결교회사』, 138-139.

만나 일본 선교에 대한 요청을 받은 중에 1900년 8월 11일 드디어 일본 선교의 사명을 받았다. 그리고 1902년 8월 카우만의 요청에 따라 킬보른은 전신기사직인 전문직을 사임하고 일본으로 건너가 선교에 합세하였다.[55] 카우만이 본국에서 떠날 때 그 부인의 풍금을 팔아서 태평양을 건너 일본 동경 조그마한 마을에 집 한 채를 세내어 동양선교회 복음전도관이라는 간판을 걸고 1902년에 킬보른을 청하여 협력 선교활동을 시작하였고, 매일 밤 전도 집회로 일본 청년을 모아 성경을 가리켰다. 카우만은 무디신학교를 모델로 삼아 설립한 것이 동경성서학원이다.

2) 어네스트 킬보른 선교사

동양선교회의 2대 선교사인 어네스트 킬보른(Ernest A. Kilbourne)은 1865년 3월 13일에 캐나다 온타리오주 나이아가라에서 출생하였다. 그는 카우만과 같은 전신회의의 기사였고 1897년부터 1899년까지 무디신학교에서 신학을 마치고 하나님의 신학교에서 신학을 연구하여 안수받고 일본으로 와서 카우만과 같이 동양선교회의 기초를 세우고 부총리가 되었다가 1924년에 카우만이 돌아가자 이어 총리가 되었고, 1928년 4월 64세의 나이로 미국 캘리포니아주 로스앤젤레스에서 서거하였다.[56]

킬보른이 서거할 때 동양선교회가 창립된 지 28년이었다. 하나님의 축복으로 일본, 한국, 중국에 전도자를 양성하는 성서학원이 4개교, 일본 20여 교회, 한국 70여 교회,[57] 중국 20여 교회가 세워지게 이르렀다. 사

---

55) 정상운, 『성결교회 역사총론』 (안양: 한국복음문서간행회, 2004), 39-43.

56) 이명직, 『朝鮮 耶蘇教 東洋宣教會 聖潔教會 略史』 (京城: 東洋宣教會 聖潔教會 出版部, 1929), 8-10.

57) 이명직, 『朝鮮 耶蘇教 東洋宣教會 聖潔教會 略史』, 51-144. 지방 각 교회는 다음과 같다. 무교동교회(1905년 5월에 정빈 · 김상준이 설립), 진남포교회(1908년 5월 강태온과 김혁준 설립, 1년 뒤에 폐지), 개성교회(1909년 5월 강태온과 김두엽이 설립, 1920년 6월 폐쇄), 아현교회(1913년 9월 성서학원에서), 규암교회(1913년 11월 김성기가 시작, 박제원을 파송하여 설립), 은산

어네스트 킬보른 가족사진

실 카우만은 일본이나 미국에 많이 거주하여 한국인들에게는 소문으로

만 알려졌다. 하지만 킬보른은 한국에 있는 성도들과 5년간 동거 동락하

교회(1914년 8월 김석준이 설립), 철원교회(1914년 11월 배선표가 설립), 김천교회(1914년 8
월 박제원과 김준규가 설립), 경안교회(1915년 5월 박은애 평신도가 설립), 경주교회(1915년 6
월 박제원이 설립), 홍산교회(1915년 8월 전성운이 설립), 금천리교회(1916년 10월 곽재근이 설
립), 동두천교회(1917년 10월 배선표가 설립), 안성교회(1917년 10월 정빈이 설립), 동래교회
(1918년 9월 박제원이 설립), 인천교회(1919년 9월 정빈이 설립), 강경교회(1918년 12월 정달성
이 설립), 밀양교회(1918년 10월 강시영이 설립), 봉림교회(1919년 3월 김창희가 설립), 양성교
회(1919년 3월 주정국이 설립), 삼천포교회(1920년 6월 지방전도대가 세우고 최홍상을 파송),
대전교회(1920년 4월 곽재근과 여교역자 나영은이 설립), 통영교회(1920년 5월 선교사 민라 전
도대가 설립, 김하석과 박달 파송), 군위교회(1920년 7월 김병선이 설립), 독립문교회(1917년 9
월 한상호 집에서 시작), 평택교회(1920년 12월 고응택이 설립), 함열교회(1920년 12월 전북에
서 우원식이 설립), 산성교회, 석동리교회, 야목리교회, 삼랑진교회, 동막교회, 부강교회, 언주리
교회, 북청업교회, 초동교회, 의흥교회, 어포리교회, 예원리교회, 대구교회, 평산교회, 청량리교회,
함흥교회, 금당리교회, 체부동교회, 진주교회, 비안교회, 용정교회, 회령교회, 조치원교회, 목포
교회, 강릉교회, 평양교회, 홍원교회, 삽교교회, 사리원교회, 범평교회, 청진교회, 신의주교회, 동
경교회, 신공덕교회, 개운성교회, 수원교회, 홍성교회, 웅기교회, 청주교회, 애지원교회, 상주교
회, 리리교회, 신북청교회, 압해도교회, 죽전리교회, 김해교회, 서대문전도관(총 75개).

였다. 그는 가족을 이끌고 한국에 이주하여 한국인들의 영혼을 위해 심혈을 기울였다. [58] 그래서 존 머윈(John J. Merwin)은 풀러신학교의 박사학위 논문에서 킬보른에 대하여 말하기를, "킬보른은 외면적으로는 첫눈에 드는 사람이 아니지만 기도의 사람이다. 무쇠와 같은 굳은 의지를 가진 사람으로서 카우만의 둘도 없는 협력자이었다. 그러나 때로는 서슴지 않고 직언하는 사람이었다"라고 하였다. [59]

이러한 한국성결교회의 활동을 통한 선교는 특정 교단의 배경 없이 김상준과 정빈의 복음에 대한 열정과 동양선교회의 후원으로 태동 되었다. 그들은 동경성서학원에서 가르침을 받은 그대로 실천했으며, 동양선교회의 창립자 카우만 선교사와 킬보른 선교사의 선교 사상을 그대로 계승하였다. 그리고 특정 교파나 교단의 설립보다는 오직 선교에 관심을 두었던 것이다.

***

결론적으로, 초기 한국 기독교의 세계선교사에 대하여 살펴보았다. 한국에 파송된 선교사들의 구령 열정과 선교 정책, 그리고 선교사역에 그들의 신앙과 삶은 오늘날 한국교회가 선교하는 교회로 자리 잡는 데 결정적인 역할을 감당하였다. 지난 초기 한국 기독교의 선교사는 처음부터 선교적이었다고 해도 과언이 아니다. 그래서 선교하지 않는 한국교회는 있을 수 없다. 존재로서의 교회는 교회와 지도자, 그리고 성도의 존

---

58) 주승민, "E. A. 길보른의 현대적 이해", 「성결교회와 신학」 (2006, 11월): 60-61.
59) John J. Merwin, *The Oriental Missionary Society Holiness Church in Japan* , 「박사학위 논문」 (California: Fuller Theological Seminary, 1983): 68-70.

재론적 새로움이라 할 수 있는 회개에서 시작된다. 현재 한국교회의 정체성을 한꺼번에 위협하는 위기는 선교 프로그램의 부재에서가 아니라 교회가 존재론적으로 선교적이지 않은 데서 오는 것이다.[60]

따라서 초기 한국 기독교의 세계선교사를 통해 교회는 겉과 속이 동일한 선교를 위한 한국교회가 되어야 한다. 이러한 일관성을 가지고 말씀 위에서 서서 믿음으로 하나님의 선교를 실천할 때 교회의 존재 자체가 선교일 수 있을 것이다. 한국 기독교 선교를 통해 하나님은 미련한 것들을 택하사 지혜 있는 자들을 부끄럽게 하시고 약한 것들을 택하사 강하게 부르셨다.

양적 성장을 위해 정신없이 달려온 한국 기독교의 선교는 이제 반성과 개혁을 통해 성숙한 세계 선교를 지속하기 위해서 진지한 고민이 있어야 할 때가 되었다. 물론 한국세계선교협의회가 앞장서서 교파와 교단을 초월하여 선교 협력을 구축하고 있지만 21세기 효율적인 세계 선교를 감당하기 위해 교파와 교단을 초월하여 교단, 선교회, 초교파 선교단체 사이에 좀 더 심도 있는 연합과 협력이 필요하다.[61] 따라서 지난 한국 기독교 선교 역사를 통해 한국선교를 진단하고 앞으로 나아갈 방향을 모색하는 것은 시대적인 사명이 아닐 수 없다. 지금까지 살펴보았던 세계선교사는 결국 기독교 확산의 역사뿐만 아니라 선교지에서 일어난 문제들에 대한 새로운 선교 통찰과 선교적인 교훈을 주는 종합 선물 세트와도 같은 것이다.

---

60) 한국선교신학회, 『선교학 개론』, 287.
61) Jonathan J. Bonk 외 25인, 『선교책무』, 52-53.

BIBLIOGRAPHY
참고문헌

강희창. "에큐메니컬 선교신학의 패러다임 변화에 대한 연구". 「장신논단」 22 (2004).

곽계일. 『동방수도사 사유기 + 그리스도교 동유기』. 서울: 감은사, 2021.

구성모. "교회사에 나타난 선교유형과 교훈". 「ACTS 신학저널」 40 (2019).

구성모. "한국 기독교 선교 사료 목록화와 디지털 아카이브 구축". 「ACTS 신학저널」 43 (2020).

국민일보 2011년 4월 21일.

국민일보 2011년 4월 20일.

국민일보 2011년 6월 2일.

국제신학연구연. 『하나님의성회 교회사』. 서울: 서울말씀사, 2010.

권현익. 『16세기 종교개혁 이전 참 교회의 역사』. 서울: 세움북스, 2019.

기독교대한감리회 역사정보자료실. "리드". https://his.kmc.or.kr/foreign-missionaries/43480?page=8.

기독신문 2009년 10월 26일.

김기홍. 『이야기 교회사 (상)』. 서울: 도서출판 두란노, 1992.

김기홍. 『이야기 교회사 (하)』. 서울: 도서출판 두란노, 1992.

김상근. 『기독교의 역사』. 서울: 평단문화사, 2007.

김상근. 『프란치스코 하비에르』. 서울: 홍성사, 2010.

김성욱. 『선교신학개론』. 서울: 총신대학교 선교대학원, 2010.

김성태. 『세계 선교 전략사』. 서울: 생명의말씀사, 1994.

김성태. 『현대 선교학 총론』. 서울: 이레서원, 2000.

김수진. 『한국 기독교 선구자 이수정』. 서울: 도서출판 진흥, 2006.

김아모스. "미전도 종족(Unreached peoples)". 「중국을 주께로」 143 (2014).

김양선. 『한국기독교사연구』. 서울: 기독교문사, 1971.

김요나. 『순교자 전기 1권』. 서울: 대한예수교장로회총회 출판국, 1996.

김윤기. "17-18세기 유럽 경건주의 시대와 한국교회 디아코니아 실천 방안 연구". 「한국 실천신학회 정기학술대회」 제76회 (2020).

김은수. 『현대선교의 흐름과 주제』. 서울: 대한기독교서회, 2001.

김혜숙. "殉敎者 李樹廷 硏究". 「석사학위논문」. 서울: 성신여자대학교 교육대학원, 2003.

김호동. 『동방 기독교와 동서문명』. 서울: 까치글방, 2002.

김홍수 · 안교성. 『잊혀진 우리 이야기, 아시아 기독교 역사』. 서울: 대장간, 2021.

나채운. 『우리말 성경연구』. 서울: 기독교문사, 1994.

노윤식. 『새천년 성결선교신학』. 안양: 성결대학교 출판부, 2001.

노윤식. 『성경에 선교가 있는가(선교신학 담론)』. 서울: 도서출판 한들, 2005.

뉴스앤조이. "이재근의 20세기 세계 기독교를 만든 사람들". www.newsnjoy.or.kr/news/article View.html?idxno=218543.

뉴스앤조이. "존 로스 한글성경 130주년, 특별 강연". http://www.newsnjoy.or.kr/news/articleView.html?idxno=37561.

다음백과. "언더우드". https://100.daum.net/encyclopedia/view/b15a1487a.

도문갑. "한국 선교와 위기관리(1)". 「추수꾼」 54 (2007).

도히 아키오. 『일본기독교사』. 서울: 기독교문사, 1991.

들소리신문 2012년 9월 16일.

미션파트너스. "어떻게 선교사를 보낼 것인가: 선교역사 속에 나타난 선교사 모델(변진석, GMTC)". http://missionpartners.kr/main/gmb_board_view.php?no=1412&page=2&search=&page_no=47&category_no=&admin_page=&site_Number=1&GM_mobile=&sm_no=&search_option=&cls=.

미주크리스천헤럴드. 『기독교 100대 이벤트』. 서울: 크리스천헤럴드, 1996.

민경배. 『알렌의 선교와 근대한미외교』. 서울: 연세대학교 출판부, 1991.

민경배. 『한국기독교회사』. 서울: 대한기독교출판사, 1982.

바울선교회. "선교지 소개, 마다가스카르". http://www.bauri.org/index.php?mid=board_VfnZ09&category=3525&document_srl=3531.

박기영. "코로나블루 시대에 필요한 목회적 돌봄". 「복음과 실천신학」 57 (2020).

박명수. 『초기 한국성결교회사』. 서울: 대한기독교서회, 2001.

박보경. "호레이스 언더우드의 총체적 선교". 「복음과 선교」 52 (2020).

박용규. 『한국기독교교회사1 (1784~1910)』. 서울: 생명의말씀사, 2004.

박은배. 『하나님의 지문』. 서울: 새로운사람들, 2007.

박은봉. 『세계사 100장면』. 서울: 가람기획, 1992.

박응규. "복음과 인간, 그리고 코로나19 전염병". 「개혁신학회」 51 (2020).

박제형. 『근세조선정감(近世朝鮮政鑑, 上)』. 이익성 역. 서울: 탐구당, 1984.

박종구.『무디 선생의 생애』. 서울: 신망애출판사, 1976.

박종순.『교회성장과 성경공부』. 서울: 혜선출판사, 1984.

박찬희.『박찬희 교수가 쉽게 쓴 동방정교회 이야기』. 서울: 신앙과지성사, 2012.

박창환. "한글성서 번역사".「敎會와 神學」4 (1971).

배본철.『한국기독교사』. 서울: 도서출판 영성네트워크, 2009.

배요한. "이수정의 신앙고백문에 대한 유교철학적 분석".「장신논단」38 (2010).

본헤럴드(http://www.bonhd.net).

백낙준.『한국개신교사: 1832-1910』. 서울: 연세대학교 출판부, 1973.

부산외국어대학교. "최초의 한국인 일본선교사는 이수정 - 일본어학부 김문길 교수".
        http://www.pufs.ac.kr/html/01_intro/intro_05_02.aspx?cId=10000007&lp=V&
        postId=10085029.

새문안교회. "새문안의 역사". http://www.saemoonan.org/church/church03_01.
        aspx.

서원모. "아시아교회사의 첫 장으로서 시리아 교회".「장신논단」46 (2014).

서원철.『성령신학』. 서울: 총신대학교 출판부, 1995.

서울신학대학교 성결교회신학연구위원회.『성결교회신학개요』. 서울: 기독교대한성결
        교회 출판부, 2007.

손두환.『기독교회사 I 』. 서울: 총신대학교출판부, 1984.

신동우.『선교학: 이론과 실제』. 서울: 도서출판 예루살렘, 1996.

안명준 외 17인.『전염병과 마주한 기독교』. 서울: 도서출판 다함, 2020.

안승오.『한 권으로 읽는 세계 선교 역사 100장면』. 서울: 평단문화사, 2010.

안영로.『한국교회의 선구자 언더우드』. 서울: 쿰란출판사, 2002.

안재은. "소그룹 리더십 개발 원리와 훈련방안".「복음과 실천신학」27 (2013).

안재은.『현대선교신학』. 서울: 총신대학교 선교대학원, 1995.

안희열.『세계선교역사 다이제스트 100』. 대전: 하기서원, 2019.

안희열. "에딘버러 세계선교사대회와 존 모트의 선교동원".「1910년 에딘버러 세계선교사
        대회 100주년 기념 2010 한국대회 논문집」1 (2011).

양국주 · 3제임스 리.『선교학개론』. 서울: Serving the People, 2012.

양신혜.『베자』. 서울: 익투스, 2020.

연합감리교회 뉴스. "전염병과 교회, 역사에서 배운다". https://www.umnews.org/ko/
        news /covid-19-series2-learning-from-history-pandemic-and-church.

오윤태.『한일기독교교류사』. 서울: 혜선문화사, 1980.

오윤태. 『한국기독교사』. 서울: 혜선출판사, 1973.

오주철. 『종교개혁자들의 삶과 신학』. 서울: 한들출판사, 2017.

옥성득. 『한국 기독교 형성사』. 서울: 새물결플러스, 2021.

이강천. 『마지막 세기, 마지막 주자』. 서울: 도서출판 두란노, 1990.

이관숙. 『중국 기독교사』. 서울: 쿰란출판사, 1995.

이광린. 『한국개화사연구』. 서울: 일조각, 1969.

이광순·이용원. 『선교학개론』. 서울: 한국장로교출판사, 1996.

이만열. 『한국 기독교 수용사 연구』. 서울: 두레시대, 1998.

이명직. 『朝鮮 耶蘇教 東洋宣教會 聖潔教會 略史』. 京城: 東洋宣教會 聖潔教會 出版部, 1929.

이병길. 『중국 선교의 어제와 오늘』. 서울: 개혁주의신행협회, 1987.

이상규. "유럽을 깨운 루터". 2020년 11월 28일 접속, 해당 싸이트: http://www.futurekorea.co.kr/news/articleView.html?idxno=43728.

이상규. 『헬라 로마적 상황에서의 기독교』. 서울: 한들출판사, 2006.

이수환. 『성경을 보면 선교가 보인다』. 파주: 한국학술정보, 2008.

이수환. 『일본에서 한국을 선교한 이수정 이야기』. 용인: 도서출판 목양, 2014.

이수환. 『한국교회와 선교신학』. 용인: 도서출판 목양, 2013.

이어령 편저. 『한일 문화의 동질성과 이질성(19세기 말의 한일 문화교류의 한 양상 - 東京 外國語學校 교사 李樹廷의 동경 시절과 그 저작을 중심으로)』. 서울: 신구미디어, 1993.

이영재. 『한국교회사』. 서울: 이레서원, 2004.

이용원. "바울과 선교". 「선교와 신학」 1 (1998).

이용원. "성 프란체스코와 선교". 「선교와신학」 2 (1998).

이현모. 『현대선교의 이해』. 대전: 침례신학대학교출판부, 2000.

이형기. 『세계교회사 I』. 서울: 한국장로교출판사, 1994.

이형기. 『세계교회사 II』. 서울: 한국장로교출판사, 1994.

이형기. 『에큐메니컬 운동사』. 서울: 대한기독교서회, 1994.

임경근. "고신뉴스KNC". 임경근 목사의 역사 이야기(106) 행복한 스트라스부르 생활 (2016년 12월 28일). 2020년 11월 20일 접속. 해당 싸이트: http://kosinnews.com/news/view.html?smode=&skey=%BF%AA%BB%E7+%C0%CC%BE%DF%B1%E2&x=0&y=0&page=2&section=2&category=10&no=8329

임경근. 『세계 교회사 걷기』. 서울: 도서출판 두란노, 2019.

임성빈 외 12인. 『재난과 교회: 코로나19 그리고 이후를 위한 신학적 성찰』. 서울: 장로회
　　　　신학대학교 출판부, 2020.

임영효. 『그리스도인과 교회를 위한 선교학』. 서울: 도서출판 영문, 2012.

유기남. 『일본을 알자』. 서울: IVP, 1992.

유승관. 『교회여, 세상 속으로 흩어지라』. 서울: 생명의말씀사, 2012.

유해석. "아프칸을 기독교인을 위한 기도요청". https://www.facebook.com/
　　　　permalink.php? storyfbid=2978917615729870&id=100008349824416

장수민. 『개혁교회창시자 존 칼빈 신학과 목회』. 서울: 칼빈아카데미, 2008.

전태환. "초기 개신교 선교역사 중 평신도 전문인 사역 연구: 일본 성경번역 사역의 이수
　　　　정 중심으로". 「석사학위논문」. 서울: 총신대학교 선교대학원, 2003.

전택부. 『한국기독교성장 100년』. 서울: 기독교문사, 1986.

전호진. 『선교학』. 서울: 개혁주의신행협회, 1985.

정상운. 『성결교회 역사총론』. 안양: 한국복음문서간행회, 2004.

정성화 · Neff, Robert. 『서양인의 조선살이』. 서울: 푸른역사, 2008.

정승현. "이슬람을 향한 사도 사무엘 즈웨머의 선교이론 탐구". 「선교와 신학」 38
　　　　(2016).

주도홍. 『처음 시작하는 루터와 츠빙글리』. 서울: 세움북스, 2019.

주승민. "E. A. 길보른의 현대적 이해". 「성결교회와 신학」 (2006/11).

조귀삼. 『복음주의 선교신학』. 안양: 세계로미디어, 2013.

조귀삼. 『A. B. 심슨의 선교신학』. 서울: 예닮, 2004.

조기연. "개혁교회의 예배와 성만찬에 관한 연구". 「신학과 실천」 28 (2011).

진기영. 『인도 선교의 이해』. 서울: CLC, 2015.

차재명. 『조선예수교 장로회 사기』. 경성: 신문내교회당, 1928.

차종순. 『교회사』. 서울: 대한예수교장로회총회출판국, 1992.

村上重良. 『일본의 종교』. 최길선 역. 서울: 정경사, 1979.

최수일. 『간추린 기독교 선교 역사』. 서울: 예영커뮤니케이션 2003.

최정만. 『다시 써야 할 세계 선교 역사』. 서울: 쿰란출판사, 2007.

최정만. 『선교이해』. 광주: 광신대학교출판부, 2004.

최형근. "로잔운동에 나타난 일터신학의 선교학적 함의". 「ACTS 신학저널」 42 (2019).

크리스챤저널 2009년 10월 2일.

평양대부흥. "이수정의 성경 번역과 한국선교 호소". http://www.1907revival.com/news/
　　　　article View.html?idxno=78.

하태선. "신학대학생의 사회봉사 및 참여 동기에 관한 연구". 「ACTS 신학저널」 44 (2020).

한국기독교역사연구소. 『한국 기독교의 역사』. 서울: 기독교문사, 1989.

한국선교신학회. 『선교학 개론』. 서울: 대한기독교서회, 2013.

한인수. 『경건신학과 경건신앙』. 서울: 경건, 2003.

허순길. 『세계교회역사 이야기』. 광주: 셈페르 레포르만다, 2014.

허호익. 『귀츨라프의 생애와 조선 선교활동』. 서울: 한국기독교역사연구소, 2009.

황순환. 『선교와 문화』. 서울: 담론사, 1998.

황태연. 『필리핀 문화와 선교』. 서울: 요나미디어, 1996.

히로 다까시. "李樹廷譯 『마가전』의 底本과 飜譯文의 性格". 「국사학 연구」 4 (2004).

Allen, Roland. Missionary Methods. Grand Rapids: Eerdmans, 1962.

Amalraj, John 외 2인. 『영성훈련』. 임윤택 역. 서울: CLC, 2021.

Ayyer, L. K. A. Anthropology of the Syrian Christians. Emakulam: Cochin Govemment Press, 1926.

Bassham, Roger C. Mission Theology. Pasadena: William Carey Library, 1979.

Blauw, Johannes. The Missionary Nature of The Church. New York: McGraw-Hill, 1962.

Bonk, Jonathan J. 외 25인. 『선교책무』. 서울: 생명의말씀사, 2011.

Bosch, David J. Transforming Mission. New York: Orbis Books, 1991.

Bromiley, G. W. 『츠빙글리와 불링거』. 서원모 · 김유준 역. 서울: 두란노아카데미, 2011.

Brown, Arthur J. Mastery of the Far East: The Story of Korea's Transformation and Japan's Rise to Supremacy in the Orient. New York: Charles Scribners, 1919.

Bruce, F. F. The Spreading Flam: The Rise and Progress of Christianity from Its First Beginning to the Conversion of the English. Grand Rapids: Eerdmans, 1979.

Bunyan, Charles J. Memoirs of Francis Tomas McDougall. London: Longmans, 1889.

C&MA KOREA. "Alliance Church in Korea (ACK) 한국총회". https://ack-0691. tistory.com/11.

Canon, William R. 『중세교회사』. 서영일 역. 서울: CLC, 2007).

Carson, D. A. Moo, Douglas J. Morris, Leon. An Introduction to The New Testament. Grand Rapids: Zondervan Publishing House, 1992.

Celano, Thomas. 『아씨시 성프란치스꼬의 생애』. 프란치스꼬의 한국관구 역. 서울: 분
　도출판사, 1986.

Coleman, Robert E. 『천상의 노래: 요한계시록 강해』. 석창훈 역. 서울: 도서출판 두란노,
　2000.

Cowman, Lettie B. *Missionary Warrior: Charles E. Cowman*. N.P: Cowman
　Publication, 1929.

Durant, Will. *Caeser and Christ*. New York: Simon and Schuster, 1944.

Durant, Will. *The Age of Faith*. New York: Simon & Schuster, 1950.

Early Jr, Joseph. 『기독교의 역사』. 우상현 · 권경철 역. 서울: CLC, 2020.

Ehrman, Bart D. *The Triumph of Christianity*. New York: Simon & Schuser, 2018.

Erickson, Millard J. 『종말론』. 이은수 역. 서울: CLC, 1994.

Estep, William R. 『르네상스와 종교개혁』. 라은성 역. 서울: 그리심출판사, 2002.

Fairbank, John K. *The Missionary Enterprise in China and American*. Cambridge:
　Harvard University Press, 1974.

Glasser, Arthur F. 『성경에 나타난 하나님의 선교』. 임윤택 역. 서울: 생명의말씀사, 2006.

Gonz lez, Justo L. 『중세교회사』. 서영일 역. 서울: 은성, 1995.

Griffis, William E. 『아펜젤러』. 이만열 역. 서울: IVP, 2015.

Hamman, Adalbert G. 『교부와 만나다』. 이연학 · 최원오 역. 서울: 비아, 2019.

Hart, David Bentley. 『그리스도교, 역사와 만나다』. 양세규 · 윤혜림 역. 서울: 비아,
　2020.

Hoekstra, Harvy T. *The World Council of Churches and the Demise of
　Evangelism*. Illinos: Tandal House, 1979.

Hogg, William R. *Ecumenical Foundations*. New York: Harpr & Brothers
　Publishers, 1952.

Hoke, Donald E. *The Church in Asia*. Chicago: Moody Press, 1975.

Huntington, Samuel. *The Clash of Civilizations and the Remaking of World
　Order*. New York: Simon & Schuster, 1996.

Jones, E. Stanley 『인도의 길을 걷고 있는 예수』. 김상근 역. 서울: 도서출판 평단, 2005.

Johnson, Paul. 『기독교의 역사』. 김주한 역. 서울: 포이에마, 2013.

Jones, George H. 『한국교회 형성사』. 옥성득 역. 서울: 홍성사, 2013.

Jones, Timothy P. 『하루만에 꿰뚫는 기독교 역사』. 배응준 역. 서울: 규장, 2007.

Jurgens, William A. *The Faith of the Early Fathers*, Vol. 1. MN: Liturgical, 1970.

Kaiser, Walter C. 『구약성경과 선교』. 임윤택 역. 서울: CLC, 2005.

Kane, J. Herbert. 『기독교세계선교사』. 박광철 역. 서울: 생명의말씀사, 1997.

Kane, J. Herbert. 『선교신학의 성서적 기초』. 이재범 역. 서울: 나단출판사, 1995.

Kane, J. Herbert. 『세계 선교역사』. 신서균 역. 서울: CLC, 1993.

Kane, J. Herbert. *Understanding Christian Missions*. Grand Rapids: Baker, 1986.

Knox, George W. "Affair in Korea". *The Foreign Missionary*. 1883.

Lamport, Mark A. *Encyclopedia of Christianity in Global South*. New York: Rowman & Littlefield, 2018.

Lane, Tony. 『기독교 인물 사상 사전』. 박도웅 · 양정호 역. 서울: 홍성사, 2016.

Larkin, William J. & William, Joel F. 『성경의 선교신학』. 홍용표 역. 서울: 도서출판 이레서원, 2001.

Latourette, Kenneth S. 『기독교사 (상)』. 윤두혁 역. 서울 생명의말씀사, 1979.

Latourette, Kenneth S. 『기독교사 1권』. 윤두혁 역. 서울: 생명의말씀사, 1994.

Latourette, Kenneth S. *A History of Christianity*. Vol. 2. Peabody: Prince Press, 2003.

Latourette, Kenneth S. *The Thousand Tears of Uncertainty*. New York: Haper nd Brothers, 1938.

Longenecker, Richard N. 『바울의 사역과 메시지』. 김진영 역. 서울: 크리스찬다이제스트, 1997.

McGrath, Alister E. 『알리스터 맥그래스의 역사신학』. 조계광 역. 서울: 생명의말씀사, 2022.

McGavra, Donald A. & Glasser, Arthur F. Arthur F. *Contemporary Theologies of Mission*. Grand Rapids: Baker Book House, 1983.

Man, John. 『구텐베르크 혁명』. 남경택 역. 서울: 예지출판사, 2003.

Manetsch, Scott M. *Calvin's Company of Pastors*. New York: Oxford University Press, 2013.

McGrath, Alister E. 『기독교의 역사』. 박규태 역. 서울: 포이에마, 2016.

Merwin, John J. *The Oriental Missionary Society Holiness Church in Japan*. 「박사학위 논문」. California: Fuller Theological Seminary, 1983.

Meyer, B. F. *The Early Christians*. Wilmington: Micheal Glazier, 1986.

Newbigin, Lesslie. *Man's Disorder and God's Design: The Amsterdam Assembly Series*. New York: Harper & Brothers, Publishers, 1948.

Moyer, Elgin S. 『인물중심의 교회사』. 곽안전 역. 서울: 대한기독교서회, 2003.

Moffett, Samuel H. 『아시아 기독교회사 I 』. 김인수 역. 서울: 장로회신학대학교출판부, 1996.

Moorman, Richard Humpidge J. *A History of the Franciscan Order Form Its Origins to the Year 1517*. Oxford: The Clarendon Press, 1969.

Neill, Stephen C. 『기독교 선교사』. 홍치모 · 오만규 역. 서울: 성광문화사, 1993.

Neill, Stephen C. *A History of Christian Missions*. London: Penguin, Books, 1990.

Neill, Stephen C. *Concise Dictionary of the Christian World Mission*. New York: Abingdon Press, 1971.

Newbigin, Lesslie. *The Open Secret: Sketches for a Missionary Theology*. London: Spck, 1978.

Nichols, James H. *History of Christianity 1650~1950*. New York: Ronald Press, 1956.

Nissen, Johannes. 『신약성경과 선교』. 최동규 역. 서울: CLC, 2005.

Osborne, Grant. "요한계시록의 신학". 「목회와 신학」 2 (2005).

Paik, George. *The History of Protestant Missions in Korea, 1832-1910*. Pyengyang: Union Christian College Press, 1929.

Palmer, Martin. *The Jesus Sutra*. New York: Ballantine Publishing, 2001.

Peters, George W. *A Biblical Theology of Missions*. Chicago: Moody Press, 1972.

Pierson, Paul E. 『선교학적 관점에서 본 기독교 선교운동사』. 임윤택 역. 서울: CLC, 2009.

Rassam, Suha. 『이라크의 기독교』. 황석천 역. 서울: 레베카, 2019.

Rhodes, Harry A. 『미국 북장로교 한국 선교회사』. 최재건 역. 서울: 연세대학교 출판부, 2009.

Rhodes, Harry A. *History of the Korea Mission Presbyterian Church U. S. A. 1884~1934*. Seoul: Chosen Mission Presbyterian Church, 1934.

Ritter, H. *A History of Protestant Missions in Japan*. Tokyo: Methodist Publishing House, 1898.

Robinson, Charles H. *History of Christian Missions*. New York: Charles Scribner's sons, 1915.

Ross, Kenneth R. Alvareze, Francis. Johnson, Todd M. *Christianity in East and*

Southeast Asia. Edinburgh: Edinburgh University Press, 2020.

Rutebge, Fleming. 『예수와 십자가 처형』. 노동래 · 송일 · 오광만 역. 서울: 새물결플러스, 2021.

Schaff, Philip. 『교회사전집 제5권』. 이길상 역. 서울: 크리스챤다이제스트, 2004.

Selderhuis, Herman J. 『칼빈』. 조숭희 역. 서울: 대성닷컴, 2009.

Selderhuis, Hermam J. *John Calvin*. Downers Grove: IVP, 2009.

Senior, Donald. & Stuhlmuellen, Carrall. *The Biblical Foundation for Mission*. Mary Knoll: Orbis Books, 1984.

StarK, Rodney. 『기독교의 발흥』. 손현선 역. 서울: 좋은씨앗, 2020.

Stark, Rodney. 『기독교 승리의 발자취』. 허성식 역. 서울: 새물결플러스, 2020.

Stewart, John. *The Nestorian Missionary Enterprise*. Edinburgh: Clarke, 1923.

Stone, Larry. 『성경 번역의 역사』. 홍병룡 역. 서울: 포이에마, 2011.

Stott, John R. W. 『제자도』. 김명희 역. 서울: IVP, 2013.

Stott, John R. W. 『현대를 사는 그리스도인』. 한화룡 · 정옥배 역. 서울: IVP, 1998.

Sundermeier, Theo. *Konvivenz und Differenz*. Erlangen: Verlag der Ev.-Luth. Missionr, 1995.

Tachiaos, Anthony-Emil N. *Cyril and Methodius of Thessalonica: The Acculturation of the Slavs*. New York: St. Vladmir's Seminary, 2001.

Thang, Vuta Khawl. *A Brief History of the Church in Burma*. Ph.D. dissertation, Fuller Theological Seminary, 1983.

The Missionary Review. 1884. 5.

Thornbury, John 외 4인. 『위대한 개척 선교사들의 생애』. 김기찬 역. 고양: CH북스, 2001.

Tucker, Ruth A. 『선교사 열전』. 박해근 역. 서울: 크리스챤 다이제스트, 1995.

Tucker, Ruth A. *From Jerusalem to Irian Jaya*. Grand Rapids: Zondervan, 1983.

Underwood, Lillias H. 『언더우드』. 이만열 역. 서울: IVP, 2015.

Underwood, Horace G. *The Call of Korea*. New York: Fleming H. Revell Company, 1908.

Walker, Williston. 『기독교회사』. 이형기 역. 서울: 한국기독교문화원, 1978.

Ware, Timothy. 『동방정교회의 역사와 신학』. 이형기 역. 서울: 한국장로교출판사, 1999.

Winter, Ralph D. & Hawthorne, Steven C. *Perspectives on the World Christian*

Movement. Pasadena: William Carey Library, 1992.

Wright, Christopher J. H. Christopher J. H. *The Mission of God: Unlocking the Bible's Grand Narrative*. Downers Grove: IVP Academic, 2006.

Vicedom, Georg F. 『하나님의 선교』. 박근원 역. 서울: 대한기독교서회, 1980.

Walls, Andrew F. 『세계 기독교와 선교 운동』. 방연상 역. 서울: IVP, 2018.

Warneck, Gustav. *History of Protestant Missions*. New York: Revell, 1904.

Woodbridge, John D. *Great Leaders of the Christian Churches*. Chicago: Moody Press, 1988.

World Missionary Conference. *World Missionary Conference, 1910. Report of Commission I: Carrying the Gospel to all the Non-Christian World*. New York: Fleming H. Revell Company, 1910.

Wright, N. Tom. 『하나님과 팬데믹』. 이지혜 역. 파주: 비아토르, 2020.

Zwemer, Samuel M. 『레이몬드 룰』. 김이사야 역. 서울: 퍼플, 2017.

Zwemer, Samuel M. *Raymond Lull: First Missionary to the Moslems*. New York: Funk & Wagnalls, 1902.